普通高等教育新形态教材

SHENJI JICHU

审计基础

张军平 张 勇 王 屿◎主 编
李 青 杜 龙 阎柳青 徐曰军◎副主编
陈若思◎参 编

清华大学出版社
北 京

内 容 简 介

本书在统筹学生的认知规律和审计工作过程系统化课改理念基础上，借鉴注册会计师和初级审计师的职业资格标准，搭建以注册会计师审计为主、兼顾国家审计和内部审计的课程内容框架，其中包括认知审计、了解审计环境、熟知审计要素、熟悉财务报表审计工作过程、认识专项审计与审计管理5个学习项目，每个学习项目包括2～6个典型学习任务，每个学习任务划分为若干个学习子任务，各个任务或子任务以多个经典案例引导，辅以丰富多样的小资源，充分体现岗位引领、能力本位、项目导向、任务驱动、资源拓展、导学做评一体化的职教要求。

本书适合于高职高专院校、成人学校、民办学校及本科院校举办的二级职业技术学院会计学、审计学类专业及其他相关专业的教学，也可供五年制高职、中职学生使用，并可作为从事审计工作的专业人士的参考书。

本书封面贴有清华大学出版社防伪标签，无标签者不得销售。
版权所有，侵权必究。举报：010-62782989，beiqinquan@tup.tsinghua.edu.cn。

图书在版编目(CIP)数据

审计基础/张军平，张勇，王屿主编. —北京：清华大学出版社，2021.11(2025.8重印)
普通高等教育新形态教材
ISBN 978-7-302-59433-8

Ⅰ.①审… Ⅱ.①张… ②张… ③王… Ⅲ.①审计学-高等学校-教材 Ⅳ.①F239.0

中国版本图书馆CIP数据核字(2021)第216644号

责任编辑：刘志彬
封面设计：汉风唐韵
责任校对：宋玉莲
责任印制：曹婉颖

出版发行：清华大学出版社
网　　址：https://www.tup.com.cn，https://www.wqxuetang.com
地　　址：北京清华大学学研大厦A座　　**邮　编**：100084
社 总 机：010-83470000　　**邮　购**：010-62786544
投稿与读者服务：010-62776969，c-service@tup.tsinghua.edu.cn
质量反馈：010-62772015，zhiliang@tup.tsinghua.edu.cn

印 装 者：三河市少明印务有限公司
经　　销：全国新华书店
开　　本：185mm×260mm　　**印　张**：17　　**字　数**：372千字
版　　次：2021年11月第1版　　**印　次**：2025年8月第2次印刷
定　　价：48.00元

产品编号：086311-01

前　言

随着高等职业教育进入规模稳定、注重质量、发展内涵的基本成熟阶段，在专业与课程建设方面，开发"能力本位、工学结合、校企合作、持续发展、共享共建"的教学资源库，已成为提高人才培养质量的重要举措。为此，我们在应用国家示范院校和双高院校课程建设成果的基础上，汲取了兄弟院校课程建设的智慧，结合作者多年审计学课程的教学经验，精心编写了这本基于工作过程系统化的项目导向、任务驱动、导学做一体化的新形态、立体化教材。本教材分为5个项目，包括认知审计、了解审计环境、熟知审计要素、熟悉财务报表审计过程、认识专项审计与审计管理。

审计基础是一门审计入门课程。怎样全方位激发学生对审计职业的热情，动用各种资源调动学生对审计课程的学习兴趣，帮助学生轻松快乐地学习这门理论性与抽象性较强的课程，帮助同行享受审计课程教学过程的乐趣呢？对此，本教材在以下方面做了一些创新与探索。

（1）在教材体系上，打破传统的章节模式，统筹兼顾学生的认知规律、审计工作过程和课程培养目标，本教材共安排了5个项目，每个项目又设计了2~3个典型任务，每个任务穿插典型案例，最终体现出项目导向、任务驱动、理实一体的课程改革理念。

（2）在教材内容的选取上，借鉴初级审计师审计理论与实务和注册会计师审计科目考试大纲的要求，为学习者搭建以注册会计师审计为主兼顾国家审计和内部审计的课程内容框架，充分体现了"双证融通、生涯拓展"。

（3）在教材内容的编排上，按照审计职业生涯的发展规律展开，通过系统地学习，学生可掌握审计基础知识，初步构建审计职业能力。

（4）在编写体例上，本教材每个项目均设有学习目标（含能力目标和知识目标）、任务引例、知识准备、引例解析、项目小结、项目实训，力求丰富多样的教学形式，提升教学效果。

（5）在版式设计上，本教材图表文并茂，此外，还可以通过智慧职教平台的审计学专业教学资源库中的"审计基础"在线开放课程，以及智慧树平台的"审计实务"省级精品在线开放课程，来获取丰富的教学资源，便于学生自主学习和教师教学参考。

　　由于编者水平有限，书中不足之处在所难免，恳请广大读者批评指正，并将意见和建议及时反馈给我们(编者邮箱：zjp2083@163.com)，以便今后修订和完善。

编　者

目 录

项目1 认知审计 ··· 1
    任务1.1 认识审计组织与审计人员 ··· 1
        子任务1.1.1 认识国家审计机关与国家审计人员 ······························ 2
        子任务1.1.2 认识会计师事务所与注册会计师 ·································· 6
        子任务1.1.3 认识内部审计机构与内部审计人员 ······························ 10
    任务1.2 再识审计：专业角度解读审计 ·· 14
        子任务1.2.1 理解审计的含义 ·· 14
        子任务1.2.2 熟悉审计工作的过程 ·· 18
    项目小结 ··· 23
    项目实训 ··· 23

项目2 了解审计环境 ··· 25
    任务2.1 熟悉并遵守审计职业道德 ·· 26
        子任务2.1.1 认识审计职业道德 ·· 26
        子任务2.1.2 理解注册会计师职业道德概念框架及其具体运用 ··········· 30
        子任务2.1.3 明确注册会计师执行审计业务对独立性的要求 ············· 37
    任务2.2 熟悉并遵守审计准则 ··· 50
        子任务2.2.1 了解审计准则 ··· 50
        子任务2.2.2 熟知并遵守注册会计师鉴证业务基本准则 ···················· 56
    任务2.3 明确审计人员的法律责任 ·· 65
    项目小结 ··· 72
    项目实训 ··· 72

项目3 熟知审计要素 ··· 74
    任务3.1 明确审计目标 ··· 75
    任务3.2 认识审计证据 ··· 82

任务 3.3	认识审计程序	89
任务 3.4	认识审计抽样技术	98
任务 3.5	认识与编制审计工作底稿	109
任务 3.6	认识审计报告	117

项目小结 127

项目实训 128

项目 4　熟悉财务报表审计工作过程 130

任务 4.1　接受审计业务委托 131
  子任务 4.1.1　开展初步业务活动 131
  子任务 4.1.2　签订审计业务约定书 134

任务 4.2　计划审计工作 139
  子任务 4.2.1　制定总体审计策略和具体审计计划 139
  子任务 4.2.2　评价审计过程中识别出的错报 145
  子任务 4.2.3　考虑重要性 147
  子任务 4.2.4　考虑审计风险 152

任务 4.3　识别与评估重大错报风险 156
  子任务 4.3.1　初识重大错报风险的识别与评估 156
  子任务 4.3.2　了解被审计单位及其环境 161
  子任务 4.3.3　了解被审计单位的内部控制 167
  子任务 4.3.4　实施审计程序以识别与评估重大错报风险 177

任务 4.4　应对重大错报风险 183
  子任务 4.4.1　针对评估的重大错报风险确定应对方案 183
  子任务 4.4.2　实施控制测试 187
  子任务 4.4.3　实施实质性程序 191

任务 4.5　出具审计报告 197
  子任务 4.5.1　出具无保留意见的审计报告 197
  子任务 4.5.2　出具非无保留意见的审计报告 202
  子任务 4.5.3　出具带关键审计事项段的审计报告 209
  子任务 4.5.4　出具带强调事项段或其他事项段的审计报告 214

项目小结 217

项目实训 218

项目 5　专项审计与审计管理 …… 222

任务 5.1　认识专项审计 …… 223
- 子任务 5.1.1　认识绩效审计 …… 223
- 子任务 5.1.2　认识计算机审计 …… 233

任务 5.2　认识审计管理 …… 237
- 子任务 5.2.1　初步了解审计管理 …… 237
- 子任务 5.2.2　认识审计计划管理 …… 241
- 子任务 5.2.3　认识审计质量管理 …… 245
- 子任务 5.2.4　认识审计风险管理 …… 248
- 子任务 5.2.5　认识审计档案管理 …… 252

参考文献 …… 255

项目1 认知审计

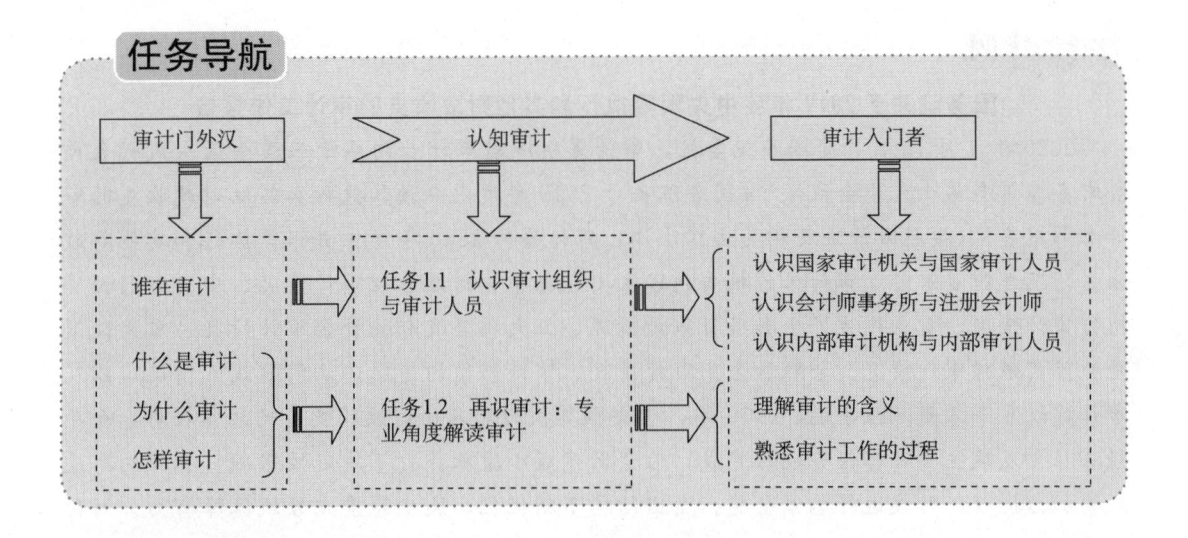

任务导航

```
审计门外汉  →  认知审计  →  审计入门者
```

- 谁在审计
- 什么是审计
- 为什么审计
- 怎样审计

任务1.1 认识审计组织与审计人员
→ 认识国家审计机关与国家审计人员
  认识会计师事务所与注册会计师
  认识内部审计机构与内部审计人员

任务1.2 再识审计：专业角度解读审计
→ 理解审计的含义
  熟悉审计工作的过程

学习目标

知识目标
- 掌握会计师事务所和国家审计机关的设立（或设置）与业务范围（或职权）
- 熟悉内部审计机构的设置、职责和权限
- 掌握审计的定义、职能、作用及分类
- 熟悉审计过程各环节的基本内容

能力目标
- 能鉴别经济生活中3种类型的审计组织及其人员
- 能概括审计的概念、职能、作用
- 能描述财务报表审计的流程

任务1.1 认识审计组织与审计人员

当今世界各国的审计制度千差万别，但其审计组织大体相同，即大多数国家的审计组织都是由国家审计机关、内部审计机构和会计师事务所三大部分组成的。相应的，在这三种审计组织工作的审计人员分别是国家审计人员、内部审计人员和注册会计师。

需要认识的审计组织与审计人员主要包括：①认识国家审计机关与国家审计人员；②了解内部审计机构与内部审计人员；③认识会计师事务所与注册会计师。

子任务1.1.1 认识国家审计机关与国家审计人员

任务引例

国务院关于2019年度中央预算执行和其他财政收支的审计工作报告

2020年6月18日，受国务院委托，审计署胡泽君审计长向第十三届全国人民代表大会常务委员会第十九次会议做了《国务院关于2019年度中央预算执行和其他财政收支的审计工作报告》。按照审计法及相关法律法规，审计署对2019年度中央预算执行和其他财政收支情况进行了审计。审计工作报告内容主要包括中央财政管理审计情况、中央部门预算执行审计情况、重点民生资金和项目审计情况、三大攻坚战相关资金审计情况、重大政策措施落实跟踪审计情况、金融和企业审计情况、审计移送的违纪违法问题线索情况，以及审计建议8个方面。报告说，2019年，中央预算执行和其他财政收支情况总体较好，全年经济社会发展主要目标任务较好完成，为全面建成小康社会打下决定性基础。积极的财政政策加力提效，财政运行总体平稳。支出结构不断优化，民生等重点领域保障有力。财税改革取得积极进展，审计查出问题整改效果较好，健全相关规章制度1 538项。

(资料来源：http://www.gov.cn/xinwen/2020-06/19/content_5520368.htm)

引例思考：根据审计工作报告的内容，谈谈我国国家审计机关的基本任务是什么。

任务分析

认识国家审计机关，需要了解：①我国国家审计机关设置的层级及其相互关系；②国家审计机关的基本任务；③国家审计机关的权限；④国家审计机关的职责。

认识国家审计人员，需要了解：①国家审计人员的组成；②国家审计人员实行的专业技术资格制度。

知识准备

一、国家审计机关

(一) 国家审计机关设置的层级及其相互关系

国家审计机关是代表国家行使审计监督权的行政机关(注：本书只述及内地审计工作)。我国国家审计机关分为最高审计机关和地方审计机关两个层级。

微课视频1-1
认识国家审计机关
与国家审计人员

1. 最高审计机关

最高审计机关是隶属于国务院的审计署。审计署正式成立于1983年9月15日。审计署在国务院总理领导下，依法组织领导全国的审计工作，对国务院各部门和地方各级政府的财政收支、国家的财政金融机构和企事业组织的财务收支进行审计监督。审计署对国务院负责，向其报告工作。

审计署设置了21个内设机构、9个直属单位、20个派出审计局、18个驻地方特派员办事处，管理中国审计学会、中国内部审计协会两个社会团体，主管审计署门户网站、审计署政务微信以及《中国审计报》《中国审计》等报刊的发布。

2. 地方审计机关

地方审计机关是指省、自治区、直辖市、设区的市、自治州、县、自治县、不设区的市、市辖区人民政府设立的审计机关，即审计厅、审计局。地方审计机关在省长、自治区主席、市长、县长、区长和上一级审计机关的领导下，组织领导本行政区的审计工作，负责本级审计机关范围内的审计事项，对上级审计机关和本级人民政府负责并报告工作。

目前，我国内地共有省、自治区、直辖市审计厅(局)31个，地市级审计局434个，县区级审计局3 075个。

国家审计机关设置的层级及其相互关系如图1-1所示。

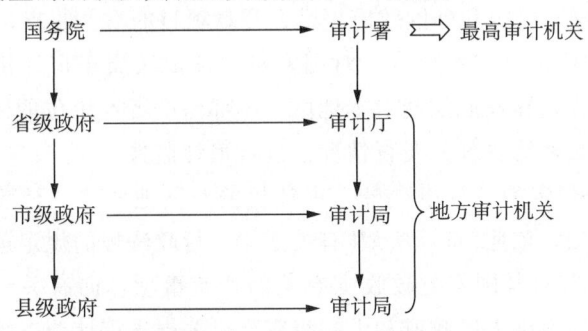

图1-1 国家审计机关设置的层级及其相互关系

(二) 国家审计机关的基本任务

根据《中华人民共和国审计法》(以下简称《审计法》)的规定，我国各级审计机关的基本任务是：对国务院各部门和地方各级人民政府及其各部门的财政收支、国有金融机构和企事业组织的财务收支，以及其他应接受审计的财政、财务收支的真实性、合法性和效益性依法进行审计监督。

(三) 国家审计机关的权限

审计机关依法独立行使其职权，不受其他行政机关、社会团体和个人的干涉。根据《审计法》的规定，我国国家审计机关的权限有要求报送资料权、检查权、查询存款权、调查取证权、行政强制措施权、申请权、处理处罚权、通报或公布审计结果权、建议权。

(四) 国家审计机关的职责

根据《审计法》的规定，审计机关的职责如下。

(1) 审计机关对本级各部门(含直属单位)和下级政府预算的执行情况和决算以及其他

财政收支情况，进行审计监督。

（2）审计署在国务院总理领导下，对中央预算执行情况和其他财政收支情况进行审计监督，向国务院提出审计结果报告。地方各级审计机关分别在省长、自治区主席、市长、州长、县长、区长和上一级审计机关的领导下，对本级预算执行情况和其他财政收支情况进行审计监督，向本级人民政府和上一级审计机关提出审计结果报告。

（3）审计署对中央银行的财务收支和国有金融机构的资产、负债、损益，进行审计监督。

（4）审计机关对国家的事业组织和使用财政资金的其他事业组织的财务收支，进行审计监督。

（5）审计机关对国有企业的资产、负债、损益，进行审计监督。

（6）对国有资本占控股地位或者主导地位的企业、金融机构的审计监督，由国务院规定。

（7）审计机关对政府投资和以政府投资为主的建设项目的预算执行情况和决算，进行审计监督。

（8）审计机关对政府部门管理的和其他单位受政府委托管理的社会保障基金、社会捐赠资金以及其他有关基金、资金的财务收支，进行审计监督。

（9）审计机关对国际组织和外国政府援助、贷款项目的财务收支，进行审计监督。

（10）审计机关按照国家有关规定，对国家机关和依法属于审计机关审计监督对象的其他单位的主要负责人，在任职期间对本地区、本部门或者本单位的财政收支、财务收支以及有关经济活动应负经济责任的履行情况，进行审计监督。

（11）除《审计法》规定的审计事项外，审计机关对其他法律、行政法规规定应当由审计机关进行审计的事项，依照《审计法》和有关法律、行政法规的规定进行审计监督。

（12）审计机关有权对与国家财政收支有关的特定事项，向有关地方、部门、单位进行专项审计调查，并向本级人民政府和上一级审计机关报告审计调查结果。

（13）依法属于审计机关审计监督对象的单位，应当按照国家有关规定建立健全内部审计制度，其内部审计工作应当接受审计机关的业务指导和监督。

（14）社会审计机构审计的单位依法属于审计机关审计监督对象的，审计机关按照国务院的规定，有权对该社会审计机构出具的相关审计报告进行核查。

（五）国家审计机关的设置类型

综观世界，目前已有180多个国家设置了适应各自国情的国家审计机关。但是，各国国家审计机关在整个国家机构中的组织地位是不相同的。根据国家审计机关的隶属关系和审计报告的报告对象，可以将国家审计划分为以下4类。

▶ 1. 隶属于议会并向议会或国家元首报告工作

国家审计机关一般隶属于国家立法部门，向议会或国会报告工作，依照国家法律赋予的权限，对各级政府机关的财政经济活动，以及国有企业、事业单位的财务收支及有关经济活动进行审计监督。例如，美国审计总署、英国国家审计署、加拿大审计长公署等，它们独立行使审计监督职权，对国会或议会负责，不受行政当局的控制和干涉，其地位较高，独立性较强。

▶ 2. 隶属于政府并向议会或政府报告工作

国家审计机关一般隶属于政府或政府的行政部门，对政府负责并向政府报告工作，根据法律赋予的权限，对政府各部门、各单位的财政财务收支活动进行审计监督，以便保证国家财经政策、法规、计划、预算的正常执行。例如，我国审计署作为国务院的组成部门之一，在国务院总理的领导下工作，对国务院负责并报告工作。再如，瑞士的国家审计机关是财政部的特别机构，不过，国家法律规定它必须向议会报告工作，这样就提高了它的独立性和权威性。

▶ 3. 具有司法性质，以审计法院形式开展工作，向议会或国家元首报告工作

国家审计机关一般独立于议会或政府，拥有有限的司法权，向议会或总统报告工作。例如，法国、意大利、巴西、西班牙的审计法院具有审计和经济审判的职能，审计人员享有某些司法职权，内部实行法官制，对一些违法违规行为，通过开庭进行审判，做出裁决。

▶ 4. 独立于议会、政府和司法机关，向议会或国家元首报告工作

国家审计机关独立于国家立法部门、司法部门和行政部门，不对行使上述权力的任何机构负责，向议会或国家元首报告工作。例如，日本审计院既不隶属于国会和内阁，也不隶属于法院，而是独立于内阁且与内阁相平行的机构，其使命是检查监督国家财政的执行情况，并定期向国会报告工作，具有较高的独立性。

二、国家审计人员

（一）国家审计人员的组成

国家审计人员是指各级国家审计机关中接受国家委托，依法行使审计监督权，从事审计事务的人员。国家审计人员属于国家公务人员。

国家审计人员包括国家审计署的审计长、副审计长，地方各级审计厅、局的厅、局长，各级审计机关的领导人员和非领导职务的一般工作人员。审计长是审计署的行政首长，由国务院总理提名，全国人大常委会决定，由国家主席任命。审计长每届任期5年，可以连任。审计署设副审计长4名，协助审计长的工作，并对审计长负责。

（二）审计专业技术资格制度

国家审计人员实行专业技术资格制度，包括高级(高级审计师)、中级(中级审计师)和初级(助理审计师)3级专业技术职务，高级审计师采取考评结合的方式评定，中级审计师和助理审计师则采用考试的形式评定。

审计专业技术资格实行国家统一考试制度。审计专业技术初、中级资格考试科目与内容均为：①审计专业相关知识，包括宏观经济学基础、企业财务管理、企业财务会计、法律；②审计理论与实务，包括审计理论与方法、企业财务审计。审计专业技术资格考试日期原则上为每年10月的第二个星期日。两个科目的考试时间均为2.5小时。审计专业高级资格考试科目为：经济理论与宏观经济政策、审计理论与审计案例分析。

引例解析

国家审计机关负责对公共资金、国有资产、国有资源和领导干部履行经济责任情况实行审计全覆盖,对领导干部实行自然资源资产离任审计,对国家有关重大政策措施贯彻落实情况进行跟踪审计。对审计、专项审计调查和核查社会审计机构相关审计报告的结果承担责任,并负有督促被审计单位整改的责任。

线上测试

在线自测1.1.1

子任务1.1.2 认识会计师事务所与注册会计师

任务引例

中注协发布《2019年度综合评价前100家会计师事务所信息》

2020年11月17日,中国注册会计师协会发布《2019年度综合评价前100家会计师事务所信息》(以下简称《2019年度前100家信息》)。这是注册会计师行业2003年建立前100家信息发布制度以来,第17次发布前100家信息,也是根据最新的《会计师事务所综合评价和排名办法》第一次发布前100家信息。总体而言,2019年度事务所综合评价排名主要具有综合性、导向性和客观性的特点。

按照会计师事务所综合评价得分,排名前10的会计师事务所是:普华永道中天会计师事务所、安永华明会计师事务所、德勤华永会计师事务所、毕马威华振会计师事务所、天健会计师事务所、立信会计师事务所、信永中和会计师事务所、致同会计师事务所、天职国际会计师事务所、大华会计师事务所。

(资料来源:http://www.cicpa.org.cn/xxfb/news/202011/t20201117_5340.html,中国注册会计师协会网站)

引例思考:会计师事务所是一个什么性质组织,主要从事哪些业务?

任务分析

认识会计师事务所,需要了解:①会计师事务所的组织形式;②会计师事务所的业务范围。

认识注册会计师,需要了解:①注册会计师的考试;②注册会计师的注册。

知识准备

一、会计师事务所

（一）会计师事务所的组织形式

会计师事务所是注册会计师依法承办业务的机构。综观注册会计师行业在各国的发展，会计师事务所主要有独资、普通合伙、有限责任公司制、有限责任合伙制 4 种组织形式。根据《会计师事务所执业许可和监督管理办法》（财政部令第 89 号）的规定，我国会计师事务所可以采用普通合伙、特殊普通合伙或者有限责任公司形式。会计师事务所从事证券服务业务和经法律、行政法规规定的关系公众利益的其他特定业务，应当采用普通合伙或者特殊普通合伙形式，接受财政部的监督。

微课视频 1-2 认识会计事务所与注册会计师

▶ 1. 普通合伙会计师事务所

普通合伙会计师事务所是由两名以上符合规定条件的合伙人，以书面协议形式，共同出资、共同执业，以各自财产对会计师事务所的债务承担连带责任的会计师事务所。

普通合伙会计师事务所应当建立风险基金，或向保险机构投保执业保险。申请设立普通合伙会计师事务所，应当具备下列条件：2 名以上符合规定条件的合伙人；书面合伙协议；有经营场所。

普通合伙会计师事务所的优点是，在风险的牵制和共同利益的驱动下，具有促使事务所提高执业质量、扩大业务规模、提高控制风险的能力。其缺点是，建立一个跨地区、跨国界的大型会计师事务所要经历一个漫长的过程。同时，任何一个合伙人执业中的失误或舞弊行为，都可能给整个会计师事务所带来灭顶之灾。

▶ 2. 有限责任会计师事务所

有限责任会计师事务所是由注册会计师发起设立，承办注册会计师业务并承担有限责任的会计师事务所。

申请设立有限责任会计师事务所，应当具备以下条件：5 名以上符合规定条件的股东；不少于人民币 30 万元的注册资本；股东共同制定的公司章程；有经营场所。

有限责任会计师事务所的优点是，可以通过公司制形式迅速聚集一批注册会计师，组成大型会计师事务所，承办大型业务。其缺点是，降低了风险责任对执业行为的高度制约，弱化了注册会计师的个人责任。

▶ 3. 特殊普通合伙会计师事务所

特殊普通合伙会计师事务所的特点是：一个合伙人或者数个合伙人在执业活动中因故意或者重大过失造成合伙企业债务的，应当承担无限责任或者无限连带责任，其他合伙人以其在合伙企业中的财产份额为限承担责任。合伙人在执业活动中非因故意或者重大过失造成的合伙企业债务以及合伙企业的其他债务，由全体合伙人承担无限连带责任。申请设立特殊普通合伙会计师事务所，应当具备以下条件：15 名以上由注册会计师担任且符合规定条件的合伙人；60 名以上注册会计师；书面合伙协议；有经营场所；法律、行政法规或者财政部依授权规定的其他条件。

▶ 4. 成为会计师事务所的合伙人或者股东的条件

根据《会计师事务所执业许可和监督管理办法》的规定，会计师事务所的合伙人或股东，应具备下列条件：①具有注册会计师执业资格；②成为合伙人（股东）前 3 年内没有因为执业行为受到行政处罚；③最近连续 3 年在会计师事务所从事审计业务且在会计师事务所从事审计业务时间累计不少于 10 年或者取得注册会计师执业资格后最近连续 5 年在会计师事务所从事审计业务；④成为合伙人（股东）前 3 年内没有因欺骗、贿赂等不正当手段申请会计师事务所执业许可而被省级财政部门做出不予受理、不予批准或者撤销会计师事务所执业许可的决定；⑤在境内有稳定住所，每年在境内居留不少于 6 个月，且最近连续居留已满 5 年。

另外，根据《其他专业资格人员担任特殊普通合伙会计师事务所合伙人暂行办法》（财会〔2018〕4 号），不具有注册会计师执业资格，但具有中国资产评估师、中国税务师、中国造价工程师职业资格，且满足其他条件的人员，也可以担任特殊普通合伙会计师事务所的合伙人。

根据中国注册会计师协会网站中的"行业信息查询系统"（公众查询版），截至 2020 年 12 月 31 日，全国共有会计师事务所（含分所）9 600 余家，其中，从事证券服务业务的会计师事务所有 54 家，从业人员 40 余万人，执业注册会计师 11.1 万人，行业年度业务收入超过 1 000 亿元。

（二）会计师事务所的业务范围

我国会计师事务所的业务范围包括鉴证业务和相关服务业务。鉴证业务包括审计业务、审阅业务和其他鉴证业务。相关服务业务包括对财务信息执行商定程序、代编财务信息、税务服务、管理咨询以及相关会计师服务等。

▶ 1. 审计业务

审计业务包括：①审查企业财务报表，出具审计报告；②验证企业资本，出具验证报告；③办理企业合并、分立、清算事宜中的审计业务，出具有关的报告；④法律、行政法规规定的其他审计业务。

审计业务是会计师事务所的法定业务，其他组织和个人不得承办。

▶ 2. 审阅业务

审阅是指注册会计师主要使用询问和分析程序，对所审阅的历史财务信息是否存在重大错报提供有限程度的保证，并以消极方式提出结论的鉴证业务，比如财务报表审阅。相对审计而言，审阅程序简单，保证程度有限，审阅成本也较低。

▶ 3. 其他鉴证业务

其他鉴证业务是指注册会计师承办的除了审计业务和审阅业务以外的鉴证业务，如预测性财务信息审核、内部控制鉴证等。

▶ 4. 相关服务业务

相关服务业务属于非鉴证业务，包括：①对财务信息执行商定程序；②代编财务信息；③税务服务；④管理咨询服务；⑤会计服务。

二、注册会计师

注册会计师是指取得注册会计师证书并在会计师事务所执业的人员。

（一）注册会计师的考试

国家实行注册会计师全国统一考试制度，考生可以通过注册会计师全国统一考试取得注册会计师资格。我国于1991年起施行了注册会计师全国统一考试制度，为我国注册会计师行业人才建设提供了有效支持。

▶ 1. 注册会计师考试的报名条件

根据《中华人民共和国注册会计师法》（以下简称《注册会计师法》）及《注册会计师全国统一考试办法》的规定，具有下列条件之一的中国公民，可报名参加考试：①高等专科以上学历；②会计或者相关专业（指审计、统计、经济）中级以上专业技术职称。

港澳台地区居民及按照对等原则确认的外国籍公民具备一定条件的，也可申请参加考试。

有下列情形之一的人员，不得报名参加注册会计师全国统一考试：①被吊销注册会计师证书自处罚决定之日起至报名截止日止不满5年者；②参加注册会计师全国统一考试违规受到停考处理，期限未满者。

▶ 2. 注册会计师考试的阶段与科目

目前，我国注册会计师考试分为以下2个阶段。

第一个阶段为专业阶段，主要测试考生是否具备注册会计师执业所需的专业知识，是否掌握基本技能和职业道德要求，考试设会计、审计、财务成本管理、公司战略与风险管理、经济法、税法6个科目。

第二阶段为综合阶段，主要测试考生是否具备在注册会计师执业环境中运用专业知识，保持职业价值观、职业态度与职业道德，有效解决实务问题的能力，考试设综合1个科目。

考生在通过第一阶段的全部考试科目后，才能参加第二阶段的考试。

第一阶段的单科合格成绩5年有效，对在连续5年内取得第一阶段6个科目合格成绩的考生，发放专业阶段合格证。第二阶段考试科目应在取得专业阶段合格证后5年内完成，对取得第二阶段考试合格成绩的考生，发放全科合格证，并可以申请加入注册会计师协会，成为注册会计师协会的非执业会员。

（二）注册会计师的注册

根据《注册会计师法》的规定，具备下列条件之一，并在中国境内从事审计业务工作2年以上者，可以向省级注册会计师协会申请注册：①参加注册会计师全国统一考试成绩合格；②经依法认定或者考核具有注册会计师资格。

注册申请人有下列情形之一的，不予注册：①不具有完全民事行为能力的；②因受刑事处罚，自刑罚执行完毕之日起至申请注册之日止不满5年的；③因在财务、会计、审计、企业管理或者其他经济管理工作中犯有严重错误受行政处罚、撤职以上处分，自处罚、处分决定生效之日起至申请注册之日止不满2年的；④受吊销注册会计师证书的处罚，自处罚决定生效之日起至申请注册之日止不满5年的；⑤因以欺骗、贿赂等不正当手段取得注册会计师证书而被撤销注册，自撤销注册决定生效之日起至申请注册之日止不满3年的；⑥不在会计师事务所专职执业的；⑦年龄超过70周岁的。

注册会计师有下列情形之一的，由所在地的省级注册会计师协会撤销注册，收回注册会计师证书：①完全丧失民事行为能力的；②受刑事处罚的；③自行停止执行注册会计师业务满1年的；④以欺骗、贿赂等不正当手段取得注册会计师证书的。

三、注册会计师协会

注册会计师协会是注册会计师的行业组织，依法登记取得社会团体法人资格。中国注册会计师协会是在财政部党组领导下开展行业管理和服务的法定组织，依据《注册会计师法》和《社会团体登记管理条例》的有关规定设立，承担《注册会计师法》赋予的职能和协会章程规定的职能。中国注册会计师协会的宗旨是服务、监督、管理、协调。省、自治区、直辖市注册会计师协会是注册会计师行业的地方组织。协会的会员分为个人会员和团体会员，个人会员又分为执业会员和非执业会员。

引例解析

会计师事务所是注册会计师依法承办业务的机构，该机构可能是一家合伙企业或公司；会计师事务所主要从事鉴证业务和相关服务业务。鉴证业务包括审计业务、审阅业务和其他鉴证业务；相关服务业务包括对财务信息执行商定程序、代编财务信息、税务服务、管理咨询以及相关会计师服务等。

线上测试

扫描封底二维码　　　自测　　　获取答题权限

在线自测1.1.2

子任务1.1.3　认识内部审计机构与内部审计人员

任务引例

2018年1月12日，审计署以审计署令第11号发布《审计署关于内部审计工作的规定》，该规定自2018年3月1日起施行。此次发布的《审计署关于内部审计工作的规定》有以下6个特点：①拓展了内部审计职责范围，在原来的基础上增加了内部控制与风险管理；②明确了新时代下内部审计的工作方向；③内部审计职能由监督评价向服务建议转变；④增加了内部审计促进被审计单位完善治理的目标；⑤首次提出国有企业应该建立总审计师制度；⑥未来内部审计的地位和独立性会进一步增强。《审计署关于内部审计工作的规定》已经取得了很大的历史性突破，它对于指导内部审计工作，提升内部审计的地位和独立性、权威性，无疑起到了积极的作用。

引例思考：内部审计机构主要从事哪些审计工作？

任务分析

任务引例中从事内部审计工作的内部审计机构的设立要求、设立范围、设立类型和职责有哪些，内部审计人员的组成及要求是什么等问题的解答，需要我们进一步了解有关内部审计机构和内部审计人员的相关知识。

知识准备

一、内部审计机构

内部审计机构是对部门、单位实施内部审计监督，按照一定标准检查会计账目及其相关资料，查证单位内部各项财务收支和经济活动的真实性、合法性和效益性的专门组织。

微课视频 1-3
认识内部审计机构
与内部审计人员

（一）内部审计机构的设立要求

根据《中国内部审计准则第 1101 号——内部审计基本准则》，各类组织应当设置与其目标、性质、规模、治理结构等相适应的内部审计机构，并配备具有相应资格的内部审计人员。根据《审计署关于内部审计工作的规定》（审计署令 2018 年第 11 号），依法属于审计机关审计监督对象的单位应当依照有关法律法规、本规定和内部审计职业规范，结合本单位实际情况，建立健全内部审计制度，明确内部审计工作的领导体制、职责权限、人员配备、经费保障、审计结果运用和责任追究等。

国有企业应当按照有关规定建立总审计师制度。总审计师协助党组织、董事会（或者主要负责人）管理内部审计工作。

（二）内部审计机构的设立范围

根据内部审计机构设立的范围不同，我国内部审计机构包括部门内部审计机构和单位内部审计机构。

部门内部审计机构，是指国务院和县以上地方各级政府按行业划分的业务主管部门设立的专门审计机构；单位内部审计机构，是指金融机构、企事业单位等设立的专门审计机构。

（三）内部审计机构的设立类型

对于内部审计机构的设立，根据其所隶属企业领导的层次不同，可分为以下3种类型。

(1) 内部审计机构隶属于单位的财务部门，由本单位会计主管领导。

(2) 内部审计机构与单位内部其他各职能部门平行，由单位的总会计师或主管财务的副总经理领导。

(3) 内部审计机构由单位的主要负责人或监督机构直接领导，其地位和职权超越单位的其他职能部门，如由董事会（或下属的审计委员会）、监事会或总经理直接领导。

从审计的独立性和有效性看，领导层级越高，内部审计工作就越有成效。相对而言，上述第3种类型的内部审计机构独立性较强。

国家机关、事业单位、社会团体等单位的内部审计机构或者履行内部审计职责的内设机构，应当在本单位党组织、主要负责人的直接领导下开展内部审计工作，向其负责并报告工作。

国有企业内部审计机构或者履行内部审计职责的内设机构应当在企业党组织、董事会（或者主要负责人）直接领导下开展内部审计工作，向其负责并报告工作。

（四）内部审计机构的职责

根据《审计署关于内部审计工作的规定》（审计署令2018年第11号），内部审计机构或者履行内部审计职责的内设机构应当按照国家有关规定和本单位的要求，履行下列职责。

(1) 本单位及所属单位贯彻落实国家重大政策措施情况进行审计。

(2) 对本单位及所属单位的发展规划、战略决策、重大措施以及年度业务计划执行情况进行审计。

(3) 对本单位及所属单位的财政财务收支进行审计。

(4) 对本单位及所属单位的固定资产投资项目进行审计。

(5) 对本单位及所属单位的自然资源资产管理和生态环境保护责任的履行情况进行审计。

(6) 对本单位及所属单位的境外机构、境外资产和境外经济活动进行审计。

(7) 对本单位及所属单位的经济管理和效益情况进行审计。

(8) 对本单位及所属单位的内部控制及风险管理情况进行审计。

(9) 对本单位内部管理的领导人员履行经济责任情况进行审计。

(10) 协助本单位主要负责人督促落实审计发现问题的整改工作。

(11) 对本单位所属单位的内部审计工作进行指导、监督和管理。

(12) 国家有关规定和本单位要求办理的其他事项。

（五）内部审计机构的权限

内部审计机构或者履行内部审计职责的内设机构应有下列权限。

(1) 要求被审计单位按时报送发展规划、战略决策、重大措施、内部控制、风险管理、财政财务收支等有关资料（含相关电子数据，下同），以及必要的计算机技术文档。

(2) 参加单位有关会议，召开与审计事项有关的会议。

(3) 参与研究制定有关的规章制度，提出制定内部审计规章制度的建议。

(4) 检查有关财政财务收支、经济活动、内部控制、风险管理的资料、文件和现场勘察实物。

（5）检查有关计算机系统及其电子数据和资料。

（6）就审计事项中的有关问题，向有关单位和个人开展调查与询问，取得相关证明材料。

（7）对正在进行的严重违法违规、严重损失浪费行为及时向单位主要负责人报告，经同意做出临时制止决定。

（8）对可能转移、隐匿、篡改、毁弃会计凭证、会计账簿、会计报表以及与经济活动有关的资料，经批准，有权予以暂时封存。

（9）提出纠正、处理违法违规行为的意见和改进管理、提高绩效的建议。

（10）对违法违规和造成损失浪费的被审计单位和人员，给予通报批评或者提出追究责任的建议。

（11）对严格遵守财经法规、经济效益显著、贡献突出的被审计单位和个人，可以向单位党组织、董事会(或者主要负责人)提出表彰建议。

二、内部审计人员

(一) 内部审计人员的组成

内部审计人员是指在部门、单位内部审计机构从事审计事务的人员，以及在部门、单位内设置的专职从事审计事务的人员。内部审计人员中除熟悉会计、财务、审计的专业人员以外，还可视工作需要配备其他专业人员，如经济师、工程师、律师等。

(二) 内部审计人员的要求

根据《审计署关于内部审计工作的规定》(审计署令2018年第11号)，内部审计机构应当根据工作需要，合理配备内部审计人员。内部审计人员应当具备从事审计工作所需要的专业能力。内部审计机构负责人应当具备审计、会计、经济、法律或者管理等工作背景。

单位应当严格制定内部审计人员录用标准，支持和保障内部审计机构通过多种途径开展继续教育，以提高内部审计人员的职业胜任能力。

据不完全统计，截至2012年，全国已有5万多个内部审计机构，专兼职内部审计人员近20万人。

三、中国内部审计协会

中国内部审计协会是由具有一定内部审计力量的企事业单位、社会团体和从事内部审计工作的人员自愿结成的全国性、行业性、非营利性社会组织。协会的宗旨是服务、管理、宣传、交流。协会接受业务主管单位审计署和社团登记管理机关民政部的业务指导和监督管理。

引例解析

内部审计机构主要对本单位及所属单位的以下方面进行审计：①贯彻落实国家重大政策措施情况；②发展规划、战略决策、重大措施以及年度业务计划执行情况；③财政财务收支；④固定资产投资项目；⑤自然资源资产管理和生态环境保护责任的履行情况；⑥境外机构、境外资产和境外经济活动；⑦经济管理和效益情况；⑧内部控制及风险管理情况；⑨本单位内部管理的领导人员履行经济责任情况；⑩协助本单位主要负责人督促落实审计发现问题的整改工作。

线上测试

扫描封底二维码　　获取答题权限

在线自测1.1.3

任务1.2　再识审计：专业角度解读审计

子任务1.2.1　理解审计的含义

任务引例

我国"审计"一词最早见于宋代，从词义上解释，"审"为审查，"计"为会计账目，审计就是审查会计账目。"审计"一词的英文为"Audit"，被注释为"查账"，兼有"旁听"的含义。在《大英百科全书》中，审计被解释为"对单位会计账目的检查"。《现代汉语词典》（第5版）中，审计被界定为动词，是指由专设机关依照法律对国家各级政府及金融机构、企业事业组织的重点项目和财务收支进行事前和事后的审查。

引例思考：什么是审计？

任务分析

理解审计含义，需要明确：①审计的定义；②审计的基本特征；③审计的职能和作用；④审计的种类。

知识准备

一、审计的定义

审计是由独立、专业的机构和人员，接受委托或根据授权，依法对被审计单位的财务报表和其他相关资料及其所反映的财政、财务等经济活动的真实性、合法性和效益性进行审查并提出结论的一种监督、鉴证

微课视频1-4
审计的定义

和评价的活动。

二、审计关系人

任何一种审计活动都必须有审计人(者)、被审计人(者)和审计授权(委托)人等三方审计关系人。审计人(即第一关系人)是承担审计工作的独立、专业的机构和人员；被审计人(即第二关系人)通常是接受审计监督的财产经营管理者；审计授权人或委托人(即第三关系人)通常是财产所有者。这 3 个方面的审计关系人形成的审计关系如图 1-2 所示。

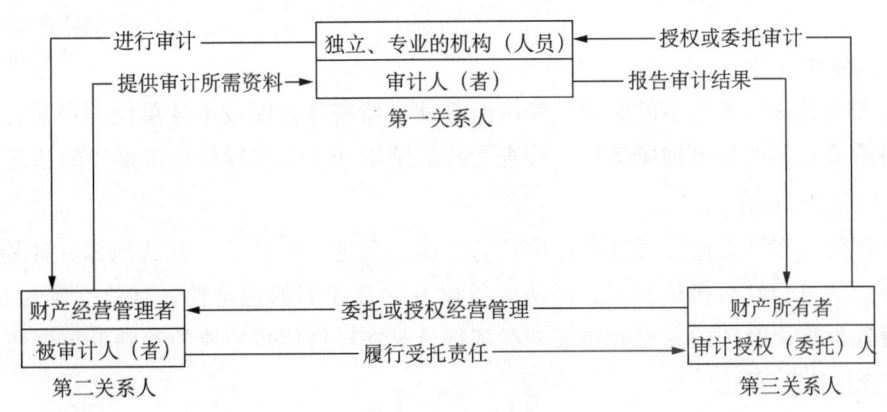

图 1-2 审计关系

三、审计的基本特征

根据审计的定义，可以总结出审计的两个基本特征，即独立性和权威性。独立性是指审计人相对于被审计人而言，始终处于独立的地位。审计的独立性和审计法律规定的明确性，决定了审计的权威性。

独立性是审计的灵魂。审计的独立性体现在审计关系中。审计人(者)作为独立的第三方，接受财产所有者的委托或授权对财产经营管理者进行审计。审计人(者)的审计监督权是审计授权人或委托人(财产所有者)所赋予的。同时，审计人(者)不参与被审计人(财产经营管理者)的经营管理活动，与被审计人没有任何联系。因此，相对于被审计人而言，审计人(者)始终处于独立的地位。在注册会计师审计中，审计人(者)不仅独立于被审计人，还独立于审计委托人。审计独立性是保证审计结论客观、公正的前提和基础，因此，独立性是审计最基本的特征。

四、审计对象

审计对象是指审计客体，就是被审计单位的经济活动。具体来说，这一概念包含以下 3 层含义。

(1) 从审计对象的空间范围来看，国家审计的对象主要是各级政府机关、国有企业和事业单位；内部审计的对象为本单位或本部门；注册会计师审计的对象主要是委托人指定的单位。

（2）从审计对象涉及的具体内容来看，审计对象主要是指被审计单位的财政收支、公共资金的收支、财务收支及其相关的经济活动。

（3）从审计对象的载体来看，审计对象是指被审计单位的会计资料及其相关资料。

五、审计的职能

审计职能是审计自身固有的内在功能，是审计能够完成任务、发挥作用所具有的能力。审计具有经济监督、经济评价和经济鉴证等 3 项职能。

（一）经济监督

经济监督是审计最基本的职能。经济监督就是监察和督促被审计单位的经济活动在规定范围内沿着正常的轨道健康运行，检查受托经济责任人忠实履行经济责任的情况。

（二）经济评价

经济评价是审计人员在对被审计单位的经济活动进行审计后，就其预算、计划、方案和经济决策的可行性、执行情况、经济效益以及内部控制的健全性、有效性等做出评价，并有针对性地提出合理的意见和建议。经济评价是在经济监督职能的基础上扩展而来的。

（三）经济鉴证

经济鉴证是指通过审计人员的审计，对被审计单位的财务报表等信息提出结论，以增强其可信度，供有关利益关系人使用。经济评价也是在经济监督职能的基础上扩展而来的。

六、审计的作用

审计作用是指在审计实践中履行审计职能所产生的客观影响和社会效果。审计具有制约作用和促进作用。

（一）制约作用

制约作用，即防护作用，是指审计工作在执行批判性的活动中，通过监督、鉴证和评价来制约经济活动中的各种消极因素，从而促进受托责任者正确履行受托责任并保证社会经济的健康发展。

审计的制约作用主要表现为：通过对被审计单位的财政财务收支及其有关经营管理活动的审核检查，对被审计单位的财政财务收支及经营管理活动进行监督和鉴证，揭示其差错和弊端，保护财产安全、堵塞漏洞，防止损失。在审查取证、揭示各种违法行为的基础上，通过对过失人或犯罪者的查处，提交司法、监察部门进行处理，从而达到纠正或防止违法行为，维护财经纪律的目的。

（二）促进作用

促进作用，即建设作用，是指审计在执行指导性的活动中，通过监督、鉴证和评价对被审计单位存在的问题提出改进的建议与意见，从而使其经营管理水平与状况得到改善与提高。

审计的促进作用主要表现为：通过审查取证、评价揭示经营管理中的问题和管理制度上的薄弱环节，提出改进建议，促进其改善经营管理、提高经济效益。

七、审计的分类

审计主体是指审计的执行人，即审计人（者）。按审计主体不同，审计分为政府审计、注册会计师审计和内部审计。

（一）政府审计

政府审计，在我国又称为国家审计，是指由政府审计机关代表国家依法对各级政府及其部门、事业单位、国有企业的财政财务收支及公共资金的收支与运营情况所实施的审计。

政府审计的突出特点表现为审计的法定性、权威性和强制性。

（二）注册会计师审计

注册会计师审计也称社会审计、民间审计或独立审计，是指由会计师事务所接受委托依法对委托人指定的被审计单位进行的审计。

注册会计师审计的显著特点表现为审计的委托性、有偿性和较强的独立性。

（三）内部审计

内部审计是指由部门或单位内部设立的专门机构或专职人员对本部门、本单位及其下属单位的财务收支和经营管理活动的真实性、合法性和效益性及内部控制的有效性进行客观的确认和咨询，旨在改善本单位或部门的运营和提高经济效益。内部审计具有服务对象的内向性、审查内容的广泛性、审查工作的及时性和较弱的独立性等特点。

引例解析

审计是由独立、专业的机构和人员，接受委托或根据授权，依法对被审计单位的财务报表和其他相关资料及其所反映的财政、财务等经济活动的真实性、合法性和效益性进行审查并提出结论的一种监督、鉴证和评价的活动。

线上测试

在线自测1.2.1

子任务 1.2.2　熟悉审计工作的过程

任务引例

一名内部审计师的工作写实

　　LM公司是一家规模巨大、总部设在北京的药业集团公司，张先生是内部审计部的主管。5月中旬的一天，张先生向董事会主席汇报了2021年第一季度内部审计计划的执行情况，并递交了2020年度的后续审计报告。董事会主席谈起深圳的独资公司——康达制药公司在第一季度原料成本明显增加，同时去年销售一直不错的主打药品的销售出现大幅度下滑，要求他这两周放下手头的工作，带一名内部审计师对深圳康达制药公司进行审计。

微课视频1-8　认识内部审计人员

　　张先生从董事长办公室出来，打电话给主管康达制药公司的副总经理，约好在下午上班时了解康达制药公司的基本情况，然后到投资一部研究了医药行业和深圳康达制药公司以往的管理报表和其他总体资料，希望搜集到有用的信息。他还回到审计分部的档案室，查阅深圳康达制药公司以前年度的审计报告和一些审计工作底稿，看看这些问题以前是否发生过。下午，他如约见到主管康达制药公司的副总经理，弄清了深圳康达制药公司一些更详细的情况。

　　张先生初步估计，康达制药公司采用生物制药的原料主要由国内的几家大农场提供，而去年的这些农作物并没有减产，因此没有价格上的明显波动。从年初开始，康达制药公司对经销商的折扣政策做了比较大的调整，对经销商按不同的采购量执行不同的折扣，在这方面也许存在一些问题。

　　张先生打电话通知深圳康达制药公司，顺便了解几个主要经销商的情况，第二天就和一名内部审计师赶到那里。他们先和深圳的管理层访谈，抽查了采购计划、采购合同、销售计划、销售合同和部分付款、收款会计记录，仔细研究采购、销售的政策和程序，绘制了采购流程图和销售流程图，对采购部、销售部的员工进行问卷调查和访谈，并按他们提供的名单对供应商和经销商分别进行了电话调查。最后，他们发现了以下问题。

　　(1) 2021年第一季度的原料采购地不在本省，而是主要集中在湖南的两家供应商，采购价提高了10%，运费增加了50%，另外由于路途较远，延长了订货提前期，增加了库存原料储备量，导致多支出20%的仓储成本和资金成本。采购部解释说是因为湖南的原料品质优良才舍近求远，但是他们并没有提供生产部关于变更原料采购的任何书面建议。

　　(2) 2020年春季发生一次全国性疫情，经销商在2020年全年持续大量采购、囤积药品，2021年第一季度销售下滑，主要原因是疫情得到控制，经销商在消化原有库存。另外，新的折扣政策使一些销量较少的省级经销商得不到原来的高折扣，部分转而从其他邻近的大经销商处进货，另有一部分开始经销竞争对手的同类药品。可见销售渠道管理存在一些问题，但不是很严重。

　　他们和深圳管理层讨论了这些问题，建议：重新选择供应商，并采用招标形式；重新考虑销售政策。

3天以后，他们回到北京，整理完这次审计的工作底稿，向总部管理层口头汇报这次审计，并在一周后提交了一份书面报告。按照工作程序，他们还要在一个月后对这个项目执行后续审计。

资料来源：张军平，石峰. 审计务实. 北京：清华大学出版社，北京交通大学出版社，2004.

引例思考：通过对LM公司这名内部审计师工作写实的分析，谈谈内部审计工作过程主要有哪些工作。

任务分析

审计过程，是指审计工作从开始到结束的整个过程或步骤，一般包括3个主要的阶段，即准备阶段、实施阶段和终结阶段。不同审计主体或审计类型，其审计过程3个阶段的具体内容也有所差异，但基本上是相同的，因此，本节主要阐述注册会计师审计过程，同时兼述国家审计过程和内部审计过程。

知识准备

一、注册会计师审计过程

注册会计师财务报表审计过程如图1-3所示，通常包括接受业务委托、计划审计工作、识别与评估重大错报风险、应对重大错报风险及完成审计工作和编制审计报告5个步骤。

微课视频1-9
熟悉审计工作的过程

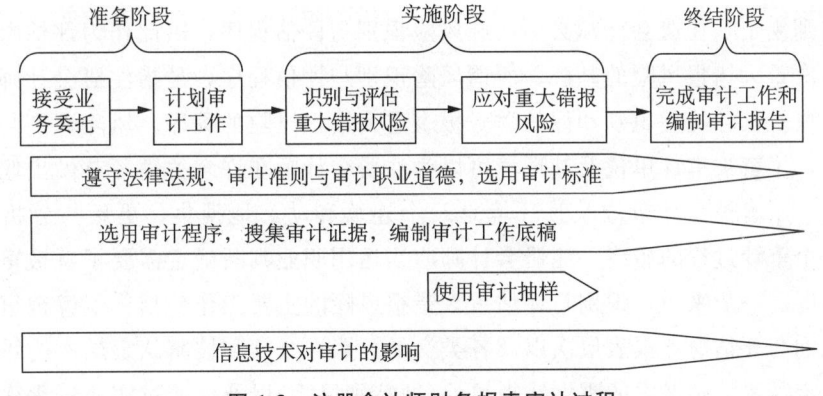

图 1-3 注册会计师财务报表审计过程

（准备阶段：接受业务委托 → 计划审计工作；实施阶段：识别与评估重大错报风险 → 应对重大错报风险；终结阶段：完成审计工作和编制审计报告）

- 遵守法律法规、审计准则与审计职业道德，选用审计标准
- 选用审计程序，搜集审计证据，编制审计工作底稿
- 使用审计抽样
- 信息技术对审计的影响

（一）接受业务委托

会计师事务所应当按照执业准则的规定，谨慎决策是否接受或保持某客户关系和具体审计业务。在接受新客户的业务前，或决定是否保持现有业务或考虑接受现有客户的新业务时，会计师事务所应当执行一些客户接受与保持的程序，以获取如下信息：①考虑客户的诚信，没有信息表明客户缺乏诚信；②具有执行业务必要的素质、专业胜任能力、时间和资源；③能够遵守相关职业道德要求。

会计师事务所执行客户接受与保持程序的目的，旨在识别和评估会计师事务所面临的风险。例如，如果注册会计师发现潜在客户正面临财务困难，或者发现现有客户在之前的业务中做出虚假陈述，那么可以认为接受或保持该客户的风险非常高，甚至是不可接受的。会计师事务所除考虑客户施加的风险外，还需要复核执行业务的能力，如当工作需要时能否获得合适的具有相应资格的员工，能否获得专业化协助，是否存在任何利益冲突，能否对客户保持独立性等。

一旦决定接受或保持客户的业务委托，注册会计师应当与客户就审计约定条款达成一致意见。对于连续审计，注册会计师应当考虑是否需要根据具体情况修改业务约定条款，以及是否需要提醒客户注意现有的业务约定书。

接受业务委托的主要工作包括：了解和评价审计对象的可审性；决策是否考虑接受委托；商定业务约定条款；签订审计业务约定书等。

（二）计划审计工作

计划审计工作十分重要，计划不周不仅会导致盲目实施审计程序，无法获得充分、适当的审计证据以将审计风险降至可接受的低水平，影响审计目标的实现，而且还会浪费有限的审计资源，增加不必要的审计成本，影响审计工作的效率。因此，对于任何一项审计业务，注册会计师在执行具体审计程序之前，都必须根据具体情况制订科学、合理的计划，使审计业务以有效的方式得到执行。一般来说，计划审计工作主要包括：在本期审计业务开始时开展的初步业务活动；制定总体审计策略；制订具体审计计划等。计划审计工作不是审计业务的一个孤立阶段，而是一个持续的、不断修正的过程，贯穿整个审计业务的始终。

（三）识别与评估重大错报风险

审计准则规定，注册会计师必须实施风险识别与评估程序，以此作为评估财务报表层次和认定层次重大错报风险的基础。所谓风险识别与评估程序，是指注册会计师实施的了解被审计单位及其环境并识别和评估财务报表重大错报风险的程序。风险识别与评估程序是必要程序，了解被审计单位及其环境可以为注册会计师在许多关键环节做出职业判断提供重要基础。了解被审计单位及其环境是一个连续和动态地搜集、更新与分析信息的过程，贯穿整个审计过程的始终。注册会计师应当运用职业判断确定需要了解被审计单位及其环境的程度。一般来说，识别与评估重大错报风险的主要工作包括：了解被审计单位及其环境；识别与评估财务报表层次以及各类交易、账户余额和披露认定层次的重大错报风险，包括确定需要特别考虑的重大错报风险（即特别风险）以及仅通过实质性程序无法应对的重大错报风险等。

（四）应对重大错报风险

注册会计师实施风险识别与评估程序本身并不足以为发表审计意见提供充分、适当的审计证据，注册会计师还应当实施进一步审计程序，包括实施控制测试（必要时或决定测试时）和实质性程序。因此，注册会计师识别与评估财务报表重大错报风险后，应当运用职业判断，针对评估的财务报表层次重大错报风险确定总体应对措施，并针对评估的认定层次重大错报风险设计和实施进一步审计程序，以将审计风险降至可接受的低水平。

(五）完成审计工作和编制审计报告

注册会计师在完成进一步审计程序后，还应当按照有关审计准则的规定做好审计完成阶段的工作，并根据所获取的审计证据，合理运用专业判断，形成适当的审计意见，最终编制并出具审计报告。

二、国家审计过程

根据《中华人民共和国国家审计准则》（以下简称《国家审计准则》）的规定，国家审计过程通常包括审计计划、审计实施和审计报告3个阶段，每个阶段的内容和步骤如图1-4所示。

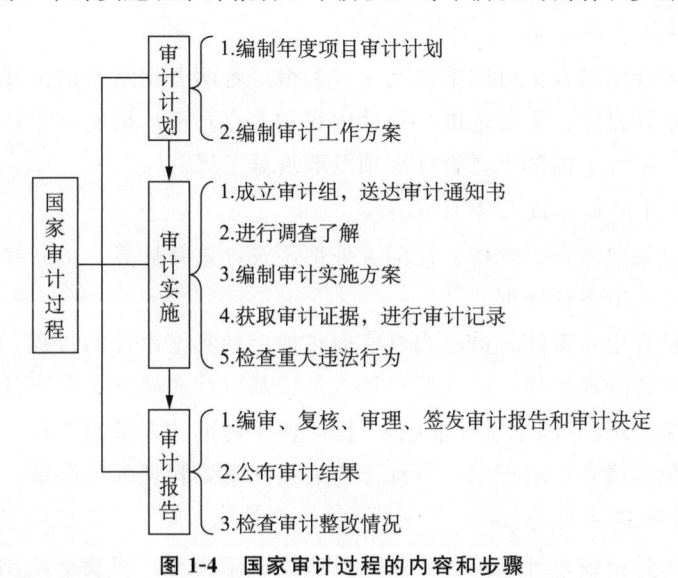

```
                ┌审计计划┬─1.编制年度项目审计计划
                │        └─2.编制审计工作方案
                │
                │        ┌─1.成立审计组，送达审计通知书
国家审计过程────┤审计实施├─2.进行调查了解
                │        ├─3.编制审计实施方案
                │        ├─4.获取审计证据，进行审计记录
                │        └─5.检查重大违法行为
                │
                │        ┌─1.编审、复核、审理、签发审计报告和审计决定
                └审计报告├─2.公布审计结果
                         └─3.检查审计整改情况
```

图1-4 国家审计过程的内容和步骤

（一）审计计划阶段

▶ 1. 编制年度项目审计计划

审计机关按照下列步骤编制年度审计项目计划。

第一步，调查审计需求，初步选择审计项目。

第二步，对初选审计项目进行可行性研究，确定备选审计项目及其优先顺序。

第三步，评估审计机关可用审计资源，确定审计项目，编制年度审计项目计划。

年度审计项目计划一经下达，审计项目团队织和实施单位应当确保完成，不得擅自变更。

▶ 2. 编制审计工作方案

年度审计项目计划确定审计机关统一组织多个审计组共同实施一个审计项目或者分别实施同一类审计项目的，审计机关业务部门应当根据年度审计项目计划形成过程中调查审计需求、进行可行性研究的情况，开展进一步调查，对审计目标、范围、重点和项目组织实施等进行确定，编制审计工作方案。审计工作方案的内容主要包括审计目标、审计范围、审计内容和重点、审计工作组织安排以及审计工作要求。

(二）审计实施阶段

▶ 1. 组成审计组，送达审计通知书

审计机关应当在实施项目审计前组成审计组。审计组由审计组组长和其他成员组成。审计组实行审计组组长负责制。审计组组长由审计机关确定，审计组组长可以根据需要在审计组成员中确定主审，主审应当履行其规定职责和审计组组长委托履行的其他职责。

▶ 2. 进行调查了解

审计组应当调查了解被审计单位及其相关情况，确定职业判断适用的标准，评估被审计单位存在的重要问题及其可能性，确定审计应对措施，编制审计实施方案。

▶ 3. 编制审计实施方案

编制和调整审计实施方案可以采取文字、表格或者两者相结合的形式。审计实施方案的内容主要包括审计目标、审计范围、审计内容和重点及审计措施；审计工作要求包括项目审计进度安排、审计组内部重要管理事项及职责分工等。

▶ 4. 获取审计证据，进行审计记录

审计人员可以采取检查、观察、询问、外部调查、重新计算、重新操作和分析等方法向有关单位和个人获取审计证据。

在审计实施过程中，审计人员应当真实完整地记录实施审计的过程、得出的结论和与审计项目有关的重要管理事项，以支持审计人员编制审计实施方案和审计报告，证明审计人员遵循相关法律法规和《国家审计准则》，同时便于对审计人员的工作实施指导、监督和检查。审计记录包括调查了解记录、审计工作底稿和重要管理事项记录。

▶ 5. 检查重大违法行为

重大违法行为是指被审计单位和相关人员违反法律法规、涉及金额比较大、造成国家重大经济损失或者对社会造成重大不良影响的行为。审计人员执行审计业务时，应当保持职业谨慎，充分关注可能存在的重大违法行为。

（三）审计报告阶段

第一阶级：编审、复核、审理、签发审计报告和审计决定；

第二阶段：公布审计结果；

第三阶段：检查审计整改情况。

我国审计机关应当建立审计整改检查机制，督促被审计单位和其他有关单位根据审计结果进行整改。在审计整改检查中，审计机关主要检查或者了解的事项有：执行审计机关做出的处理处罚决定情况；对审计机关要求自行纠正事项采取措施的情况；根据审计机关的审计建议采取措施的情况；对审计机关移送处理事项采取措施的情况。

审计机关在出具审计报告、做出审计决定后，应当指定相关部门在规定的时间内检查或者了解被审计单位和其他有关单位的整改情况，并向审计机关提出检查报告。

审计机关对被审计单位没有整改或者没有完全整改的事项，依法采取必要措施。

三、内部审计过程

内部审计过程与国家审计过程基本相同，包括准备、实施和终结3个阶段，但由于内部审计所处地位的特殊性，其在内容上与国家审计过程又有一定的差异。根据任务引例中一名内部审计师的工作写实，参考内部审计准则，我们就可以梳理出如图1-5所示的内部审计过程。

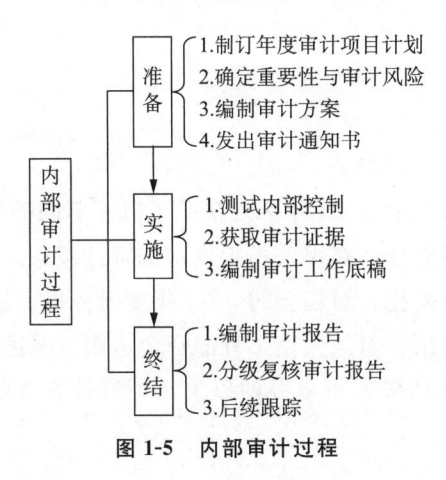

```
                    ┌─准备─┬─1. 制订年度审计项目计划
                    │      ├─2. 确定重要性与审计风险
                    │      ├─3. 编制审计方案
                    │      └─4. 发出审计通知书
内部审计过程────────┼─实施─┬─1. 测试内部控制
                    │      ├─2. 获取审计证据
                    │      └─3. 编制审计工作底稿
                    └─终结─┬─1. 编制审计报告
                           ├─2. 分级复核审计报告
                           └─3. 后续跟踪
```

图 1-5　内部审计过程

线上测试

扫描封底二维码　获取答题权限

在线自测1.2.2

项目小结

审计是一种具有独立性的经济监督活动。从审计主体的发展来看，国家审计、内部审计和注册会计师审计依次产生和发展；为实现一定的审计目标，这3种审计组织设置各自的组织机构并配备相应的人员。审计过程是指审计工作从开始到结束的整个过程或步骤，一般包括准备阶段、实施阶段和终结阶段。注册会计师审计过程、国家审计过程和内部审计过程各阶段的内容略有不同。

微课视频1-10
理解审计活动的本质：审计定义

项目实训

实训一

【目的】理解审计的含义。

【资料】在审计产生之初,审计主要从审查会计资料入手,对会计资料中反映的问题进行审查,这说明审计与会计紧密相连;但从审计的产生可以看出,审计与会计又不是一回事,审计也不是从会计中派生出来的,检查会计资料只是审计的一种手段和方式,这又说明审计与会计各有不同。

【要求】讨论审计与会计的联系和区别。

实训二

【目的】理解不同类型审计的特点。

【资料】泰信会计师事务所在2021年2月接受了以下不同委托。

(1) 接受甲公司监事会委托,对甲公司提供内部审计服务。

(2) 接受乙公司董事会委托,对乙公司2021年度财务报表进行审计。

(3) 接受国家审计署委派,对某大型工程的资金运用情况进行审计。

【要求】请指出泰信会计师事务所承办的以上3种审计业务的不同之处及相同之处(至少3处)。

项目 2　了解审计环境

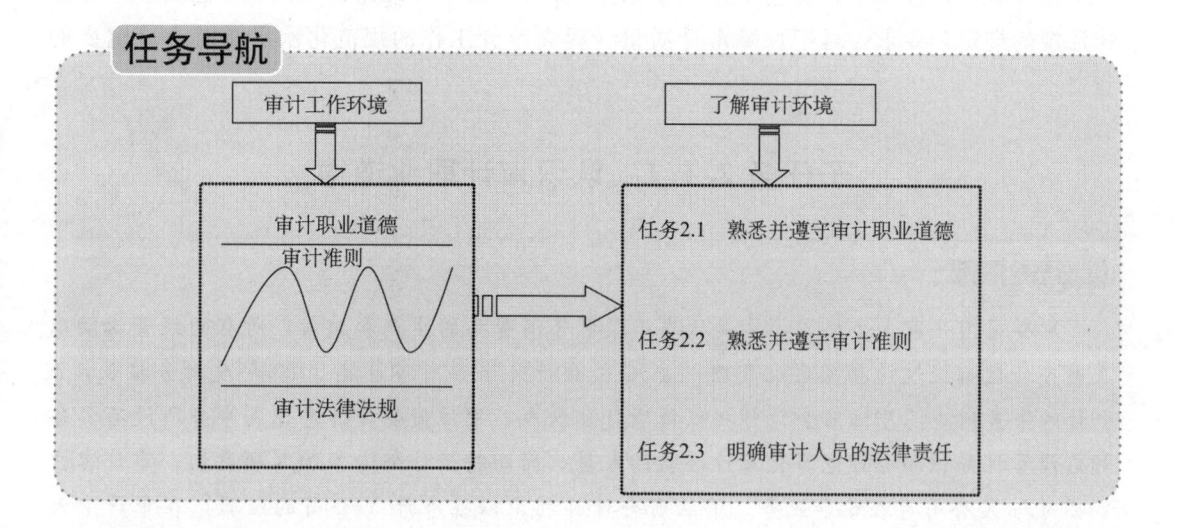

任务导航

审计工作环境
- 审计职业道德
- 审计准则
- 审计法律法规

了解审计环境
- 任务2.1　熟悉并遵守审计职业道德
- 任务2.2　熟悉并遵守审计准则
- 任务2.3　明确审计人员的法律责任

学习目标

知识目标
- ◆ 掌握注册会计师、国家审计人员、内部审计人员职业道德的基本内容
- ◆ 了解审计准则的含义、结构与作用
- ◆ 了解注册会计师执业准则、《国家审计准则》与内部审计准则的基本框架
- ◆ 掌握注册会计师鉴证业务要素及其内容
- ◆ 熟悉会计师事务所质量控制准则的要素
- ◆ 熟悉审计人员的法律责任
- ◆ 熟悉审计法律诉讼防范的具体措施

能力目标
- ◆ 能区分不同的鉴证业务类型，准确判断鉴证业务三方关系人，评价鉴证业务标准的适当性，出具鉴证报告
- ◆ 能判断注册会计师日常职业行为是否违背相关职业道德规范
- ◆ 能准确界定注册会计师的不同法律责任，积极规避审计法律诉讼

任务 2.1　熟悉并遵守审计职业道德

任何一项审计工作都是在一定的审计环境制约下开展实施的，审计环境通常包括审计职业道德、审计准则和审计法律法规。审计职业道德、审计准则和审计法律法规都是审计人员在开展审计过程中必须遵守的行为规范。深入理解审计准则、审计职业道德和审计法律法规的规定和要求，对于保障审计质量、提高审计工作的规范化水平具有十分重要的意义。

子任务 2.1.1　认识审计职业道德

任务引例

X公司为一家上市公司，主要从事小型电子消费品的生产和销售，所有的经营活动以及财务处理都经过计算机系统处理，委托A会计师事务所审计其2020年度财务报表，A会计师事务所委派甲注册会计师担任该项目合伙人，甲注册会计师考虑到事务所没有具备相应计算机知识和会计电算化审计经验的人员，因而聘请外部专家加入项目组；审计客户Y公司与X公司存在竞争业务，甲注册会计师利用以往审计Y公司的经验，在审计中无意间向X公司披露了关于Y公司的商业秘密；A会计师事务所为了推广其审计等业务，邀请某广告公司在某网站进行了广告宣传。

引例思考：请说明上述资料中会计师事务所处理违反职业道德基本原则的情况，并简要说明原因。

任务分析

国家审计机关、内部审计机构和会计师事务所的各项审计工作结果要为利益相关人所利用，因此，各种审计组织都要制定合理的职业道德规范，并严格加以遵循，以便保持审计职业的良好信誉。

为了认识审计职业道德，需要明确：①审计职业道德的含义和作用；②国家审计人员的职业道德；③内部审计人员的职业道德；④注册会计师职业道德守则及其基本原则。

知识准备

一、审计职业道德的含义和作用

审计职业道德是具有审计职业特征的道德准则和行为规范。国内外审计职业道德内容繁简不一，形式多样，但其核心是实事求是、客观公正以及与此密切相关的诚信、谨慎和廉洁。国外的审计职业团体普遍制定成文的职业道德规范，我国也通过一些法规颁布了有关的审计职业道德。审计职业道德之所以受到重视，是因为审计职业道德是审计行业管理的重要组成部分，遵守审计职业道德是审计人员坚持依法独立审计、保证审计执业水准的决定性因素之一。保持合理的职业谨慎，严格遵守职业道德规范是审计人员树立良好形象、保持良好信誉的重要措施，也是充分发挥审计职能的必要条件。

二、国家审计人员职业道德

国家审计人员职业道德，是指审计机关审计人员的职业品德、职业纪律、职业胜任能力和职业责任。审计人员应当依照法律规定的职责、权限和程序，开展审计工作，并遵守《国家审计准则》。

2010年审计署修订颁布的《国家审计准则》第15条，对国家审计人员职业道德要求做出了规定，明确要求审计人员应当恪守严格依法、正直坦诚、客观公正、勤勉尽责、保守秘密的基本审计职业道德。其中：

严格依法是指审计人员应当严格依照法定的审计职责、权限和程序进行审计监督，规范审计行为。

正直坦诚是指审计人员应当坚持原则，不屈从于外部压力；不歪曲事实，不隐瞒审计发现的问题；廉洁自律，不利用职权谋取私利；维护国家利益和公共利益。

客观公正是指审计人员应当保持客观公正的立场和态度，以适当、充分的审计证据支持审计结论，实事求是地做出审计评价和处理审计发现的问题。

勤勉尽责是指审计人员应当爱岗敬业，勤勉高效，严谨细致，认真履行审计职责，保障审计工作质量。

保守秘密是指审计人员应当保守其在执行审计业务中知悉的国家秘密、商业秘密；对于执行审计业务取得的资料、形成的审计记录和掌握的相关情况，未经批准不得对外提供和披露，不得用于与审计工作无关的目的。

三、内部审计人员职业道德

2003年4月12日，由中国内部审计协会颁布的《内部审计人员职业道德规范》对内部审计人员职业道德的主要要求有以下几点。

（1）在履行职责时，严格遵守中国《内部审计准则》及中国内部审计协会制定的其他规定。

（2）不得从事损害国家利益、组织利益和内部审计职业荣誉的活动。

（3）在履行职责时，做到独立、客观、正直和勤勉。

（4）在履行职责时，保持廉洁，不得从被审计单位获得任何可能有损职业判断的利益。

（5）保持应有的职业谨慎，并合理使用职业判断。

（6）保持和提高专业胜任能力，必要时可聘请有关专家协助。

（7）诚实地为组织服务，不做任何违反诚信原则的事情。

（8）遵循保密性原则，按规定使用其在履行职责时所获取的资料。

(9) 在审计报告中客观地披露所了解的全部重要事项。

(10) 具有较强的人际交往技能，妥善处理好与组织内外相关机构和人士的关系。

(11) 不断接受后续教育，提高服务质量。

四、注册会计师职业道德

(一) 注册会计师职业道德守则

中国注册会计师协会先后发布了一系列有关职业道德要求的规范性文件，其中包括1992年9月发布的《中国注册会计师职业道德守则(试行)》、1996年12月发布的《中国注册会计师职业道德基本准则》，以及2002年6月发布的《中国注册会计师职业道德规范指导意见》，这些规定在规范和提升注册会计师行业道德诚信方面发挥了积极作用。中国注册会计师协会于2009年10月发布了《中国注册会计师职业道德守则》和《中国注册会计师协会非执业会员职业道德守则》，于2010年7月1日起施行。

为了顺应经济社会发展对注册会计师诚信和职业道德水平提出的更高要求，规范中国注册会计师协会会员的职业行为，进一步提高职业道德水平，维护职业形象，保持与国际职业会计师道德守则的持续动态趋同，中国注册会计师协会对《中国注册会计师职业道德守则(2009)》和《中国注册会计师协会非执业会员职业道德守则(2009)》进行了全面修订。其中，修订后的《中国注册会计师职业道德守则(2020)》具体包括《中国注册会计师职业道德守则第1号——职业道德基本原则》《中国注册会计师职业道德守则第2号——职业道德概念框架》《中国注册会计师职业道德守则第3号——提供专业服务的具体要求》《中国注册会计师职业道德守则第4号——审计和审阅业务对独立性的要求》和《中国注册会计师职业道德守则第5号——其他鉴证业务对独立性的要求》。本次修订的职业道德守则自2021年7月1日起施行。

(二) 注册会计师职业道德基本原则

中国注册会计师职业道德基本原则包括诚信、客观和公正、独立、专业胜任能力和勤勉尽责、保密、良好职业行为。

▶ 1. 诚信

诚信，是指诚实、守信。也就是说，一个人言行与内心思想一致，不虚假；能够履行与别人的约定而取得对方的信任。诚信原则要求注册会计师应当在所有职业活动中保持正直、诚实可信。

注册会计师如果认为业务报告、申报资料、沟通函件或其他方面的信息存在下列问题，则不得与这些有问题的信息发生牵连。

(1) 含有虚假记载、误导性陈述。

(2) 含有缺乏充分依据的陈述或信息。

(3) 存在可能会产生误导的遗漏或含糊其辞的信息。

注册会计师如果发现已与有问题的信息发生牵连，则应当采取措施消除牵连。

▶ 2. 客观和公正

客观，是指按照事物的本来面目去考察，不添加个人的偏见。公正，是指公平、正直、不偏袒。客观和公正原则要求注册会计师应当公正处事、实事求是，不得由于偏见、利益冲突或他人的不当影响而损害自己的职业判断。如果存在对职业判断产生过度不当影响的情形，注册会计师不得从事与之相关的专业服务。

▶ 3. 独立性

独立性，是指不受外来力量控制、支配，按照一定之规行事。注册会计师执行鉴证业务时，应当从实质上和形式上与客户保持独立性，不得因任何利害关系影响其客观公正。实质上的独立性是一种内心状态，要求注册会计师在提出结论时不受损害职业判断的因素影响，诚信行事，遵循客观公正原则，保持职业怀疑；形式上的独立性是一种外在表现，一个理性且掌握充分信息的第三方，在权衡所有相关事实和情况后，认为会计师事务所或审计项目团队成员没有损害诚信原则、客观公正原则。

会计师事务所在承办鉴证业务时，应当从整体层面和具体业务层面采取措施，以保持会计师事务所和项目团队的独立性。

▶ 4. 专业胜任能力和勤勉尽责

专业胜任能力原则要求注册会计师通过教育、培训和执业实践获取和保持专业胜任能力。注册会计师应当持续了解并掌握当前法律、技术和实务的发展变化，将专业知识和技能始终保持在应有的水平，确保为客户提供具有专业水准的服务。在应用专业知识和技能时，注册会计师应当合理运用职业判断。

勤勉尽责，要求注册会计师遵守法律法规、相关职业准则要求并保持应有的职业怀疑，认真、全面、及时地完成工作任务。同时，注册会计师应当采取措施以确保在其授权下从事专业服务的人员得到应有的培训和督导。在适当时，注册会计师应当使客户、工作单位和专业服务的其他使用者了解专业服务的固有局限。

▶ 5. 保密

注册会计师在职业活动中应当对获知的客户涉密信息予以保密。具体而言，注册会计师应当对所在会计师事务所、工作单位内部的涉密信息保密，对职业活动中获知的涉及国家安全的信息保密，对拟承接的客户、拟受雇的工作单位向其披露的涉密信息保密。未经客户、工作单位授权，不得向会计师事务所、工作单位以外的第三方披露其所获知的涉密信息，也不得利用因职业关系而获知的涉密信息为自己或第三方谋取利益。不得在职业关系结束后利用或披露因该职业关系获知的涉密信息。

注册会计师在以下情况下可以披露客户的涉密信息。

(1) 法律法规允许披露，并且取得客户或工作单位的授权。

(2) 根据法律法规的要求，为法律诉讼、仲裁准备文件或提供证据，以及向有关监管机构报告发现的违法行为。

(3) 在法律法规允许的情况下，在法律诉讼、仲裁中维护自己的合法权益。

(4) 接受注册会计师协会或监管机构的执业质量检查，答复其询问和调查。

(5) 法律法规、执业准则和职业道德规范规定的其他情形。

▶ 6. 良好职业行为

注册会计师应当遵守相关法律法规，避免发生任何损害职业声誉的行为。注册会计师在向公众传递信息以及推介自己和工作时,应当客观、真实、得体,不得损害职业形象。

注册会计师应当诚实、实事求是,不得有下列行为:

(1) 夸大宣传提供的服务、拥有的资质或获得的经验;

(2) 贬低或无根据地比较其他注册会计师的工作。

引例解析

(1) A 会计师事务所不具备相应的计算机知识以及会计电算化审计经验的员工,不应当接受委托,其做法违反了专业胜任能力的原则。

(2) 甲注册会计师不应当向 X 公司披露有关 Y 公司的商业秘密,其做法违反了保密原则。

(3) A 会计师事务所不应当邀请某广告公司广告宣传其审计等业务,其做法违反了良好的职业行为原则。

线上测试

在线自测2.1.1

子任务 2.1.2 理解注册会计师职业道德概念框架及其具体运用

任务引例

信昶会计师事务所通过招投标程序接受委托,负责审计上市公司甲公司 2020 年度财务报表,并委派 A 注册会计师为审计项目团队负责人,在招投标阶段和审计过程中,信昶会计师事务所遇到下列与职业道德有关的事项。

(1) 应邀投标时,信昶会计师事务所在其投标书中说明,如果中标,须与前任注册会计师沟通后,才能与甲公司签订审计业务约定书。

(2) 签订审计业务约定书时,信昶会计师事务所根据有关部门的要求,与甲公司商定按六折收取审计费用,据此,审计项目团队计划相应缩小审计范围,并就此事与甲公司治理层达成一致意见。

(3) 签订审计业务约定书后,信昶会计师事务所发现甲公司与本事务所另一常年审计客户乙公司存在直接竞争关系。信昶会计师事务所未将这一情况告知甲公司和乙公司。

引例思考:针对上述(1)~(3)项,分别指出信昶会计师事务所是否违反《中国注册会计师职业道德守则(试行)》,并简要说明理由。

任务分析

前面我们学习了注册会计师职业道德的基本原则，怎样确保会计师事务所和注册会计师能够遵守这个基本原则，或者说怎样识别会计师事务所和注册会计师的执业行为是否存在违反职业道德基本原则的情形，如果存在，怎样评价其严重程度，必要时采取防范措施予以解决？要对这一系列问题进行解答，首先必须：①明确职业道德概念框架；②熟悉注册会计师对职业道德概念框架的具体应用。

知识准备

一、职业道德概念框架

（一）职业道德概念框架的内涵

职业道德概念框架是指解决职业道德问题的思路和方法，用以指导注册会计师：①识别对职业道德基本原则的不利影响；②评价不利影响的严重程度；③必要时采取防范措施消除不利影响或将其降低至可接受的水平。

职业道德概念框架适用于各种可能对职业道德基本原则产生不利影响的情形，其目的在于指导注册会计师遵循职业道德基本原则，履行维护公众利益的职责。

（二）识别对遵循职业道德基本原则的不利影响

可能对职业道德基本原则产生不利影响的因素包括自身利益、自我评价、过度推介、密切关系和外在压力。

微课视频 2-1 对职业道德产生的不利影响

（1）因自身利益产生的不利影响，是指由于某些经济利益或其他利益可能不当影响注册会计师的判断或行为，而对职业道德基本原则产生的不利影响。因自身利益产生不利影响的情形主要包括以下几种。

1）注册会计师在鉴证客户中拥有直接经济利益。

2）会计师事务所的收入过分依赖某一客户。

3）会计师事务所以较低的报价获得新业务，而该报价过低，可能导致注册会计师难以按照适用的职业准则要求执行业务。

4）注册会计师与客户之间存在密切的商业关系。

5）注册会计师能够接触涉密信息，而该涉密信息可能被用于谋取个人私利。

6）注册会计师在评价所在会计师事务所以往提供的专业服务时，发现了重大错误。

（2）因自我评价产生的不利影响，是指注册会计师在执行当前业务的过程中，其判断需要依赖其本人（或所在会计师事务所或工作单位的其他人员）以往执行业务时做出的判断或得出的结论，而该注册会计师可能不恰当地评价这些以往的判断或结论，从而对职业道德基本原则产生的不利影响。因自我评价产生不利影响的情形主要包括以下两种。

1）注册会计师在对客户提供财务系统的设计或实施服务后，又对系统的运行有效性出具鉴证报告；

2）注册会计师为客户编制用于生成有关记录的原始数据，而这些记录是鉴证业务的对象。

（3）因过度推介产生的不利影响，是指注册会计师倾向客户或工作单位的立场，导致该注册会计师的客观公正原则受到损害而产生的不利影响。因过度推介产生不利影响的情形主要包括以下几种。

1）注册会计师推介客户的产品、股份或其他利益。

2）当客户与第三方发生诉讼或纠纷时，注册会计师为该客户辩护。

3）注册会计师站在客户的立场上影响某项法律法规的制定。

（4）因密切关系产生的不利影响，是指注册会计师由于与客户或工作单位存在长期或密切的关系，导致过于偏向他们的利益或过于认可他们的工作，从而对职业道德基本原则产生的不利影响。因密切关系产生不利影响的情形主要包括以下几种。

1）审计项目团队成员的近亲属担任审计客户的董事或高级管理人员。

2）鉴证客户的董事、高级管理人员，或所处职位能够对鉴证对象施加重大影响的员工，最近曾担任注册会计师所在会计师事务所的项目合伙人。

3）审计项目团队成员与审计客户之间存在长期业务关系。

近亲属包括主要近亲属和其他近亲属。主要近亲属是指配偶、父母或子女；其他近亲属是指兄弟姐妹、祖父母、外祖父母、孙子女、外孙子女。

（5）因外在压力产生的不利影响，是指注册会计师迫于实际存在的或可感知的压力，导致无法客观行事而对职业道德基本原则产生的不利影响。因外在压力产生不利影响的情形主要包括以下几种。

1）注册会计师因对专业事项持有不同意见而受到客户解除业务关系或被会计师事务所解雇的威胁。

2）由于客户对所沟通的事项更具有专长，注册会计师面临服从该客户判断的压力。

3）注册会计师被告知，除非其同意审计客户某项不恰当的会计处理，否则计划中的晋升将受到影响。

4）注册会计师接受了客户赠予的重要礼品，并被威胁将公开其收受礼品的事情。

（三）评价不利影响的严重程度

如果识别出对职业道德基本原则的不利影响，注册会计师应当评价该不利影响的严重程度是否处于可接受的水平。可接受的水平，是指注册会计师针对识别出的不利影响实施理性且掌握充分信息的第三方测试之后，很可能得出其行为并未违反职业道德基本原则的结论时，该不利影响的严重程度所处的水平。在评价不利影响的严重程度时，注册会计师应当从性质和数量两个方面予以考虑，如果存在多项不利影响，应当将多项不利影响综合起来一并考虑。注册会计师对不利影响严重程度的评价还受专业服务性质和范围的影响。

（四）应对不利影响

如果注册会计师确定识别出的不利影响超出可接受的水平，则应当通过消除该不利影响或将其降低至可接受的水平来予以应对。注册会计师应当通过采取下列措施应对不利影响。

(1) 消除产生不利影响的情形，包括利益或关系。

(2) 采取可行并有能力采取的防范措施将不利影响降低至可接受的水平。

(3) 拒绝或终止特定的职业活动。

防范措施是指注册会计师为了将对职业道德基本原则的不利影响有效降低至可接受的水平而采取的单项行动或一系列行动。

举例来说，在特定情况下可能能够应对不利影响的防范措施包括以下方面。

(1) 向已承接的项目分配更多时间和有胜任能力的人员，可能能够应对因自身利益产生的不利影响。

(2) 由项目组以外的适当复核人员复核已执行的工作或在必要时提供建议，可能能够应对因自我评价产生的不利影响。

(3) 向鉴证客户提供非鉴证服务时，指派鉴证业务项目团队以外的其他合伙人和项目组，并确保鉴证业务项目组和非鉴证服务项目组分别向各自的业务主管报告工作，可能能够应对因自我评价、过度推介或密切关系产生的不利影响。

(4) 由其他会计师事务所执行或重新执行业务的某些部分，可能能够应对因自身利益、自我评价、过度推介、密切关系或外在压力产生的不利影响。

(5) 由不同项目组分别应对具有保密性质的事项，可能能够应对因自身利益产生的不利影响。

二、注册会计师对职业道德概念框架的具体应用

（一）利益冲突

注册会计师不得因利益冲突损害其职业判断。利益冲突通常对客观公正原则产生不利影响，也可能对其他职业道德基本原则产生不利影响。注册会计师为两个或多个存在利益冲突的客户提供专业服务，可能产生不利影响；注册会计师的利益与客户的利益存在冲突，也可能产生不利影响。

承接新的客户、业务或发生商业关系前，注册会计师应当采取合理措施识别可能存在利益冲突因而对职业道德基本原则产生不利影响的情形。这些措施应当包括识别所涉及的各方之间利益和关系的性质，以及所涉及的服务及其对相关各方的影响。

在评价因利益冲突产生的不利影响的严重程度时，一般来说，注册会计师提供的专业服务与产生利益冲突的事项之间关系越直接，不利影响的严重程度越有可能超出可接受的水平。

举例来说，下列防范措施可能能够应对因利益冲突产生的不利影响：

(1) 由不同的项目组分别提供服务，并且这些项目组已被明确要求遵守涉及保密性的政策和程序；

(2) 由未参与提供服务或不受利益冲突影响的适当人员复核已执行的工作，以评估关键判断和结论是否适当。

(二) 专业服务委托

▶ 1. 客户关系和业务的承接与保持

如果注册会计师知悉客户存在某些问题，如涉嫌违反法律法规、缺乏诚信、存在可疑的财务报告问题、存在其他违反职业道德的行为，或者客户的所有者、管理层或其从事的活动存在一些可疑事项，可能对诚信、良好职业行为原则产生不利影响。

如果项目组不具备或不能获得恰当执行业务所必需的胜任能力，就会因自身利益对专业胜任能力和勤勉尽责原则产生不利影响。举例来说，下列防范措施可能能够应对因自身利益产生的不利影响。

（1）分派足够的、具有必要胜任能力的项目组成员。

（2）就执行业务的合理时间安排与客户达成一致意见。

（3）在必要时利用专家的工作。

在承接某项业务之后，注册会计师可能发现对职业道德基本原则的潜在不利影响，这种不利影响如果在承接之前知悉，就会导致注册会计师拒绝承接该项业务。

▶ 2. 专业服务委托的变更

当注册会计师遇到下列情况时，应当确定是否有理由拒绝承接该项业务。

（1）潜在客户要求其取代另一注册会计师。

（2）考虑以投标方式接替另一注册会计师执行的业务。

（3）考虑执行某些工作作为对另一注册会计师工作的补充。

如果注册会计师并未知悉所有相关事实就承接业务，可能就会因自身利益对专业胜任能力和勤勉尽责原则产生不利影响。如果客户要求注册会计师执行某些工作以作为对现任或前任注册会计师工作的补充，可能就会因自身利益对专业胜任能力和勤勉尽责原则产生不利影响。注册会计师应当评价不利影响的严重程度。举例来说，下列防范措施可能能够应对上述因自身利益产生的不利影响。

（1）要求现任或前任注册会计师提供其已知的信息，这些信息是指现任或前任注册会计师认为，拟接任注册会计师在做出是否承接业务的决定前需要了解的信息。

（2）从其他渠道获取信息，例如通过向第三方进行询问，或者对客户的高级管理层或治理层实施背景调查。

（三）第二意见

向非现有客户提供第二意见可能因自身利益或其他原因对职业道德基本原则产生不利影响。例如，如果第二意见不是以现任或前任注册会计师所获得的相同事实为基础，或依据的证据不充分，可能就会因自身利益对专业胜任能力和勤勉尽责原则产生不利影响。举例来说，下列防范措施可能能够应对此类因自身利益产生的不利影响。

（1）征得客户同意与现任或前任注册会计师沟通。

（2）在与客户沟通中说明注册会计师发表专业意见的局限性。

（3）向现任或前任注册会计师提供第二意见的副本。

如果要求提供第二意见的实体不允许与现任或前任注册会计师沟通，注册会计师应当决定是否提供第二意见。

(四) 收费

会计师事务所在确定收费时应当主要考虑专业服务所需的知识和技能、所需专业人员的水平和经验、各级别专业人员提供服务所需的时间和提供专业服务所需承担的责任。

在专业服务得到良好的计划、监督及管理的前提下，收费通常以每一专业人员适当的小时收费标准或日收费标准为基础计算。

▶ **1. 收费报价低的不利影响及防范措施**

如果收费报价水平过低，以致注册会计师难以按照适用的职业准则执行业务，则可能因自身利益对专业胜任能力和勤勉尽责产生不利影响。如果收费报价明显低于前任注册会计师或其他会计师事务所的相应报价，会计师事务所应当确保在提供专业服务时，遵守执业准则和相关职业道德规范的要求，以使工作质量不受损害，并使客户了解专业服务的范围和收费基础。

举例来说，应对此类不利影响的防范措施主要包括调整收费水平或业务范围、由适当复核人员复核已执行的工作。

▶ **2. 或有收费的不利影响及防范措施**

或有收费是指收费与否或收费多少取决于交易的结果或所执行工作的结果。

除法律法规允许外，注册会计师不得以或有收费方式提供鉴证服务，收费与否或收费多少不得以鉴证工作结果或实现特定目的为条件。

▶ **3. 介绍费或佣金**

注册会计师收取与客户相关的介绍费或佣金，将因自身利益对客观公正、专业胜任能力和勤勉尽责原则产生非常严重的不利影响，导致没有防范措施能够消除不利影响或将其降低至可接受的水平。注册会计师不得收取与客户相关的介绍费或佣金。

注册会计师为获得客户而支付业务介绍费，将因自身利益对客观公正、专业胜任能力和勤勉尽责原则产生非常严重的不利影响，导致没有防范措施能够消除不利影响或将其降低至可接受的水平。注册会计师不得向客户或其他方支付业务介绍费。

(五) 利益诱惑(包括礼品和款待)

利益诱惑是指影响其他人员行为的物质、事件或行为，但利益诱惑并不一定具有不当影响该人员行为的意图。利益诱惑可能采取多种形式：礼品，款待，娱乐活动，捐助，意图建立友好关系，工作岗位或其他商业机会，特殊待遇、权利或优先权。

注册会计师提供或接受利益诱惑，可能因自身利益、密切关系或外在压力对职业道德基本原则产生不利影响，尤其可能对诚信、客观公正、良好职业行为原则产生不利影响。

注册会计师不得提供或接受，或者授意他人提供或接受任何意图不当影响接受方或其他人员行为的利益诱惑，无论这种利益诱惑是存在不当影响行为的意图，还是注册会计师认为理性且掌握充分信息的第三方很可能会视为存在不当影响行为的意图。如果注册会计师知悉被提供的利益诱惑存在或被认为存在不当影响行为的意图，即使注册会计师拒绝接受利益诱惑，也可能对职业道德基本原则产生不利影响。

如果注册会计师认为某项利益诱惑不存在不当影响接受方或其他人员行为的意图，则应当运用职业道德概念框架识别、评价和应对可能因该利益诱惑产生的不利影响。即使注册会计师认为某项利益诱惑无不当影响行为的意图，提供或接受此类利益诱惑也仍可能对职业道德基本原则产生不利影响。

（六）保管客户资产

除非法律法规允许或要求，并且满足相关条件，否则注册会计师不得提供保管客户资金或其他资产的服务。保管客户资产可能因自身利益或其他原因对客观公正、良好职业行为原则产生不利影响。

在承接某项业务时，对于可能涉及保管客户资金或其他资产，注册会计师应当询问资产的来源，并考虑应履行的相关法定义务。如果客户资金或其他资产源于非法活动（如洗钱），则注册会计师不得提供保管资产服务，并应当运用职业道德概念框架应对此类违反法律法规行为。

（七）应对违反法律法规行为

违反法律法规行为包括客户、客户的治理层和管理层，以及为客户工作或在客户指令下工作的人员有意或无意做出的与现行法律法规不符的疏漏或违法行为。

当注册会计师知悉或怀疑存在这种违反或涉嫌违反法律法规的行为时，可能因自身利益或外在压力对诚信和良好职业行为原则产生不利影响。

如果注册会计师识别出或怀疑存在已经发生或可能发生的违反法律法规行为，则应当与适当级别的管理层和治理层沟通。这种沟通有可能促使管理层或治理层对该事项展开调查。注册会计师应当根据管理层和治理层的应对措施，确定是否需要出于维护公众利益的目的而采取进一步行动。注册会计师可以采取的进一步行动包括下述情形。

（1）向适当机构报告该事项，即使法律法规没有要求进行报告。

（2）在法律法规允许的情况下，解除业务约定。

引例解析

（1）不违反职业道德守则。在应邀投标时，在投标书中说明，在承接业务前需要与前任注册会计师沟通，以了解是否存在不应接受委托的理由。

（2）违反职业道德守则。虽然说事务所可以自主商定审计的收费，但是不能因为收费而相应缩小审计范围，影响审计工作的质量。

（3）违反职业道德守则。事务所要同时为两个存在竞争关系的审计客户提供审计，需要告知客户，并征得他们的同意才能执行业务。

线上测试

在线自测2.1.2

子任务2.1.3 明确注册会计师执行审计业务对独立性的要求

任务引例

ABC会计师事务所负责审计甲公司2020年度财务报表,并委派A注册会计师担任审计项目团队负责人。在审计过程中,审计项目团队遇到下列与职业道德有关的事项。

(1) A注册会计师与甲公司副总经理H同为京剧社票友,经H介绍,A注册会计师从其他企业筹得款项,成功举办个人专场演出。

(2) 审计项目团队成员B与甲公司基建处处长I是战友,I将甲公司职工集资建房的指标转让给B,B按照甲公司职工的付款标准交付了集资款。

(3) 审计项目团队成员C与甲公司财务经理J毕业于同一所财经院校。

(4) 审计项目团队成员D的朋友于2019年2月购买了甲公司发行的公司债券20万元。

(5) ABC会计师事务所原行政部经理E于2019年10月离开事务所,担任甲公司办公室主任。

(6) 甲公司系乙上市公司的子公司。2020年年末,审计项目团队成员F拥有乙上市公司300股流通股股票,该股票每股市值为12元。

引例思考:针对上述事项(1)~(6),分别指出是否对审计项目团队的独立性产生不利影响,并简要说明理由。

任务分析

独立性是审计业务的前提,注册会计师执行审计业务时,应当从实质上和形式上与客户保持独立性,不得因任何利害关系影响其客观公正。为了合理保证注册会计师从事审计业务时能够保持独立性,需要:①明确独立性的概念框架;②熟悉与独立性相关的基本概念;③掌握在不同情形下保持独立性的具体要求。

知识准备

一、基本概念和要求

(一)独立性的内涵

独立性包括实质上的独立性和形式上的独立性。

(1) 实质上的独立性。实质上的独立性是一种内心状态,要求注册会计师在提出结论时不受损害职业判断的因素影响,诚信行事,遵循客观公正原则,保持职业怀疑。

(2) 形式上的独立性。形式上的独立性是一种外在表现,一个理性且掌握充分信息的第三方,在权衡所有相关事实和情况后,认为会计师事务所或项目团队成员没有损害诚信原则、客观公正原则或职业怀疑。

(二)网络事务所

网络事务所是指属于某一网络的会计师事务所或实体。如果某一会计师事务所被视为网络事务所,则应当与网络中其他会计师事务所的审计客户保持独立。有关对网络事务所独立性的要求,适用于所有符合网络事务所定义的实体,而无论该实体(如咨询公司)本身是否为会计师事务所,除非另有说明,本节所称会计师事务所包括网络事务所。

一个联合体通过合作,实现以下任何一个情况,即可判断该联合体为网络事务所。

(1)实体之间共享收益或分担成本,且分担的成本重要或分担的成本不仅限于与开发审计方法、编制审计手册或提供培训课程有关的成本。

(2)实体之间共享所有权、控制权或管理权。

(3)实体之间共享统一的质量管理政策和程序。

(4)实体之间共享同一经营战略。

(5)实体之间使用同一品牌。

(6)实体之间共享专业资源,且共享的资源不仅限于共同的审计手册或审计方法,共享包括交流人员、客户信息或市场信息的培训资源,拥有至少一个共有的技术部门。

(三)公众利益实体

公众利益实体包括所有上市公司和下列实体。

(1)法律法规界定的公众利益实体。

(2)根据法律法规规定按照上市公司审计独立性的要求接受审计的实体。

(3)债券在法律法规认可的证券交易所报价或挂牌,或是在法律法规认可的证券交易所或其他类似机构的监管下进行交易的实体。

(4)拥有数量众多且分布广泛的利益相关者的其他实体(包括其管理层、股东、顾客、供应商、债权人、利益相关者、政府、特殊利益团体和媒体等)。

(四)关联实体

关联实体是指与客户存在下列任一关系的实体。

(1)能够对客户施加直接或间接控制的实体,并且客户对该实体重要。

(2)在客户内拥有直接经济利益的实体,并且该实体对客户具有重大影响,在客户内的利益对该实体重要。

(3)受到客户直接或间接控制的实体。

(4)客户(或受到客户直接或间接控制的实体)拥有其直接经济利益的实体,并且客户能够对该实体施加重大影响,在实体内的经济利益对客户(或受到客户直接或间接控制的实体)重要。

(5)与客户处于同一控制下的实体(即"姐妹实体"),并且该姐妹实体和客户对其控制方均重要。

在审计客户是上市公司的情况下,本节所称审计客户包括该客户的所有关联实体。在审计客户不是上市公司的情况下，本节所称审计客户仅包括该客户直接或间接控制的关联实体。

(五) 保持独立性的期间

注册会计师应当在业务期间和财务报表涵盖的期间独立于审计客户。业务期间自审计项目团队开始执行审计业务之日起，至出具审计报告之日止。如果审计业务具有连续性，业务期间结束日应以其中一方通知解除业务关系或出具最终审计报告两者时间孰晚为准。

(六) 近亲属

近亲属包括主要近亲属和其他近亲属。主要近亲属是指配偶、父母或子女；其他近亲属是指兄弟姐妹、祖父母、外祖父母、孙子女、外孙子女。

(七) 违反职业道德守则独立性的规定

如果会计师事务所认为已发生违反职业道德守则有关独立性的规定（以下简称"违规"）的情况，应当采取下列措施。

(1) 终止、暂停或消除引发违规的利益或关系，并处理违规后果。

(2) 考虑是否存在适用于该违规行为的法律法规，如果存在，遵守该法律法规的规定，并考虑向相关监管机构报告该违规行为。

(3) 按照会计师事务所的政策和程序，立即就该违规行为与下列人员沟通：①项目合伙人；②负责独立性相关政策和程序的人员；③会计师事务所和网络中的其他相关人员；④根据职业道德守则的要求需要采取适当行动的人员。

(4) 评价违规行为的严重程度及其对会计师事务所的客观公正和出具审计报告能力的影响。

(5) 根据违规行为的严重程度，确定是否终止审计业务，或者是否能够采取适当行动以妥善处理违规后果。

二、经济利益

(一) 经济利益的含义与种类

▶ 1. 经济利益的含义

经济利益是指因持有某一实体的股权、债券或其他证券以及其他债务性的工具而拥有的利益，包括为取得这种利益享有的权利和承担的义务。经济利益包括直接经济利益和间接经济利益。

▶ 2. 直接经济利益与间接经济利益

直接经济利益是指下列经济利益：①个人或实体直接拥有并控制的经济利益（包括授权他人管理的经济利益）；②个人或实体通过投资工具拥有的经济利益，并且有能力控制这些投资工具，或影响其投资决策。一些常见的直接经济利益包括证券或其他参与权，诸如股票、债券、认股权、认购权、期权、权证和卖空权等。

微课视频 2-3
经济利益对
独立性的影响

微课视频 2-4
对直接经济
利益的理解

间接经济利益是指个人或实体通过投资工具拥有的经济利益,但没有能力控制这些投资工具,或影响其投资决策。

受益人能否控制投资工具或具有影响投资决策的能力是区别直接经济利益和间接经济利益的关键。

▶ 3. 经济利益对独立性的影响

在审计客户中拥有经济利益,可能因自身利益导致不利影响。不利影响存在与否及其严重程度取决于下列因素:①拥有经济利益人员的角色;②经济利益是直接还是间接的;③经济利益的重要性。

(二)经济利益对独立性产生不利影响的情形和防范措施

▶ 1. 没有防范措施能够将其降至可接受水平的情形

(1)会计师事务所、审计项目团队成员或其主要近亲属不得在审计客户中拥有直接经济利益或重大间接经济利益。

(2)与执行审计业务的项目合伙人同处一个分部的其他合伙人及其主要近亲属不得在审计客户中拥有直接经济利益或重大间接经济利益。

(3)为审计客户提供非审计服务的其他合伙人、管理人员及其主要近亲属不得在审计客户中拥有直接经济利益或重大间接经济利益。

(4)当一个实体在审计客户中拥有控制性的权益,并且审计客户对该实体重要时,会计师事务所、审计项目团队成员或其主要近亲属不得在该实体中拥有直接经济利益或重大间接经济利益。

(5)会计师事务所、审计项目团队成员或其主要近亲属不得与审计客户在同一实体拥有经济利益。

(6)以上5条中涉及的所有人员,不得作为受托管理人在审计客户中拥有直接经济利益或重大间接经济利益。

▶ 2. 有防范措施能够将其降至可接受的水平的情形

(1)无意中获取的经济利益。

如果会计师事务所、审计项目团队成员或其主要近亲属、员工或其主要近亲属通过继承、馈赠或因合并或类似情况,从审计客户处获得直接经济利益或重大间接经济利益,则会计师事务所、审计项目团队成员或其主要近亲属应当立即处置全部经济利益,或处置全部直接经济利益并处置足够数量的间接经济利益,以使剩余经济利益不再重大。审计项目团队成员以外的员工或其主要近亲属应当在合理期限内尽快处置全部经济利益,或处置全部直接经济利益并处置足够数量的间接经济利益,以使剩余经济利益不再重大。

完成处置该经济利益前,会计师事务所应当确定是否需要采取防范措施。

(2)与审计客户的利益相关者同时在某一实体拥有经济利益。

会计师事务所、审计项目团队成员或其主要近亲属在某一实体拥有经济利益,并且知悉审计客户的董事、高级管理人员或具有控制权的所有者也在该实体拥有经济利益,可能因自身利益、密切关系或外在压力产生不利影响。

注册会计师应当评价不利影响的严重程度,并在必要时采取以下防范措施:①将拥有该经济利益的审计项目团队成员调离审计项目团队,可能会消除不利影响;②由审计项目团队以外的注册会计师复核该成员已执行的工作,可能将不利影响降低至可接受的水平。

(3) 审计项目团队成员的其他近亲属拥有经济利益。

如果审计项目团队某一成员的其他近亲属在审计客户中拥有直接经济利益或重大间接经济利益,则将因自身利益产生非常严重的不利影响。必要时采取的防范措施主要包括:①其他近亲属尽快处置全部经济利益,或处置全部直接经济利益并处置足够数量的间接经济利益,以使剩余经济利益不再重大;②将该成员调离审计项目团队;③会计师事务所由审计项目团队以外的注册会计师复核该成员已执行的工作。

(4) 会计师事务所通过退休金计划在审计客户拥有经济利益。

如果会计师事务所通过的退休金计划在审计客户中拥有直接经济利益或重大间接经济利益,则可能因自身利益产生不利影响。注册会计师应当评价不利影响的严重程度,并在必要时采取防范措施以消除不利影响或将其降低至可接受的水平。

(5) 对其他人员拥有经济利益的要求。

如果审计项目团队成员知悉下列其他人员在审计客户中拥有经济利益,则也可能因自身利益对独立性产生不利影响:①除审计项目团队成员、与执行审计业务的项目合伙人同处一个分部的其他合伙人为审计客户提供非审计服务的其他合伙人和管理人员外,会计师事务所合伙人、专业人员及其主要近亲属;②与审计项目团队成员存在密切私人关系的人员。

必要时采取的防范措施可能包括:①将存在密切私人关系的审计项目团队成员调离审计项目团队,以消除不利影响;②不允许该审计项目团队成员参与有关审计业务的任何重大决策,以将不利影响降低至可接受的水平;③由审计项目团队以外的适当复核人员复核该审计项目团队成员已执行的工作,以将不利影响降低至可接受的水平。

三、贷款和担保以及商业关系、家庭和私人关系

(一) 贷款和担保

会计师事务所、审计项目团队成员或其主要近亲属与审计客户之间存在贷款或担保关系时,可能因自身利益对独立性产生影响。有关贷款和担保对独立性的具体要求如图 2-1 所示。

(二) 商业关系

会计师事务所、审计项目团队成员或其主要近亲属与审计客户或其高级管理人员之间,由于商务关系或共同的经济利益而存在密切的商业关系,将因自身利益或外在压力产生严重的不利影响。有关商业关系对独立性的具体要求如图 2-2 所示。

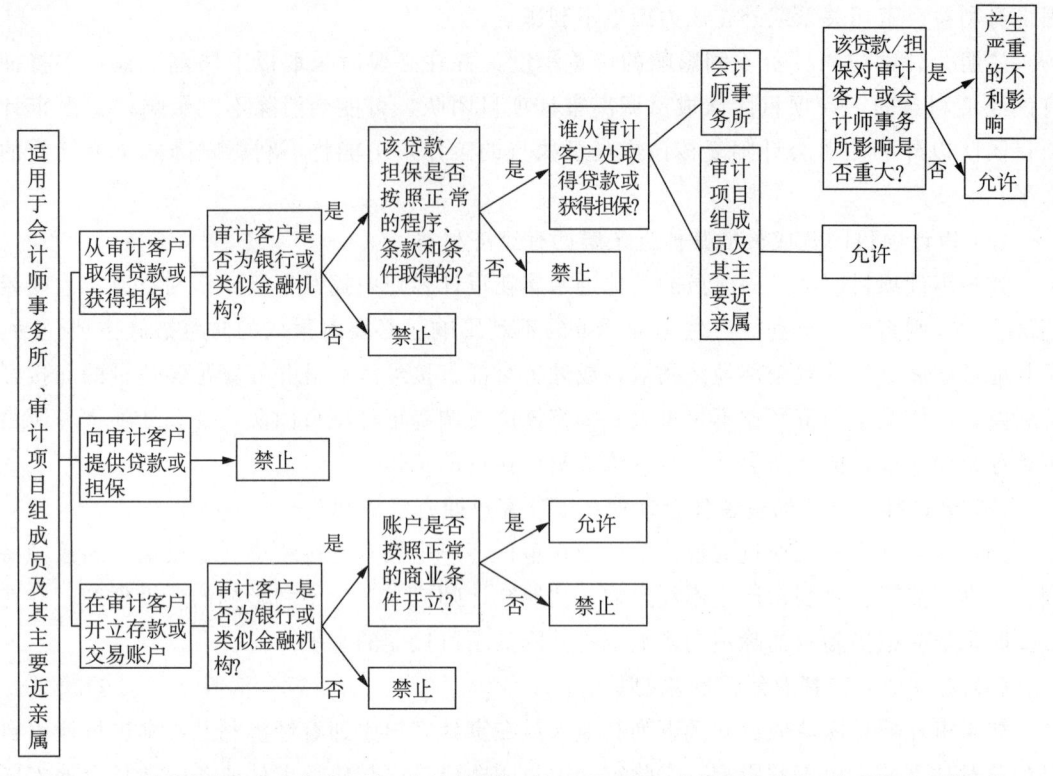

图 2-1 与贷款和担保有关的适用于会计师事务所与审计项目组成员及其主要近亲属的独立性要求

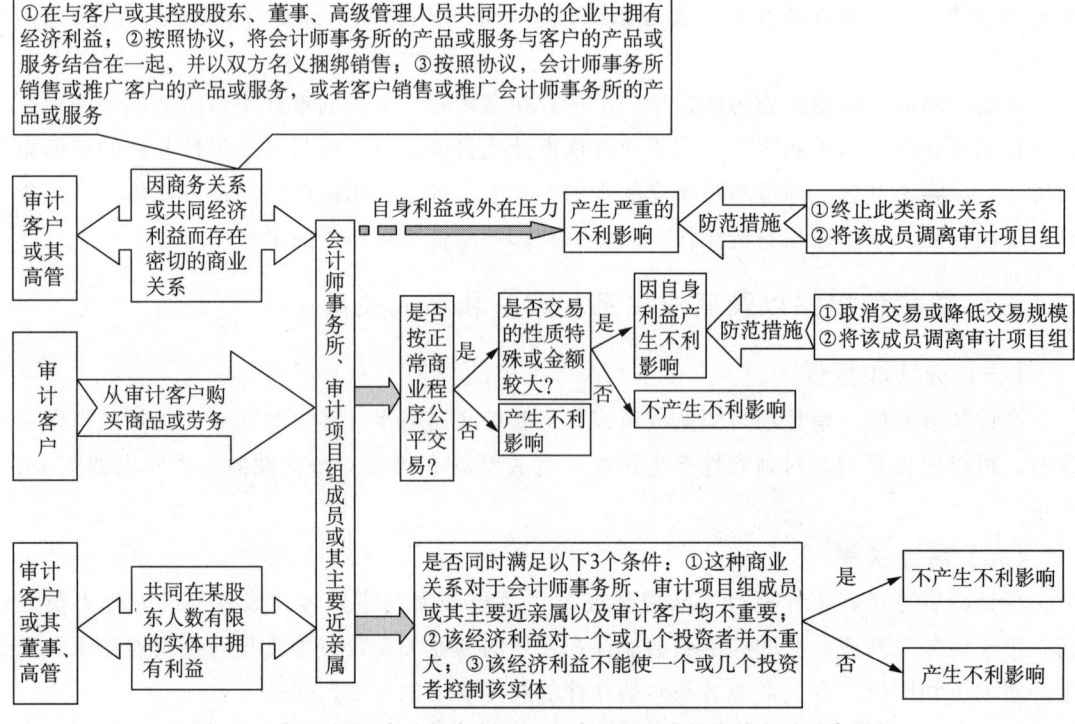

图 2-2 商业关系(会计师事务所、审计项目组成员或其主要近亲属与审计客户或其董事、高管之间)对独立性的要求

（三）家庭和私人关系

如果审计项目团队成员与审计客户的董事、高级管理人员，或某类员工（取决于该员工在审计客户中担任的角色）存在家庭和私人关系，则可能因自身利益、密切关系或外在压力对独立性产生不利影响。不利影响存在与否及其严重程度主要取决于该成员在审计项目团队中的角色、其家庭成员或相关人员在客户中的职位以及关系的密切程度等。

▶ **1. 审计项目团队成员的主要近亲属处在重要职位**

如果审计项目团队成员的主要近亲属是审计客户的董事、高级管理人员或担任能够对被审计财务报表或会计记录的编制施加重大影响的职位的员工（以下简称"特定员工"），或者在业务期间或财务报表涵盖的期间曾担任上述职务，则将对独立性产生非常严重的不利影响，从而导致没有防范措施能够消除该不利影响或将其降低至可接受的水平。拥有此类关系的人员不得成为审计项目团队成员。

▶ **2. 审计项目团队成员的主要近亲属可以对财务报表施加重大影响**

如果审计项目团队成员的主要近亲属在审计客户中所处职位能够对客户的财务状况、经营成果和现金流量施加重大影响，则将可能因自身利益、密切关系或外在压力对独立性产生不利影响。不利影响的严重程度主要取决于下列因素：①主要近亲属在客户中的职位；②该成员在审计项目团队中的角色。

防范措施主要包括：①将该成员调离审计项目团队；②合理安排审计项目团队成员的职责，使该成员的工作不涉及其主要近亲属的职责范围。

▶ **3. 审计项目团队成员的其他近亲属处在重要职位或可以对财务报表施加重大影响**

如果审计项目团队成员的其他近亲属是审计客户的董事、高级管理人员或特定员工，则将因自身利益、密切关系或外在压力对独立性产生不利影响。不利影响的严重程度主要取决于下列因素：①审计项目团队成员与其他近亲属的关系；②其他近亲属在客户中的职位；③该成员在审计项目团队中的角色。

会计师事务所应当评价不利影响的严重程度，并在必要时采取调离或合理安排职责等防范措施。

▶ **4. 审计项目团队的成员与审计客户重要职位的人员具有密切关系**

审计项目团队成员与审计客户的员工存在密切关系，并且该员工是审计客户的董事、高级管理人员或特定员工，即使该员工不是审计项目团队成员的近亲属，也将对独立性产生不利影响。拥有此类关系的审计项目团队成员应当按照会计师事务所的政策和程序进行咨询。

不利影响的严重程度主要取决于下列因素：①该员工与审计项目团队成员的关系；②该员工在客户中的职位；③该成员在审计项目团队中的角色。

会计师事务所应当评价不利影响的严重程度，并在必要时采取调离或合理安排职责等防范措施。

▶ **5. 审计项目团队成员以外人员的家庭和私人关系**

会计师事务所中审计项目团队以外的合伙人或员工，与审计客户的董事、高级管理人员或特定员工之间存在家庭或私人关系，可能因自身利益、密切关系或外在压力产生不利影响。会计师事务所合伙人或员工在知悉此类关系后，应当按照会计师事务所的政策和程序进行咨询。

会计师事务所应当评价不利影响的严重程度，并在必要时采取合理安排职责或复核等防范措施。

四、与审计客户开展人员交流

(一) 一般规定

如果审计客户的董事、高级管理人员或特定员工，曾经是审计项目团队的成员或会计师事务所的合伙人，则可能因密切关系或外在压力产生不利影响。

▶ 1. 审计项目团队前任成员或前任合伙人担任审计客户的重要职位且与事务所保持重要联系

如果审计项目团队前任成员或会计师事务所前任合伙人加入审计客户，担任董事、高级管理人员或特定员工，并且与会计师事务所仍保持重要交往，则将产生非常严重的不利影响，从而导致没有防范措施能够将其降低至可接受的水平。

▶ 2. 前任合伙人加入的某一实体成为审计客户

如果会计师事务所前任合伙人加入某一实体并担任董事、高级管理人员或特定员工，而该实体随后成为会计师事务所的审计客户，则可能应密切关系或外在压力对独立性产生不利影响。会计师事务所应当评价不利影响的严重程度，并在必要时采取防范措施消除不利影响或将其降至可接受的水平。

(二) 属于公共利益实体的审计客户(原在事务所工作，现任职于属于公众利益实体的审计客户)

▶ 1. 关键审计合伙人加入审计客户担任重要职位

关键审计合伙人是指项目合伙人、项目质量复核人员，以及审计项目团队中负责对财务报表审计所涉及的重大事项做出关键决策或判断的其他审计合伙人。其他审计合伙人还可能包括负责审计重要子公司或分支机构的项目合伙人。项目合伙人是指会计师事务所中负责某项业务及其执行，并代表会计师事务所在报告上签字的合伙人。

如果某一关键审计合伙人加入属于公众利益实体的审计客户，担任董事、高级管理人员或特定员工，除非该合伙人不再担任该公众利益实体的关键审计合伙人后，该公众利益实体发布的已审计财务报表涵盖期间不少于12个月，并且该合伙人未参与该财务报表的审计，否则将因密切关系或外在压力对独立性产生不利影响。

▶ 2. 前任高级合伙人加入审计客户担任重要职位

如果会计师事务所前任高级合伙人(或管理合伙人，或同等职位的人员)加入属于公众利益实体的审计客户，担任董事、高级管理人员或特定员工，除非该高级合伙人离职已超过12个月，否则独立性将被视为受到损害。

▶ 3. 因企业合并原因导致前任成员加入审计客户担任重要职位

如果由于企业合并的原因，会计师事务所前任关键审计合伙人或前任高级合伙人担任属于公众利益实体的审计客户的董事、高级管理人员或特定员工,在同时满足下列条件时,不被视为独立性受到损害:①当该人员接受该职务时,并未预料到会发生企业合并;②该人员在会计师事务所中应得的报酬或福利都已全额支付,除非报酬或福利是按照预先确定的固定金额支付的,并且未付金额对会计师事务所不重要;③该人员未继续参与,或在外界看来未参与会计师事务所的经营活动或专业活动;④已就该人员在审计客户中的职位与治理层讨论。

(三)最近曾任审计客户的董事、高级管理人员或特定员工(原在客户工作,现任职于事务所)

如果在被审计财务报表涵盖的期间,审计项目团队成员曾担任审计客户的董事、高级管理人员或特定员工,将因自身利益、自我评价或密切关系产生非常严重的不利影响,导致没有防范措施能够将其降低至可接受的水平。会计师事务所不得将此类人员分派到审计项目团队。

如果在被审计财务报表涵盖的期间之前,审计项目团队成员曾担任审计客户的董事、高级管理人员或特定员工,可能因自身利益、自我评价或密切关系对独立性产生不利影响。

(四)审计项目团队某成员拟加入审计客户

如果审计项目团队某一成员参与审计业务,当知道自己在未来某一时间将要或有可能加入审计客户时,则将因自身利益产生不利影响。

防范措施主要包括:①将该成员调离审计项目团队;②由审计项目团队以外的适当复核人员复核该成员在审计项目团队中做出的重大判断。

(五)兼任审计客户的董事或高级管理人员(现在事务所工作,同时又任职于客户)

如果会计师事务所的合伙人或员工兼任审计客户的董事或高级管理人员,则将因自我评价和自身利益产生非常严重的不利影响,从而导致没有防范措施能够将其降低至可接受的水平。会计师事务所的合伙人或员工不得兼任审计客户的董事或高级管理人员。

(六)临时借出员工

如果会计师事务所向审计客户借出员工,则可能因自我评价、过度推介或密切关系产生不利影响。除非同时满足下列条件,否则会计师事务所不得向审计客户借出员工:①仅在短期内向审计客户借出员工;②借出的员工不参与注册会计师职业道德守则禁止提供的非鉴证服务;③该员工不承担审计客户的管理层职责,且审计客户负责指导和监督该员工的活动。

必要时采取的防范措施主要包括:①对借出员工的工作进行额外复核;②合理安排审计项目团队成员的职责,使借出成员不对其在借调期间执行的工作进行审计;③不安排借出员工作为审计项目团队成员。

五、与审计客户长期存在业务关系

(一)一般规定

会计师事务所长期委派同一名合伙人或高级员工执行某一客户的审计业务,将因密切关系和自身利益对独立性产生不利影响。

必要时采取的防范措施主要包括：①将该人员轮换出审计项目团队；②由审计项目团队以外的适当复核人员复核该人员所执行的工作；③定期对该业务实施独立的内部或外部质量复核；④变更该人员在审计项目团队中担任的角色或其所实施任务的性质和范围。

（二）属于公众利益实体的审计客户

▶ 1. 与公众利益实体审计客户关键审计合伙人轮换相关的任职期（连5停2延1）

如果审计客户属于公众利益实体，会计师事务所的项目合伙人、项目质量复核人员或其他属于关键审计合伙人的累计任职期不得超过5年。

在任期内，继担任项目合伙人之后的人员不得在2年内担任该审计业务的项目质量复核人员。

如果关键审计合伙人的连任对审计质量特别重要，在获得审计客户治理层同意的前提下，并且通过采取防范措施能够消除对独立性的不利影响或将其降低至可接受的水平，则在法律法规允许的情况下，该人员担任关键审计合伙人的期限可以延长1年。

▶ 2. 关键审计合伙人任职期和冷却期规定

已成为公众利益实体的审计客户的关键审计合伙人的任职期和冷却期如表2-1所示。客户成为公众利益实体前后的服务年限和冷却期如表2-2所示。

表2-1 适用于一般情况下已成为公众利益实体的审计客户

关键审计合伙人	任职期	冷却期	任职期特殊情况
项目合伙人	5年	5年	6年
质量控制复核人员	5年	3年	6年
其他关键审计合伙人	5年	2年	6年

表2-2 适用于客户成为公众利益实体前后的服务年限和冷却期

在审计客户成为公众利益实体前的服务年限（X年）	成为公众利益实体后继续提供服务的年限	冷却期		
		项目合伙人	项目质量复核人员	其他关键审计合伙人
X≤3年	(5−X)年	5年	3年	2年
X≥4年	2年	5年	3年	2年
如果客户是首次公开发行证券	2年	5年	3年	2年

六、为审计客户提供非鉴证服务

（一）一般规定

会计师事务所通常向审计客户提供的非鉴证服务主要有：①承担审计客户的管理层职责；②编制会计记录和财务报表；③评估服务；④税务服务；⑤内部审计服务；⑥信息技术系统服务；⑦诉讼支持服务；⑧法律服务；⑨招聘服务；⑩公司理财服务等。

会计师事务所向审计客户提供上述非鉴证服务时，可能因自我评价、自身利益和过度推介等对独立性产生不利影响。在接受委托向审计客户提供非鉴证服务之前，会计师事务所应当确定提供该服务是否将对独立性产生不利影响。

在评价某一特定非鉴证服务产生不利影响的严重程度时，会计师事务所应当考虑审计项目团队认为提供其他相关非鉴证服务将产生的不利影响。如果没有防范措施能够将不利影响降低至可接受的水平，则会计师事务所不得向审计客户提供该非鉴证服务。

（二）承担管理层职责

会计师事务所应当根据具体情况确定某项活动是否属于管理层职责。下列活动通常被视为管理层职责：①制定政策和战略方针；②指导员工的行动并对其行动负责；③对交易进行授权；④确定采纳会计师事务所或其他第三方提出的建议；⑤负责按照适用的会计准则编制财务报表；⑥负责设计、实施和维护内部控制。

会计师事务所承担审计客户的管理层职责，将因自我评价、自身利益和密切关系等对独立性产生非常严重的不利影响，从而导致没有防范措施能够将其降低至可接受的水平，因此，会计师事务所不得承担审计客户的管理层职责。

（三）会计和记账服务

会计师事务所向审计客户提供会计和记账服务，可能因自我评价对独立性产生不利影响。会计和记账服务主要包括编制会计记录和财务报表、记录交易、工资服务等。

除非该会计和记账服务是日常性或机械性且会计师事务所能够采取防范措施，否则会计师事务所不得向不属于公众利益实体的审计客户提供会计和记账服务，包括编制被审计财务报表或构成财务报表基础的财务信息。

会计师事务所不得向属于公众利益实体的审计客户提供会计和记账服务。

（四）内部审计服务

内部审计活动通常包括：①监督内部控制；②检查财务信息和经营信息；③评价经营活动的效率和效果；④评价对法律法规的遵守情况。

如果会计师事务所人员在为审计客户提供内部审计服务时承担管理层职责，则将产生非常严重的不利影响，从而导致没有防范措施能够将其降低至可接受的水平。会计师事务所不得向属于公众利益实体的审计客户提供与下列方面有关的内部审计服务：①财务报告内部控制的组成部分；②财务会计系统；③单独或累积起来对被审计财务报表具有重大影响的金额或披露。

（五）招聘服务

会计师事务所为审计客户提供人员招聘服务，可能因自身利益、密切关系或外在压力产生不利影响。

在向审计客户提供招聘服务时，会计师事务所不得代表客户与应聘者进行谈判。除非属于审计客户拟招聘董事、高级管理人员，或所处职位能够对客户会计记录或被审计财务报表的编制施加重大影响的高级管理人员，否则会计师事务所不得提供下列招聘服务：①寻找或筛选候选人；②对候选人实施背景调查。

七、收费

(一) 收费结构

▶ 1. 占收费总额的比重很大

如果会计师事务所从某一审计客户收取的全部费用占其收费总额的比重很大,则对该客户的依赖及对可能失去该客户的担心将因自身利益或外在压力产生不利影响。会计师事务所必要时采取的防范措施主要包括：①扩大会计师事务所的客户群,从而降低对该客户的依赖程度；②实施外部质量复核；③就关键的审计判断向第三方咨询。例如,向行业监管机构或其他会计师事务所咨询。

▶ 2. 占某一合伙人或某一分部收费总额的比重很大

如果从某一审计客户收取的全部费用占某一合伙人从所有客户收取的费用总额比重很大,或占会计师事务所某一分部收取的费用总额比重很大,则也将因自身利益或外在压力产生不利影响。会计师事务所应当评价不利影响的严重程度,并在必要时采取以下防范措施以消除不利影响或将其降低至可接受的水平：①扩大该合伙人或分部的客户群,从而降低对源于该客户的收费的依赖程度；②由审计项目团队以外的适当复核人员复核已执行的工作。

▶ 3. 连续两年从属于公众利益实体的某一审计客户收取全部费用的比重较大

如果会计师事务所连续两年从某一属于公众利益实体的审计客户及其关联实体收取的全部费用,占其从所有客户收取的全部费用的比重超过15%,那么会计师事务所应当向审计客户治理层披露这一事实,并讨论选择下列何种防范措施,以将不利影响降低至可接受的水平。

(1) 在对第二年度财务报表发表审计意见之前,由其他会计师事务所对该业务再次实施项目质量复核,或由其他专业机构实施相当于项目质量复核的复核(简称发表审计意见前复核)。

(2) 在对第二年度财务报表发表审计意见之后、对第三年度财务报表发表审计意见之前,由其他会计师事务所对第二年度的审计工作再次实施项目质量控制复核,或由其他专业机构实施相当于项目质量复核的复核(简称发表审计意见后复核)。

在上述收费比例明显超过15%的情况下,如果采用发表审计意见后复核无法将不利影响降低至可接受的水平,那么会计师事务所应当采用发表审计意见前复核。

如果两年后每年收费比例继续超过15%,则会计师事务所应当每年向治理层披露这一事实,并讨论选择采取上述哪种防范措施。

(二) 或有收费

或有收费是指收费与否或收费多少取决于交易的结果或所执行工作的结果。如果一项收费是由法院或政府有关部门规定的,则该项收费不被视为或有收费。

▶ 1. 为审计客户提供审计服务时对独立性的影响

会计师事务所在为审计客户提供审计服务时,以直接或间接形式取得或有收费,将因自身利益产生非常严重的不利影响,从而导致没有防范措施能够将其降低至可接受的水平。会计师事务所不得采用这种收费安排。

▶ 2. 为审计客户提供非鉴证服务时采用特定形式的或有收费安排

会计师事务所在向审计客户提供非鉴证服务时，如果采用下列特定形式的或有收费安排，则将因自身利益产生非常严重的不利影响，从而导致没有防范措施能够将其降低至可接受的水平，会计师事务所不得采用这种收费安排。

(1) 非鉴证服务的或有收费由对财务报表发表审计意见的会计师事务所取得，并且对其影响重大或预期影响重大。

(2) 网络事务所参与大部分审计工作，非鉴证服务的或有收费由该网络事务所取得，并且对其影响重大或预期影响重大。

(3) 非鉴证服务的结果以及由此收取的费用金额，取决于未来或当期与财务报表重大金额审计相关的判断。

(三) 逾期收费

如果审计客户长期未支付应付的费用，尤其是相当部分的费用在出具上一年度审计报告前仍未支付，则可能因自身利益产生不利影响。举例来说，防范措施可能包括：①收取逾期的部分款项；②由未参与执行审计业务的适当复核人员复核已执行的工作。

如果相当部分的费用长期逾期，会计师事务所应当确定：①逾期收费是否可能被视同向客户提供贷款；②会计师事务所是否继续接受委托或继续执行审计业务。

八、礼品和款待

如果会计师事务所或审计项目团队成员接受审计客户的礼品，则将因自身利益、密切关系或外在压力对独立性产生非常严重的不利影响，从而导致没有防范措施能够将其降低至可接受的水平。会计师事务所或审计项目团队成员不得接受礼品。

如果款待超出业务活动中的正常往来或者款待具有不当影响注册会计师行为的意图，那么会计师事务所或审计项目团队成员应当拒绝接受。

引例解析

(1) 第(1)项对独立性产生不利影响。项目组负责人 A 注册会计师与审计客户的高级管理人员副总经理 H 之间存在长期交往，产生密切关系对独立性的不利影响。

(2) 第(2)项对独立性产生不利影响。项目组成员 B 与审计客户的基建处处长 I 关系密切，而且因为 I 是基建处处长，所以很可能会对财务报表中的在建工程等产生重大影响。同时项目组成员 B 是按照甲公司职工的付款标准付款的，并不是市场上的公允价，所以构成对独立性的不利影响。

(3) 第(3)项对独立性不产生不利影响。项目组成员 C 与审计客户甲公司的财务经理是校友关系，但不构成密切关系，所以不构成对独立性的影响。

(4) 第(4)项对独立性不产生不利影响。项目组成员 D 的朋友拥有甲公司的债券，并不能够视同 D 拥有审计客户的经济利益关系，也没有说是密切的朋友，所以不构成对独立性的影响。

(5) 第(5)项对独立性不产生不利影响。原会计师事务所行政部经理E进入审计客户担任办公室主任的职务。由于E在会计师事务所没有具体从事对甲公司的审计业务，同时在审计客户担任的职务对财务报表审计业务也没有影响，并且时间已经相隔3年，所以不构成对独立性的影响。

(6) 第(6)项对独立性产生不利影响。项目组成员F在审计客户甲公司施加控制的乙上市公司拥有直接经济利益，并且甲公司对乙公司重要(由于甲是乙的子公司)，则将因自身利益对独立性产生非常严重的不利影响。

线上测试

扫描封底二维码　　获取答题权限

在线自测2.1.3

任务2.2　熟悉并遵守审计准则

子任务2.2.1　了解审计准则

任务引例

麦克森·罗宾斯案件

麦克森·罗宾斯公司(后简称罗宾斯药材公司)是一家在纽约证券交易所公开上市的药材公司，该公司的财务报表一直由普莱斯·沃特豪斯会计师事务所实施审计，审计人员每年都对该公司的财务状况和经营成果发表了"正确、适当"等无保留的审计意见。

1938年年初，该公司债权人米利安·汤普森在审核罗宾斯药材公司财务报表时发现两个疑问：①罗宾斯药材公司中的制药原料部门，原是个盈利较高的部门，但该部门却一反常态地没有现金积累，也未见流动资金增加。相反，该部门还不得不依靠公司管理层重新调集资金来进行再投资，以维持生产。②公司董事会曾开会决议，要求减少存货金额，但到1938年年底，公司存货反而增加了100万美元。米利安·汤普森立即表示，在没有查明这两个疑问之前，不再给该公司予以贷款，并要求纽约证券交易委员会调查此事。纽约证券交易委员会在收到请求之后，立即组织有关人员进行调查，调查人员对罗宾斯药材公司1937年的财务状况与经营成果进行了重新审核，结果发现：①1937年12月31日的合并资产负债表计有总资产8 700万美元，但其中1 907.5万美元的资产是虚构的，包括存货虚构1 000万美元，销售收入虚构900万美元，银行存款虚构7.5万美元；②在1937年年度合并损益表中，虚假的销售收入和毛利分别达到1 820万美元和180万美元。

罗宾斯药材公司案例对审计工作产生了两方面的影响：①究竟谁应对财务报表的真实性负责？如审计人员审定的财务报表与事实不符，审计人员应负哪些责任？首先，罗宾斯药材公司案件，使审计人员再一次认识到，审计是存在风险的。对这个风险，如是属于企业内部人为造成，则审计人员不应对此负责。其次，审计人员还进一步认识到，建立科学、严格的公认审计程序，使审计工作规范化，能够有效地保护尽责的审计人员，免受不必要的法律指责。②对现行审计程序进行了全面检讨。罗宾斯药材公司案件也暴露了当时审计程序的不足：对应收账款没有实施函证程序；对存货没有实施盘点程序；对被审计单位内部控制没有进行评价。对此，美国的注册会计师协会所属的审计程序特别委员会，于1939年5月颁布了《审计程序的扩大》，对审计程序作了上述几个方面的修改，使它成为公认的审计准则。

引例思考：什么是审计准则？为什么要依据审计准则开展审计工作？

任务分析

审计准则是审计规范体系中的重要组成部分。审计准则依据审计法律法规而制定，是审计法律法规内容的进一步具体化，是审计工作实践中具体贯彻审计法律法规的操作性规范。

为了能够初步了解审计准则，需要：①了解审计准则的含义、结构与作用；②熟悉注册会计师的执业准则体系；③熟悉《国家审计准则》与内部审计准则的基本框架。

知识准备

一、审计准则的含义、结构与作用

(一) 审计准则的含义

审计准则是对审计业务中一般公认的惯例加以归纳而形成的，是审计人员在实施审计过程中必须遵守的行为规范。审计准则是评价审计质量的重要依据。

审计准则是连接审计理论与审计实践的纽带和桥梁，反映了社会对审计实践的需求，是审计实践最佳实务的提炼和升华，同时也是一个国家审计理论水平的体现。审计准则完备成熟，是一个国家审计专业水平的重要标志之一。

审计准则的职能在于提高了审计本身的可信性。审计结论是否客观公正，是否取信于公众，归根结底在于审计人员是否按照审计准则的要求实施审计。

审计准则的产生符合两个方面的要求：一是审计职业界内部为审计人员提供工作标准和指南，规范审计人员资格条件和工作方式的要求；二是审计职业界外部为审计服务使用者提供审计工作质量评价依据的要求。在这两方面的强烈要求下，审计准则得以产生，并逐步发展成熟和完善。

（二）审计准则的结构

审计准则的内容十分广泛和复杂，因此为保证审计准则的科学性和实用性，应合理设计审计准则的结构层次。

▶1. 不同的审计主体应有不同的审计准则

从审计主体来分，审计组织可以分为国家审计机关、内部审计机构和社会审计组织3类。由于各类审计组织服务的对象不同，自身的工作性质不同，其相应的规范要求——审计准则也应各不相同。

▶2. 不同性质的审计业务应有不同的审计准则

审计业务的性质不同，意味着审计工作的内容和范围不同，审计人员提供的保证程度不同，其所承担的责任也不同，因此对于不同性质的审计业务就应制定不同的审计准则。

▶3. 不同层次的审计行为应有不同层次形式的审计准则

作为复杂的专业行为，在审计过程中，会有各种各样的具体问题需要审计人员进行判断。这就要求审计人员在一个审计项目中，既要遵循审计的基本原则和框架，同时在一些具体问题的处理方面，也要遵循相应的判断原则和要求。因此，审计准则必须分层次制定，分成基本准则和具体准则。其中，基本准则是总纲，具体准则是开展具体业务时必须遵循的具体规范。

（三）审计准则的作用

制定、颁布审计准则，公开、明确审计的基本规范要求，是充分、有效地发挥审计作用的必要条件和重要保证。

▶1. 审计准则是衡量审计质量的尺度

审计是一种特殊的专业服务，其服务质量的高低，很难测定。对审计质量的统一社会评价，主要依靠对审计人员和审计过程中专业行为的评价，审计准则提供了这种评价的尺度。没有对审计质量的评价就不会有高质量的审计服务。

▶2. 审计准则是确定和解脱审计责任的依据

审计准则规定了审计职业责任的最低要求，审计人员若违背了审计准则，不仅说明未能切实履行应尽的职责，而且应对其所造成的后果承担必要的法律责任。审计人员在开展审计过程中遵循了审计准则，就表明其恰当地履行了审计责任。因此遵循审计准则是确定和解脱审计人员审计责任的重要依据。

▶3. 审计准则是审计组织与社会进行沟通的媒介

审计行为是一种专业行为，十分复杂，普通的公众很难真正理解其中的技术细节和要求。借助审计准则，社会可以了解审计工作的基本内容和审计质量的基本水准；通过让公众参与审计准则的制定，审计职业界可以了解社会对审计的需求及其变化。审计组织与社会的这种沟通，可以促进审计更好地满足社会和服务对象的需要。

▶4. 审计准则是完善审计组织内部管理的基础

审计组织要不断加强、完善内部管理，提高审计的质量与效率，必须以科学、合理、明确的审计准则为基础。审计准则为审计行为提供了基本的规范和指南，既是评价审计人员工作的标准，也是对审计人员进行审计职业教育的根据。只有以审计准则为依据制定各种内部管理制度，才能保证审计规范化的先进性和合理性。

▶5. 审计准则的颁布也为解决审计争议提供了仲裁标准，为审计教育明确了方向和目标

总之，审计准则的作用已远远超出了审计业务工作的范围，客观上起到了促进整个审计事业发展的作用。审计准则的建立和完善，是审计事业发展的重要标志和强大推动力。

二、注册会计师审计准则

（一）注册会计师执业准则体系

我国注册会计师执业准则体系受注册会计师职业道德守则统驭，包括注册会计师业务准则和会计师事务所质量控制准则，如图2-3所示。

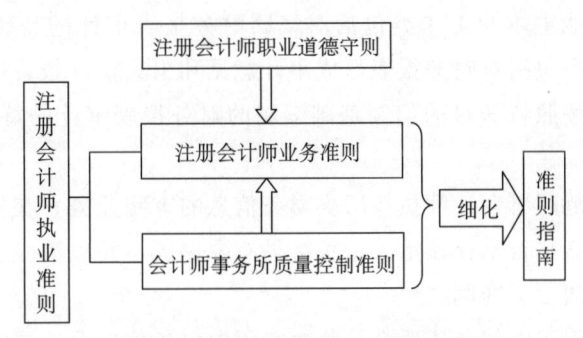

图 2-3 注册会计师执业准则

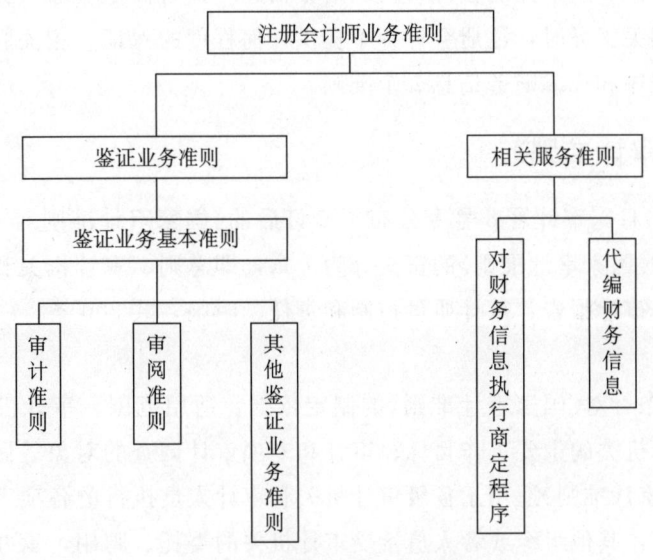

（二）注册会计师业务准则

注册会计师业务准则包括鉴证业务准则和相关服务准则，如图 2-4 所示。

微课视频 2-5
了解审计准则

图 2-4 注册会计师业务准则

▶ 1. 鉴证业务准则

鉴证业务准则由鉴证业务基本准则统领,按照鉴证业务提供的保证程度和鉴证对象的不同,分为中国注册会计师审计准则、中国注册会计师审阅准则和中国注册会计师其他鉴证业务准则(分别简称为审计准则、审阅准则和其他鉴证业务准则)三大类。其中,审计准则是整个执业准则体系的核心。

审计准则用以规范注册会计师执行历史财务信息的审计业务。在提供审计服务时,注册会计师对所审计信息是否存在重大错报提供合理保证,并以积极方式提出结论。审计准则分为一般原则与责任、风险评估与应对、审计证据、利用其他主体的工作、审计结论与报告、特殊领域审计等六小类共44个审计准则。一般原则与责任类包括注册会计师的总体目标和审计工作的基本要求、就审计业务约定条款达成一致意见等9个审计准则;风险评估与应对类包括计划审计工作等6个审计准则;审计证据类包括审计证据、函证等11个审计准则;利用其他主体的工作类包括对集团财务报表审计的特殊考虑等3个审计准则;审计结论与报告类包括对财务报表形成审计意见和出具审计报告等5个审计准则;特殊领域审计类包括对按照特殊目的编制基础编制的财务报表审计的特殊考虑等10个审计准则。

审阅准则用以规范注册会计师执行历史财务信息的审阅业务。在提供审阅服务时,注册会计师对所审阅信息是否不存在重大错报提供有限保证,并以消极方式提出结论。审阅准则包括财务报表审阅1个准则。

其他鉴证业务准则用以规范注册会计师执行历史财务信息审计或审阅以外的其他鉴证业务,根据鉴证业务的性质和业务约定的要求,提供有限保证或合理保证。其他鉴证业务准则包括历史财务信息审计或审阅以外的鉴证业务和预测性财务信息审核2个准则。

▶ 2. 相关服务准则

相关服务准则用以规范注册会计师代编财务信息、执行商定程序、提供管理咨询等其他服务。在提供相关服务时,注册会计师不提供任何程度的保证。相关服务准则包括对财务信息执行商定程序和代编财务信息2个准则。

三、《国家审计准则》

2010年9月1日,审计署8号令公布了修订后的《国家审计准则》,自2011年1月1日起施行。新修订《国家审计准则》的正文分为7章,即总则、审计机关和审计人员、审计计划、审计实施、审计报告、审计质量控制和责任、附则,共200条。

(一)总则

本部分共11条,对《国家审计准则》的制定依据、适用范围、审计机关和被审计单位的责任区分、审计机关的主要工作目标、审计和专项审计调查的对象等做出了规定。其中规定,我国《国家审计准则》适用于各级审计机关和审计人员执行的各项审计业务和专项审计调查业务。同时,其他组织或者人员接受审计机关的委托、聘用,承办或者参加审计业务,也应当适用《国家审计准则》。

(二)审计机关和审计人员

本部分共 14 条,对审计机关和审计人员执行审计业务时应当具备的资格条件和职业要求做出了明确的规定。

(三)审计计划

本部分共 28 条,对于审计机关选择审计项目、编制年度审计项目计划和审计工作方案等做出了明确规定。其中,从调查审计需求、对初选审计项目进行可行性研究和评估、配置审计项目资源,以及年度审计项目计划审定、调整和执行情况检查等方面,明确了年度审计项目计划编制和执行的要求。

(四)审计实施

本部分分 4 节,共 65 条,对审计实施方案、审计证据、审计记录和重大违法行为检查进行了详细规定。

(五)审计报告

本部分共 53 条,分 5 节分别对审计报告的形式和内容、审计报告的编审、专题报告与综合报告、审计结果公布、审计整改检查进行了详细规定。

(六)审计质量控制和责任

本部分共 25 条,对我国审计机关应建立的审计质量控制制度进行了详细规定。按照规定,审计机关应当建立审计质量控制制度,以保证实现下列目标:遵守法律法规和本准则;做出恰当的审计结论;依法进行处理处罚。审计机关应当针对下列要素建立审计质量控制制度:审计质量责任;审计职业道德;审计人力资源;审计业务执行;审计质量监控。审计机关实行审计组成员、审计组主审、审计组组长、审计机关业务部门、审理机构、总审计师和审计机关负责人对审计业务的分级质量控制。

(七)附则

本部分共 4 条,规定了不适用准则的情况以及有关审计准则实施的相关问题。

四、内部审计准则

2012 年,中国内部审计协会对 2003 年以来发布的《内部审计准则》进行了全面、系统的修订,并经中国内部审计协会第六届常务理事会审议通过,自 2014 年 1 月 1 日起施行。

新修订的《内部审计准则》由 1 个内部审计基本准则、1 个内部审计人员职业道德规范、22 个内部审计具体准则和 5 个内部审计实务指南构成。

(一)内部审计基本准则

内部审计基本准则是《内部审计准则》的总纲,是内部审计机构和人员进行内部审计时应当遵循的基本规范,由总则、一般准则、作业准则、报告准则、内部管理准则和附则构成。

(二)内部审计人员职业道德规范

内部审计人员职业道德规范规定了内部审计人员应当具备的职业道德素质,由总则、一般原则、诚信正直、客观性、专业胜任能力、保密、附则构成。

（三）内部审计具体准则

内部审计具体准则是内部审计机构和人员进行内部审计时应当遵循的具体规范，分为作业类、业务类和管理类等三大类。作业类准则涵盖了内部审计程序和技术方法方面的准则，具体包括审计计划、审计通知书、审计证据、审计工作底稿、结果沟通、审计报告、后续审计、审计抽样、分析程序 9 个具体准则；业务类准则包括内部控制审计、绩效审计、信息系统审计、对舞弊行为进行检查与报告、经济责任审计 5 个具体准则；管理类准则包括内部审计机构的管理、与董事会或最高管理层的关系、内部审计与外部审计的协调、利用外部专家服务、人际关系、内部审计质量控制、评价外部审计工作质量、审计档案工作 8 个具体准则。

（四）内部审计实务指南

内部审计实务指南为内部审计机构和人员进行内部审计提供具体可操作性的指导意见，包括建设项目内部审计、物资采购审计、审计报告、高校内部审计、企业内部经济责任审计 5 个实务指南。

引例解析

审计准则是对审计业务中一般公认的惯例加以归纳而形成的，是审计人员在实施审计过程中必须遵守的行为规范。

审计准则是衡量审计质量的尺度，也是确定和解脱审计责任的依据。只有按照审计准则开展审计工作，才能保证审计质量，表明审计人员恰当地履行了审计责任。

线上测试

扫描封底二维码　　获取答题权限

在线自测 2.2.1

子任务 2.2.2　熟知并遵守注册会计师鉴证业务基本准则

任务引例

信昶会计师事务所注册会计师吴明接受甲公司的委托，对甲公司管理层编制的下属子公司乙公司 IT 系统运行有效性的评价报告进行鉴证。甲公司拟将评价报告提交给其他预期使用者。

引例思考：

(1) 指出该项鉴证业务属于表2-3中何种业务类型，直接在表格中的相应位置打"√"。

表 2-3 鉴证业务类型

分类序号	业务类型	请在相应位置打"√"
（1）	基于责任方认定的业务	
	直接报告业务	
（2）	历史财务信息鉴证业务	
	其他鉴证业务	

(2) 请指出该项鉴证业务的责任方，并简要说明甲公司管理层、乙公司管理层和注册会计师吴明各自的责任。

(3) 在评价乙公司IT系统运行有效性时，甲公司使用的是其自行制定的标准。请简要说明注册会计师吴明应当从哪些方面评价标准的适当性。

(4) 在业务承接后，如果发现标准不适当，A注册会计师应当出具何种类型的鉴证报告？

任务分析

鉴证业务是最能体现注册会计师职业特性的业务，鉴证业务基本准则是鉴证业务准则的统领，也是鉴证业务准则的概念框架，旨在规范注册会计师执行鉴证业务，明确鉴证业务的目标和要素，确定审计准则、审阅准则、其他鉴证业务准则适用的鉴证业务类型。

为了能够熟知并遵守鉴证业务基本准则，需要：①理解鉴证业务的含义；②掌握鉴证业务的要素；③熟悉鉴证业务的分类；④明确鉴证业务承接的要求；⑤熟悉鉴证业务各要素的具体要求。

知识准备

一、鉴证业务的含义

鉴证业务是指注册会计师对鉴证对象信息提出结论，以增强除责任方之外的预期使用者对鉴证对象信息信任程度的业务。鉴证业务的主要目的是提高鉴证对象信息的可信性。如责任方按照会计准则和相关会计制度（标准）对其财务状况、经营成果和现金流量（鉴证对象）进行确认、计量和列报（包括披露，下同）而形成的财务报表（鉴证对象信息）。

鉴证业务包括历史财务信息审计业务、历史财务信息审阅业务和其他鉴证业务，注册会计师执行鉴证业务时，应当遵守该准则以及依据该准则制定的审计准则、审阅准则和其他鉴证业务准则。

二、鉴证业务的要素

鉴证业务要素，是指鉴证业务的三方关系、鉴证对象、标准、证据和鉴证报告。

(一)三方关系

三方关系分别是注册会计师、责任方和预期使用者。三方之间的关系是，注册会计师对由责任方负责的鉴证对象或鉴证对象信息提出结论，以增强除责任方之外的预期使用者对鉴证对象信息的信任程度。

(二)鉴证对象

鉴证对象具有多种不同的表现形式，如财务或非财务的业绩或状况、物理特征、系统与过程、行为等。不同的鉴证对象具有不同特征。鉴证对象信息是按照标准对鉴证对象进行评价和计量的结果。

(三)标准

标准即用来对鉴证对象进行评价或计量的基准，当涉及列报时，还包括列报的基准。

(四)证据

获取充分、适当的证据是注册会计师提出鉴证结论的基础。

(五)鉴证报告

注册会计师应当针对鉴证对象信息(或鉴证对象)在所有重大方面是否符合适当的标准，以书面报告的形式发表能够提供一定保证程度的结论。

三、鉴证业务的分类

(一)基于责任方认定的业务和直接报告业务

鉴证业务按照预期使用者获取鉴证对象信息方式的不同分为基于责任方认定的业务和直接报告业务。基于责任方认定的业务和直接报告业务的区别如表 2-4 所示。

表 2-4　基于责任方认定的业务与直接报告业务的区别

区　别	基于责任方认定的业务	直接报告业务
预期使用者获取鉴证对象信息的方式	直接获取责任方认定或者阅读鉴证报告(含鉴证结论和责任方认定)	阅读鉴证报告(只含鉴证结论)
责任方负责的对象	责任方认定(可能还包括鉴证对象)	鉴证对象
注册会计师提出结论的对象	责任方认定或鉴证对象	鉴证对象
鉴证结论的表述形式	①明确提及责任方认定 ②直接提及鉴证对象和标准	明确提及鉴证对象和标准
举例	财务报表审计、预测性财务信息审核、财务报表审阅	内部控制鉴证、验资、IT 系统鉴证

(二)合理保证的鉴证业务和有限保证的鉴证业务

鉴证业务按照保证程度的不同分为合理保证的鉴证业务和有限保证的鉴证业务。合理保证的鉴证业务和有限保证的鉴证业务的区别如表 2-5 所示。

表 2-5　合理保证的鉴证业务与有限保证的鉴证业务的区别

	合理保证的鉴证业务	有限保证的鉴证业务
鉴证业务目标	将鉴证业务风险降至该业务环境下可接受的低水平	将鉴证业务风险降至该业务环境下可接受的水平（高于合理保证鉴证业务中可接受的低水平）
可接受的鉴证业务风险水平	较低	较高
对鉴证后的鉴证对象信息提供的保证水平	较高	较低
所需证据数量	较多	较少
证据搜集程序	检查、观察、询问、函证、重新计算、重新执行、分析程序等	询问、分析程序
提出鉴证结论的方式	积极方式	消极方式
举例	财务报表审计	财务报表审阅

四、鉴证业务的承接

在初步了解业务环境后、接受委托前，只有符合相关职业道德规范的要求，并且拟承接的业务具备下列所有特征，注册会计师才能将其作为鉴证业务予以承接。

（1）存在鉴证业务的三方关系人。

（2）鉴证对象适当。

（3）使用的标准适当且预期使用者能够获取该标准。

（4）注册会计师能够获取充分、适当的证据以支持其结论。

（5）注册会计师的结论以书面报告形式表述，且表述形式与所提供的保证程度相适应。

（6）该业务具有合理的目的。如果鉴证业务的工作范围受到重大限制，或者委托人试图将注册会计师的名字和鉴证对象不适当地联系在一起，则该项业务可能不具有合理的目的。

当拟承接的业务不具备上述鉴证业务的所有特征，不能将其作为鉴证业务予以承接时，注册会计师可以提请委托人将其作为非鉴证业务（如商定程序、代编财务信息、管理咨询、税务咨询等相关服务业务），以满足预期使用者的需要。

五、鉴证业务的三方关系

鉴证业务涉及的三方关系人包括注册会计师、责任方和预期使用者。是否存在三方关系人是判断某项业务是否属于鉴证业务的重要标准之一。如果某项业务不存在除责任方之外的其他预期使用者，那么该业务就不构成一项鉴证业务。

鉴证业务还会涉及委托人，但委托人不是单独存在的一方，委托人通常是预期使用者之一，委托人也可能由责任方担任。

微课视频 2-9
审计业务的三方关系

（一）注册会计师

注册会计师，是指取得注册会计师证书并在会计师事务所执业的人员，有时也指其所在的会计师事务所。

如果鉴证业务涉及的特殊知识和技能超出了注册会计师的能力，注册会计师可以利用专家协助执行鉴证业务。

（二）责任方

责任方是指下列组织或人员。

（1）在直接报告业务中，对鉴证对象负责的组织或人员。例如，在系统鉴证业务中，注册会计师直接对系统的有效性进行评价并出具鉴证报告，该业务的鉴证对象是被鉴证单位系统的有效性，责任方是对该系统负责的组织或人员，即被鉴证单位的管理层。

（2）在基于责任方认定的业务中，对鉴证对象信息负责并可能同时对鉴证对象负责的组织或人员。例如，企业聘请注册会计师对企业管理层编制的持续经营报告进行鉴证。在该业务中，鉴证对象信息为持续经营报告，由该企业的管理层负责，企业管理层为责任方。该业务的鉴证对象为企业的持续经营状况，它同样由企业的管理层负责。再如，某政府组织聘请注册会计师对某企业的持续经营报告进行鉴证，该持续经营报告由该政府组织编制并分发给预期使用者。在该业务中，鉴证对象信息为持续经营报告，由该政府组织负责，该政府组织为责任方。该业务的鉴证对象为企业的持续经营状况，责任方即该政府组织却无须为它负责。

责任方可以是鉴证业务的委托人，也可能不是委托人。

（三）预期使用者

预期使用者是指预期使用鉴证报告的组织或人员。

如果鉴证业务服务于特定的使用者或具有特殊目的，那么注册会计师就可以很容易地识别预期使用者。例如，企业向银行贷款，银行要求企业提供一份与贷款项目相关的预测性财务信息审核报告，那么，银行就是该鉴证报告的预期使用者。

注册会计师可能无法识别使用鉴证报告的所有组织和人员，尤其在各种可能的预期使用者对鉴证对象存在不同的利益需求时。此时，预期使用者主要是指那些与鉴证对象有重要和共同利益的主要利益相关者。例如，在上市公司财务报表审计中，预期使用者主要是指上市公司的股东。

责任方可能是预期使用者，但不是唯一的预期使用者。例如，在财务报表审计中，责任方是被审计单位的管理层，此时被审计单位的管理层便是审计报告的预期使用者之一，但同时预期使用者还包括企业的股东、债权人、监管机构等。

六、鉴证对象

（一）鉴证对象与鉴证对象信息的表现形式

在注册会计师提供的鉴证业务中，存在多种不同类型的鉴证对象，相应地，鉴证对象信息也具有多种不同的形式。鉴证对象与鉴证对象信息主要具有以下形式。

（1）当鉴证对象为财务业绩或状况时（如历史或预测的财务状况、经营成果和现金流量），鉴证对象信息是财务报表。

（2）当鉴证对象为非财务业绩或状况时（如企业的运营情况），鉴证对象信息可能是反映效率或效果的关键指标。

（3）当鉴证对象为物理特征时（如设备的生产能力），鉴证对象信息可能是有关鉴证对象物理特征的说明文件。

（4）当鉴证对象为某种系统和过程时（如企业的内部控制或信息技术系统），鉴证对象信息可能是关于其有效性的认定。

（5）当鉴证对象为一种行为时（如遵守法律法规的情况），鉴证对象信息可能是对法律法规遵守情况或执行效果的声明。

（二）鉴证对象与鉴证对象信息的关系

鉴证对象是指鉴证对象信息所反映的内容；鉴证对象信息既是按照标准对鉴证对象进行评价和计量的结果，也是鉴证对象的载体，还是鉴证对象的外在表现。通俗地理解，鉴证对象是一个客观事实，而鉴证对象信息是以人类能理解的形式对鉴证对象某方面性质所做的描述。比如某个人的人品就可以成为一个鉴证对象，而大家对其人品的评价就是鉴证对象信息。

（三）适当的鉴证对象应当具备的条件

鉴证对象是否适当是注册会计师能否将一项业务作为鉴证业务予以承接的前提条件。适当的鉴证对象应当同时具备下列条件。

（1）鉴证对象可以识别。

（2）不同的组织或人员对鉴证对象按照既定标准进行评价或计量的结果合理一致。

（3）注册会计师能够搜集与鉴证对象有关的信息，获取充分、适当的证据，以支持其提出适当的鉴证结论。

七、标准

（一）标准的定义

标准是指用于评价或计量鉴证对象的基准，当涉及列报时，还包括列报的基准，列报包括披露。

标准是鉴证业务中不可或缺的一项要素。运用职业判断对鉴证对象做出评价或计量，离不开适当的标准。标准是对所要发表意见的鉴证对象进行"度量"的一把"尺子"，责任方和注册会计师可以根据这把"尺子"对鉴证对象进行"度量"。

（二）标准的类型

▶ 1. 正式的标准

标准可以是正式的规定，如编制财务报表所使用的会计准则和相关会计制度。正式的规定通常是一些"既定的"标准，是由法律法规规定的，或是由政府主管部门或国家认可的专业团体依照公开、适当的程序发布的。例如，编制财务报表时，其标准是权威机构发布的会计准则和相关会计制度；编制内部控制报告时，标准可能是已确立的内部控制规范或指引；编制遵循性报告时，标准可能是适用的法律、法规。

▶ 2. 非正式的标准

标准也可以是某些非正式的规定，如单位内部制定的行为准则或确定的绩效水平。非正式的规定通常是一些"专门制定的"标准，是针对具体的业务项目"量身定做"的，包括企业内部制定的行为准则、确定的绩效水平或商定的行为要求等。

(三)适当标准的特征

适当的标准应当具备下列所有特征。

(1) 相关性：相关的标准有助于得出结论，便于预期使用者做出决策。

(2) 完整性：完整的标准不应忽略业务环境中可能影响得出结论的相关因素，当涉及列报时，还包括列报的基准。

(3) 可靠性：可靠的标准能够使能力相近的注册会计师在相似的业务环境中，对鉴证对象做出合理一致的评价或计量。

(4) 中立性：中立的标准有助于得出无偏向的结论。

(5) 可理解性：可理解的标准有助于得出清晰、易于理解、不会产生重大歧义的结论。

(四)评价标准的适当性与适用性

注册会计师应当考虑运用于具体业务的标准是否具备上述特征，以评价该标准对此项业务的适用性。

对于正式的标准，注册会计师通常不需要对标准的"适当性"进行评价，而只需评价该标准对具体业务的"适用性"。例如，在我国，会计标准由国家统一制定并强制执行。注册会计师无须评价会计标准是否适当，只需判断责任方采用的标准是否适用于被鉴证单位即可。

对于非正式的标准，注册会计师首先要对这些标准本身的"适当性"加以评价，然后再评价该标准对具体业务的"适用性"。

(五)标准的获取方式

标准应当能够为预期使用者获取，以使预期使用者了解鉴证对象的评价或计量过程。标准可以通过下列方式供预期使用者获取。

(1) 公开发布。

(2) 在陈述鉴证对象信息时以明确的方式表述。

(3) 在鉴证报告中以明确的方式表述。

(4) 常识理解，如计量时间的标准是小时或分钟。

八、证据

(一)证据的总体要求

注册会计师应当以职业怀疑态度计划和执行鉴证业务，获取有关鉴证对象信息是否不存在重大错报的充分、适当的证据。

注册会计师在计划和执行鉴证业务，尤其在确定证据搜集程序的性质、时间和范围时，应当考虑重要性、鉴证业务风险以及可获取证据的数量和质量。

（二）职业怀疑

职业怀疑是指注册会计师执行鉴证业务的一种态度，包括采取质疑（或批判）的思维方式（理念或精神），对可能由于舞弊或错误导致错报的迹象保持警觉，以及对审计证据进行审慎评价。

（三）鉴证业务风险

鉴证业务风险是指在鉴证对象信息存在重大错报的情况下，注册会计师提出不恰当结论的可能性。

在合理保证的鉴证业务中，注册会计师应当将鉴证业务风险降至该业务环境下可接受的低水平，以获取合理保证，作为以积极方式提出结论的基础。

微课视频2-10
合理保证与有限保证

在有限保证的鉴证业务中，注册会计师应当将鉴证业务风险降至该业务环境下可接受的水平，以获取有限保证，作为以消极方式提出结论的基础。

有限保证鉴证业务的保证水平通常低于合理保证鉴证业务的保证水平，但有限保证鉴证业务的保证水平必须是有意义的保证水平。所谓有意义的保水平，是指注册会计师获取的很有可能在一定程度上增强预期使用者对鉴证对象信息信任时的保证水平。

（四）证据的充分性和适当性

证据的充分性是对证据数量的衡量，证据的适当性是对证据质量的衡量。可获取证据的充分性和适当性受下列因素的影响。

（1）鉴证对象和鉴证对象信息的特征。例如，鉴证对象信息是预测性的而非历史性的，预计可获取证据的客观性就比较弱。

（2）业务环境中除鉴证对象特征以外的其他事项。例如，注册会计师接受委托的时间和要求出具鉴证报告的时间相距较近，预计可获取的证据相对就较少；被鉴证单位内部资料的保管政策、责任方对鉴证业务施加的限制等也可能会使注册会计师无法获取原本认为可以获取的证据。

（五）证据搜集程序的性质、时间和范围

证据搜集程序的性质、时间和范围因具体业务的不同而不同。注册会计师应当清楚表达证据搜集程序，并以适当的形式运用于合理保证的鉴证业务和有限保证的鉴证业务。

九、鉴证报告

（一）出具鉴证报告的总体要求

注册会计师应当出具含有鉴证结论的书面报告，该鉴证结论应当说明注册会计师就鉴证对象信息获取的保证。

（二）鉴证结论的两种表述形式

在基于责任方认定的业务中，注册会计师的鉴证结论可以采用下列两种表述形式之一。

（1）明确提及责任方认定，如"我们认为，责任方做出的'根据×标准，内部控制在所有重大方面是有效的'这一认定是公允的"。

(2) 直接提及鉴证对象和标准，如"我们认为，根据×标准，内部控制在所有重大方面是有效的"。

如果决定采用第(1)种表述形式，即在鉴证结论中提及责任方认定，那么注册会计师可以将该认定附于鉴证报告后，在鉴证报告中引述该认定或指明预期使用者能够从何处获取该认定。

在直接报告业务中，注册会计师应当直接对鉴证对象进行评价并出具鉴证报告，明确提及鉴证对象和标准，鉴证结论只能采用上述第(2)种表述形式。

(三) 提出鉴证结论的积极方式和消极方式

在合理保证的鉴证业务中，注册会计师应当以积极方式提出结论，如"我们认为，根据×标准，内部控制在所有重大方面是有效的"或"我们认为，责任方做出的'根据×标准，内部控制在所有重大方面是有效的'这一认定是公允的"。

在有限保证的鉴证业务中，注册会计师应当以消极方式提出结论，如"基于本报告所述的工作，我们没有注意到任何事项使我们相信，根据×标准，×系统在任何重大方面是无效的"或"基于本报告所述的工作，我们没有注意到任何事项使我们相信，责任方做出的'根据×标准，×系统在所有重大方面是有效的'这一认定是不公允的"。

引例解析

(1) 鉴证业务类型答案如表2-6所示。

表2-6　鉴证业务类型答案

分类序号	业务类型	请在相应位置打"√"
(1)	基于责任方认定的业务	√
	直接报告业务	
(2)	历史财务信息鉴证业务	
	其他鉴证业务	√

(2) 该项鉴证业务的责任方为甲公司管理层。

甲公司管理层的责任，对鉴证对象信息负责，即对乙公司IT系统运行有效性的评价报告负责。

乙公司管理层的责任，对鉴证对象负责，即对本公司IT系统运行有效性负责。

A注册会计师的责任，对由甲公司管理层负责的鉴证对象信息提出结论，以增强除责任方之外的预期使用者对鉴证对象信息的信任程度。

(3) A注册会计师应当从相关性、完整性、可靠性、中立性、可理解性5个方面评价标准的适当性。

(4) 在承接业务后，如果发现标准不适当，A注册会计师应当视其重大与广泛程度，出具保留结论或者否定结论的报告；如果发现标准不适当，造成工作范围受到限制，注册会计师应当视受到限制的重大与广泛程度，出具保留结论或无法提出结论的报告。

线上测试

扫描封底二维码 获取答题权限

在线自测2.2.2

任务 2.3　明确审计人员的法律责任

任务引例

中国注册会计师行业的中天勤案

深圳中天勤事务所为银广夏公司[广夏(银川)实业股份有限公司]1998年、1999年和2000年年报出具严重失实的无保留意见的审计报告，被中国证监会处以：吊销中天勤事务所的执业资格，并会同证监会吊销其证券、期货相关业务许可证；吊销刘加荣、徐林文的注册会计师资格；追究中天勤负责人的责任。中天勤会计师事务所合伙人刘加荣、徐林文被法院判处有期徒刑二年零六个月、二年零三个月，并各处罚金3万元。

该案件说明，注册会计师与其他专业人员一样，如果在履行审计职责期间未尽其专业责任，也要受到法律的、职业组织的或其他方面的制裁。不同的是，多数其他专业人员仅对直接关系人负责，而审计人员不仅要对这些直接关系人负责，还要对依靠不准确的被审计信息而蒙受巨大损失的其他非直接关系人承担责任。所以，审计人员面临的法律责任一般大于其他专业人员，由此带来的潜在损失在实施审计时很难预见，不同的审计类型面临的风险也不同。

引例思考：致使注册会计师承担法律责任的成因有哪些？

任务分析

审计法律责任，是指审计主体在履行审计职责的过程中因损害法律上的义务关系应承担的法律后果。

为了能够明确审计法律责任与审计法律法规，需要：①了解国家审计人员和内部审计人员的法律责任；②理解注册会计师法律责任的成因和种类；③熟知我国注册会计师的法律责任的内容；④明确规避审计法律诉讼的具体措施。

知识准备

一、国家审计人员的法律责任

《审计法》是全国人大常委会按照立法程序审查通过的重要法律。它作为调整和规范审计监督活动的基本法，集中体现和反映了社会对中国审计监督制度的根本要求。《审计法》专设"法律责任"一章，对法律责任问题做出了规定。《审计法》规定的审计法律责任是指在国家审计监督活动中发生的有关法律责任，它具有以下特点。

（1）审计法律责任是国家审计的法律责任，不包括内部审计和社会审计的法律责任，是在国家审计监督过程中发生的与审计机关履行审计监督职能密切相关的法律责任。

（2）审计法律责任是因实施审计监督产生的相关当事人的法律责任，相关当事人是法律责任的主体，包括被审计单位及其有关的直接责任人和国家审计人员。

（3）审计法律责任是以行政责任为主的法律责任，也包括相应的刑事责任，但不包括民事责任。

《审计法》不仅赋予国家审计机关对违法行为的处理权、处罚权，加重了执法力度，而且对国家审计人员的法律责任也做出了明确的规定。国家审计人员是具体执行审计监督职责的国家专门工作人员，应当有高度的责任感，廉洁自律，客观公正。《审计法》第6条对此有明确要求，即"审计机关和审计人员办理审计事项，应当客观公正，实事求是，廉洁奉公，保守秘密"。如果审计人员违反职业道德和法律规定，滥用职权、徇私舞弊、玩忽职守，造成不良后果甚至危害社会的，就要承担相应的法律责任。《审计法》对国家审计人员法律责任的具体规定集中体现在第52条中："审计人员滥用职权、徇私舞弊、玩忽职守或者泄露所知悉的国家秘密、商业秘密的，依法给予处分；构成犯罪的，依法追究刑事责任。"

《审计法》有关国家审计人员法律责任的规定前后呼应，体现了对国家审计人员的严格要求。《审计法》在给予审计人员一定保护的同时，又规定了审计人员应当承担的法律责任。这些在国家审计人员的审计实践中是十分必要的，在审计立法上也是协调和合理的。

二、内部审计的法律责任

法律责任是内部审计的行为约束，只有明确法律责任，内部审计人员才能自觉遵守法规道德的要求，否则，内审人员便会放任自己，玩忽职守乃至徇私舞弊。

2018年1月12日，审计署以审计署令第11号发布了关于2018年3月1日起施行的《审计署关于内部审计工作的规定》。该规定的第29条规定了内部审计机构和内部审计人员的责任追究，即内部审计机构或者履行内部审计职责的内设机构和内部审计人员有下列情形之一的，由单位对直接负责的主管人员和其他直接责任人员进行处理；涉嫌犯罪的，移送司法机关依法追究刑事责任：①未按有关法律法规、本规定和内部审计职业规范实施审计导致应当发现的问题未被发现并造成严重后果的；②隐瞒审计查出的问题或者提供虚假审计报告的；③泄露国家秘密或者商业秘密的；④利用职权谋取私利的；⑤违反国家规定或者本单位内部规定的其他情形。

三、注册会计师的法律责任

（一）注册会计师需要遵守的重要法律法规

近20年来，在我国颁布的不少法律法规中，都有专门规定会计师事务所、注册会计师法律责任的条款，其中比较重要的法律法规如表2-7所示。

表 2-7 与会计师事务所、注册会计师相关的比较重要的法律法规

序号	法律法规名称	发布(最新修订或修正)日期	实施时间
1	《中华人民共和国注册会计师法》(以下简称《注册会计师法》)	2014 年 8 月 31 日	2014 年 8 月 31 日
2	《违反注册会计师法处罚暂行办法》	1998 年 1 月 14 日	1998 年 1 月 14 日
3	《中华人民共和国公司法》(以下简称《公司法》)	2018 年 10 月 26 日	2018 年 10 月 26 日
4	《中华人民共和国证券法》(以下简称《证券法》)	2019 年 12 月 28 日	2020 年 3 月 1 日
5	《中华人民共和国刑法》(以下简称《刑法》)	2020 年 12 月 26 日	2021 年 3 月 1 日
6	《中华人民共和国民法典》(以下简称《民法典》)	2020 年 5 月 28 日	2021 年 1 月 1 日
7	《关于审理涉及会计师事务所在审计业务活动中民事侵权赔偿案件的若干规定》	2007 年 6 月 4 日	2007 年 6 月 15 日

(二)注册会计师法律责任的成因

注册会计师在执行审计业务时,应当按照审计准则的要求审慎执业,保证执业质量,控制审计风险。否则,一旦出现审计失败,就有可能承担相应的法律责任。

在现代社会,导致注册会计师可能承担法律责任的原因,既有社会环境方面的,也有来自被审计单位经营失败等方面的,还有来自会计师事务所和注册会计师自身的审计失败等方面。

会计师事务所和注册会计师在执业过程中,可能因违约、过失和欺诈导致审计失败而承担相应的法律责任。

▶ 1. 违约

所谓违约,是指合同的一方或几方未能达到合同条款的要求。当违约给他人造成损失时,注册会计师应负担违约责任。比如,会计师事务所在商定的时期内,未能提交纳税申报表,或违反了与被审计单位订立的保密协议等。

▶ 2. 过失

所谓过失,是指在一定条件下缺少应具有的合理的谨慎。评价注册会计师的过失,是以其他合格注册会计师在相同条件下可做到的谨慎为标准的。当过失给他人造成损害时,注册会计师应负过失责任。通常将过失按其程度不同分为普通过失和重大过失两种。

(1)普通过失。普通过失(也称"一般过失")通常是指没有保持职业上应有的合理的谨慎,对注册会计师而言,则是指没有完全遵循专业准则的要求。比如,未按特定审计项目取得必要和充分的审计证据就出具审计报告的情况,可视为一般过失。

(2)重大过失。重大过失是指连起码的职业谨慎都不保持,对重要的业务或事务不加考虑,满不在乎;对注册会计师而言,则是指根本没有遵循专业准则或没有按专业准则的基本要求执行审计。

(3)共同过失。共同过失是指对他人过失,受害方自己未能保持合理的谨慎,因而蒙受损失。比如,被审计单位未能向注册会计师提供编制纳税申报表所必要的信息,反而又控告注册会计师未能妥当地编制纳税申报表,这种情况可能使法院判定被审计单位有共同过失。再如,在审计中未能发现现金等资产短少时,被审计单位可以过失为由控告注册会计师,而注册会计师又可以说现金等问题是由缺乏适当的内部控制造成的,并以此为由反击被审计单位的诉讼。

3. 欺诈

欺诈又称舞弊，是以欺骗或坑害他人为目的的一种故意的错误行为。作案具有不良动机是欺诈的重要特征，也是欺诈与普通过失和重大过失的主要区别之一。对注册会计师而言，欺诈就是为了达到欺骗他人的目的，明知委托单位的财务报表有重大错报，却加以虚假的陈述，出具无保留意见的审计报告。

（三）我国注册会计师承担法律责任的种类

我国注册会计师承担法律责任的种类如表 2-8 所示。

表 2-8　我国注册会计师承担法律责任的种类

法律责任种类	责任承担		承担法律责任的成因	相关的法律法规
行政责任	注册会计师	警告、暂停执业、吊销注册会计师证书	违约、过失	《注册会计师法》《违反注册会计师处罚暂行办法》《公司法》《证券法》《刑法》《民法典》以及相关司法解释
	会计师事务所	警告、没收违法所得、罚款、暂停执业、撤销等		
民事责任	主要是指赔偿受害人损失。		违约、过失、欺诈	
刑事责任	主要是指按有关法律程序判处一定的徒刑		欺诈	

（四）我国注册会计师法律责任的具体规定

1. 民事责任的具体规定

（1）《民法典》的规定。2021 年 1 月 1 日施行的《民法典》第 1165 条规定："行为人因过错侵害他人民事权益造成损害的，应当承担侵权责任。依照法律规定推定行为人有过错，其不能证明自己没有过错的，应当承担侵权责任。"

（2）《注册会计师法》的规定。2014 年 8 月 31 日起实施的《注册会计师法》第 42 条规定："会计师事务所违反本法规定，给委托人、其他利害关系人造成损失的，应当依法承担赔偿责任。"

（3）《证券法》的规定。2019 年 12 月 28 日修订的《证券法》第 163 条规定：证券服务机构为证券的发行、上市、交易等证券业务活动制作、出具审计报告及其他鉴证报告、资产评估报告、财务顾问报告、资信评级报告或者法律意见书等文件，应当勤勉尽责，对所依据的文件资料内容的真实性、准确性、完整性进行核查和验证。其制作、出具的文件有虚假记载、误导性陈述或者重大遗漏，给他人造成损失的，应当与委托人承担连带赔偿责任，但是能够证明自己没有过错的除外。

（4）《公司法》的规定。于 2018 年 10 月 26 日新修正的《公司法》第 207 条第 3 款规定："承担资产评估、验资或者验证的机构因其出具的评估结果、验资或者验证证明不实，给公司债权人造成损失的，除能够证明自己没有过错的外，在其评估或者证明不实的金额范围内承担赔偿责任。"

2. 行政责任的具体规定

（1）《注册会计师法》的规定。《注册会计师法》第 39 条第 1 款规定：会计师事务所违反本法第 20 条、第 21 条规定的，由省级以上人民政府财政部门给予警告，没收违法所得，可以并处违法所得 1 倍以上 5 倍以下的罚款；情节严重的，并可以由省级以上人民政府财政部门暂停其经营业务或者予以撤销。

《注册会计师法》第 39 条第 2 款规定：注册会计师违反本法第 20 条、第 21 条规定的，由省级以上人民政府财政部门给予警告；情节严重的，可以由省级以上人民政府财政部门暂停其执行业务或者吊销注册会计师证书。

（2）《证券法》的规定。《证券法》第 213 条第 2 款、第 3 款规定：会计师事务所、律师事务所以及从事资产评估、资信评级、财务顾问、信息技术系统服务的机构违反本法第 160 条第 2 款的规定，从事证券服务业务未报备案的，责令改正，可以处 20 万元以下的罚款。证券服务机构违反本法第 163 条的规定，未勤勉尽责，所制作、出具的文件有虚假记载、误导性陈述或者重大遗漏的，责令改正，没收业务收入，并处业务收入 1 倍以上 10 倍以下的罚款，没有业务收入或者业务收入不足 50 万元的，处以 50 万元以上 500 万元以下的罚款；情节严重的，并处暂停或者禁止从事证券服务业务。对直接负责的主管人员和其他直接责任人员给予警告，并处以 20 万元以上 200 万元以下的罚款。

第 214 条规定：发行人、证券登记结算机构、证券公司、证券服务机构未按照规定保存有关文件和资料的，责令改正，给予警告，并处以 10 万元以上 100 万元以下的罚款；泄露、隐匿、伪造、篡改或者毁损有关文件和资料的，给予警告，并处以 20 万元以上 200 万元以下的罚款；情节严重的，处以 50 元以上 500 万元以下的罚款，并处暂停、撤销相关业务许可或者禁止从事相关业务。对直接负责的主管人员和其他直接责任人员给予警告，并处以 10 万元以上 100 万元以下的罚款。

（3）《公司法》的规定。《公司法》第 207 条第 1 款规定：承担资产评估、验资或者验证的机构提供虚假材料的，由公司登记机关没收违法所得，处以违法所得 1 倍以上 5 倍以下的罚款，并可以由有关主管部门依法责令该机构停业、吊销直接责任人员的资格证书，吊销营业执照。

第 2 款规定：承担资产评估、验资或者验证的机构因过失提供有重大遗漏的报告的，由公司登记机关责令改正，情节较重的，处以所得收入 1 倍以上 5 倍以下的罚款，并可以由有关主管部门依法责令该机构停业、吊销直接责任人员的资格证书，吊销营业执照。

（4）《违反注册会计师法处罚暂行办法》的规定。《违反注册会计师法处罚暂行办法》第 4 条和第 5 条分别规定了对注册会计师的处罚种类和对事务所的处罚种类。

▶ 3. 刑事责任的具体规定

（1）《注册会计师法》的规定。《注册会计师法》第 39 条第 3 款规定：会计师事务所、注册会计师违反本法第 20 条、第 21 条的规定，故意出具虚假的审计报告、验资报告，构成犯罪的，依法追究刑事责任。

（2）《证券法》的规定。《证券法》第 219 条规定："违反本法规定，构成犯罪的，依法追究刑事责任。"

（3）《公司法》的规定。《公司法》第 215 条规定："违反本法规定，构成犯罪的，依法追究刑事责任。"

(4)《刑法》的规定。《刑法》第 229 条规定：承担资产评估、验资、验证、会计、审计、法律服务、保荐、安全评价、环境影响评价、环境监测等职责的中介组织的人员故意提供虚假证明文件，情节严重的，处 5 年以下有期徒刑或者拘役，并处罚金；有下列情形之一的，处 5 年以上 10 年以下有期徒刑，并处罚金：①提供与证券发行相关的虚假的资产评估、会计、审计、法律服务、保荐等证明文件，情节特别严重的；②提供与重大资产交易相关的虚假的资产评估、会计、审计等证明文件，情节特别严重的；③在涉及公共安全的重大工程、项目中提供虚假的安全评价、环境影响评价等证明文件，致使公共财产、国家和人民利益遭受特别重大损失的。

有前款行为，同时索取他人财物或者非法收受他人财物构成犯罪的，依照处罚较重的规定定罪处罚。

第 1 款规定的人员，严重不负责任，出具的证明文件有重大失实，造成严重后果的，处 3 年以下有期徒刑或者拘役，并处或者单处罚金。

(5)《违反注册会计师法处罚暂行办法》的规定。《违反注册会计师法处罚暂行办法》第 31 条规定："注册会计师和事务所的违法行为构成犯罪的，应当移交司法机关，依法追究刑事责任。"

▶ 4. 最高人民法院《关于受理证券市场因虚假陈述引发的民事赔偿案件的若干规定》

2003 年 1 月 10 日，最高人民法院发布了《关于受理证券市场因虚假陈述引发的民事赔偿案件的若干规定》（以下简称《规定》），内容涉及了审理证券虚假陈述案件的诸多方面。

《规定》第 24 条指出，专业中介服务机构及其直接责任人违反《证券法》条款的规定虚假陈述，给投资人造成损失的，就其负有责任的部分承担赔偿责任。但有证据证明无过错的，应予免责。第 27 条指出"证券承销商、证券上市推荐人或者专业中介服务机构，知道或者应当知道发行人或者上市公司虚假陈述，而不予纠正或者不出具保留意见的，构成共同侵权，对投资人的损失承担连带责任"。

▶ 5. 最高人民法院《关于审理涉及会计师事务所在审计业务活动中民事侵权赔偿案件的若干规定》

2007 年 6 月 11 日，最高人民法院发布了《关于审理涉及会计师事务所在审计业务活动中民事侵权赔偿案件的若干规定》（以下简称《司法解释》），内容涉及了维护投资者等利害关系人利益的多项措施。

《司法解释》第 5 条规定："注册会计师在审计业务活动中存在下列情形之一，出具不实报告并给利害关系人造成损失的，应当认定会计师事务所与被审计单位承担连带赔偿责任：①与被审计单位恶意串通；②明知被审计单位对重要事项的财务会计处理与国家有关规定相抵触，而不予指明；③明知被审计单位的财务会计处理会直接损害利害关系人的利益，而予以隐瞒或者作不实报告；④明知被审计单位的财务会计处理会导致利害关系人产生重大误解，而不予指明；⑤明知被审计单位的会计报表的重要事项有不实的内容，而不予指明；⑥被审计单位示意其做不实报告，而不予拒绝。对被审计单位有前款第②～⑤项所列行为，注册会计师按照执业准则、规则应当知道的，人民法院应认定其明知。"

四、规避审计法律诉讼的具体措施

任何一种职业,其应承担的职业责任与其社会地位是有着直接联系的。对审计人员来说,只有其愿意承担职业责任并对因未能履行其职业责任而引起的后果负责时,其社会地位和执业能力才会被认可。因此,审计职业界面对日益变化的经济和法律环境,面对日益高涨的法律责任风险,不仅不能退缩或消极对待,反而应该采取积极的态度,勇于承担责任,并积极寻求科学和有效的措施,减轻自己面临的法律责任风险,尽量避免法律诉讼的发生。

在避免审计法律诉讼的具体措施上,注册会计师审计、国家审计与内部审计可能略有不同,但基本策略一致。注册会计师避免法律诉讼的具体措施,可以概括为以下几点。

(一)严格遵循职业道德和专业标准的要求

注册会计师是否承担法律责任,关键在于注册会计师是否有过失或欺诈行为。而判别注册会计师是否具有过失的关键在于注册会计师是否遵照专业标准的要求执业。因此,保持良好的职业道德,严格遵循专业标准的要求执业、出具报告,对于避免法律诉讼或在提起的诉讼中保护注册会计师具有无比的重要性。

(二)建立、健全质量控制制度

会计师事务所不同于一般公司、企业,质量管理是审计组织各项管理工作的核心。如果一个会计师事务所质量管理不严,很有可能因为一个人或一个部门的原因导致整个会计师事务所遭受灭顶之灾。因此,会计师事务所必须建立健全一套严密、科学的内部质量控制制度,并把这套制度推行到每一个人、每一个部门和每一项业务,迫使注册会计师按照专业标准的要求执业,以保证整个会计师事务所的质量。

(三)与委托人签订业务约定书

法律规定注册会计师承办业务,会计师事务所应与委托人签订委托合同(即业务约定书)。业务约定书有法律效力,它是确定注册会计师和委托人的责任的一份重要文件。会计师事务所无论承办何种业务,都要按照业务约定书准则的要求与委托人签订约定书,这样才能在发生法律诉讼时将一切口舌争辩减少到最低限度。

(四)审慎选择被审计单位

一是要选择正直的被审计单位。会计师事务所接受委托之前,一定要采取必要的措施对被审计单位的历史情况有所了解。评价被审计单位的品格,弄清委托的真正目的,尤其是在执行特殊目的审计业务时更应如此。二是对陷入财务和法律困境的被审计单位要尤为注意。

(五)深入了解被审计单位的业务

在很多案件中,注册会计师之所以未能发现错误,一个重要的原因就是他们不了解被审计单位所在行业的情况即被审计单位的业务。会计是经济活动的综合反映,不熟悉被审计单位的经济业务和生产经营实务,仅局限于有关的会计资料,就可能发现不了某些错误。

(六)提取风险基金或购买责任保险

在西方国家,投保充分的责任保险是会计师事务所一项极为重要的保护措施。尽管保险不能免除可能受到的法律诉讼,但能防止或减少诉讼失败使会计师事务所发生的财务损失。我国《注册会计师法》也规定了会计师事务所应当建立职业风险基金，办理职业保险。

（七）聘请熟悉注册会计师法律责任的律师

会计师事务所有条件的话，尽可能聘请熟悉相关法规及注册会计师法律责任的律师。在执业过程中，如遇到重大法律问题，注册会计师应与本所的律师或外聘律师详细讨论所有潜在的危险情况并仔细考虑律师的建议。一旦发生法律诉讼，也应请有经验的律师参加诉讼。

（八）按规定妥善保管审计工作底稿

按规定妥善保管好审计工作底稿，在案件审理中能够及时将审计工作底稿提交法院，对会计师事务所有效应对法律诉讼、规避法律责任风险具有重要意义。

引例解析

会计师事务所和注册会计师在执业过程中，可能因违约、过失和欺诈导致审计失败而承担相应的法律责任。

线上测试

扫描封底二维码　　　　　　获取答题权限

在线自测2.3

项目小结

审计职业道德是具有审计职业特征的道德准则和行为规范。任何审计组织和审计人员都应当遵守职业道德规范，以树立良好的职业形象和职业信誉。

审计准则是审计人员的行为规范。注册会计师鉴证业务基本准则是鉴证业务准则的概念框架，旨在规范注册会计师执行审计、审阅与其他鉴证业务。会计师事务所质量控制准则旨在规范会计师事务所建立并保持有关财务报表审计和审阅、其他鉴证和相关服务业务的质量控制制度。

微课视频2-11
了解审计职业的
环境：审计规范

审计人员因违约、过失或欺诈给被审计单位或其他利害关系人造成损失的，按照有关法律和规定，可能要承担行政责任、民事责任或刑事责任等法律责任。因此，审计人员应该积极采取措施，尽量避免法律诉讼的发生。

项目实训

实训一

【目的】评价会计师事务所及其注册会计师的执业行为是否符合职业道德守则。

【资料】信昶会计师事务所通过招投标程序接受委托,负责审计上市公司甲公司2020年度财务报表,并委派注册会计师 A 为审计项目团队负责人。在招投标阶段和审计过程中,信昶会计师事务所遇到下列与职业道德有关的事项。

(1)审计过程恰逢春节,审计项目团队负责人注册会计师 A 接受了甲公司的礼品和款待。

(2)审计开始前,应甲公司要求,信昶会计师事务所指派一名审计项目团队以外的员工根据甲公司编制的试算平衡表编制2020年度财务报表。

(3)在审计过程中,适逢甲公司招聘高级管理人员,注册会计师 A 应甲公司的要求对可能录用人员的证明文件进行检查,并就是否录用形成书面意见。

【要求】针对上述(1)~(3)项,分别指出信昶会计师事务所是否违反《中国注册会计师职业道德守则》,并简要说明理由。

实训二

【目的】评价会计师事务所及其注册会计师的执业行为是否符合有关独立性规定。

【资料】上市公司甲公司是 ABC 会计师事务所的常年审计客户。XYZ 公司和 ABC 会计师事务所处于同一网络。ABC 会计师事务所审计项目组在甲公司2020年财务报表审计中遇到下列事项:

(1)注册会计师 A 自2014年度担任甲公司审计项目合伙人,2018年12月因个人原因调离甲公司审计项目组,2020年12月起重新担任甲公司审计项目合伙人。

(2)甲公司是上市公司乙公司的重要联营企业。项目经理、注册会计师 B 的父亲与2021年1月6日购买了乙公司股票2 000股。乙公司不是 ABC 会计师事务所的审计客户。

(3)丙公司是甲公司的不重大子公司,其内审部聘请 XYZ 公司提供投资业务流程专项审计服务。提供该服务的项目组成员不是甲公司审计项目组成员。

(4)2020年10月,甲公司聘请 XYZ 公司提供招聘董事会秘书的服务,包括物色候选人、组织面试并向甲公司汇报面试结果。由甲公司董事会确定最终聘用人选。

(5)2020年11月,甲公司的重要联营企业丁公司与 XYZ 公司签订协议,授权 XYZ 公司代理丁公司的软件使用许可。丁公司不是 ABC 会计师事务所的审计客户。

【要求】针对上述第(1)~(5)项,逐项指出是否可能存在违反《中国注册会计师职业道德守则》有关独立性规定的情况,并简要说明理由。

项目3　熟知审计要素

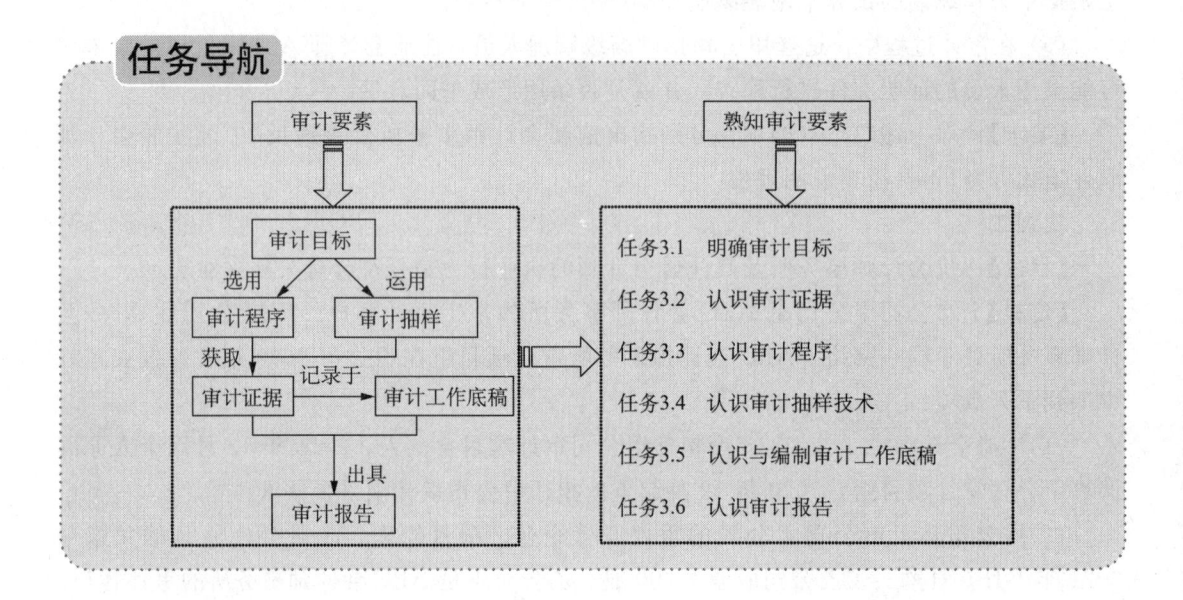

任务导航

审计要素 →
- 审计目标
  - 选用 → 审计程序
  - 运用 → 审计抽样
  - 获取 → 审计证据
  - 记录于 → 审计工作底稿
  - 出具 → 审计报告

熟知审计要素：
- 任务3.1　明确审计目标
- 任务3.2　认识审计证据
- 任务3.3　认识审计程序
- 任务3.4　认识审计抽样技术
- 任务3.5　认识与编制审计工作底稿
- 任务3.6　认识审计报告

学习目标

知识目标
- ◆ 掌握财务报表审计的总目标，熟悉具体审计目标的内容
- ◆ 熟悉审计证据的含义、特性与分类
- ◆ 掌握获取审计证据主要审计程序
- ◆ 熟知审计抽样的概念、特征和适用条件
- ◆ 掌握审计工作底稿编制、复核与归档的要点
- ◆ 熟悉审计报告的作用和分类

能力目标
- ◆ 能根据被审计单位的认定确定具体审计目标
- ◆ 能正确评价审计证据的充分性和适当性
- ◆ 能运用检查、分析程序、函证和重新计算等方法获取审计证据
- ◆ 能编制、复核、归档审计工作底稿
- ◆ 能在控制测试中和细节测试中应用审计抽样技术

任务 3.1　明确审计目标

任务引例

审计人员通常依据各类交易、账户余额和列报的相关认定确定具体审计目标,根据具体审计目标设计审计程序。以下给出了采购交易审计目标,并列举了审计程序。

(1) 采购交易审计目标

A. 所记录的采购交易已发生,且与被审计单位有关。

B. 所有应当记录的采购交易均已记录。

C. 与采购交易有关的金额及其他数据已恰当记录。

D. 采购交易已记录于恰当的账户。

E. 采购交易已记录于正确的会计期间。

(2) 审计程序

F. 将采购明细账中记录的交易同购货发票、验收单和其他证明文件比较。

G. 根据购货发票反映的内容,比较会计科目表上的分类。

H. 从购货发票追查至采购明细账。

I. 从验收单追查至采购明细账。

J. 将验收单和购货发票上日期与采购明细账中的日期进行比较。

K. 检查购货发票、验收单、订货单和请购单的合理性和真实性。

L. 追查存货的采购至存货永续盘存记录。

引例思考:请根据题中给出的具体审计目标,指出对应的相关认定;针对每一审计目标,选择相应的审计程序(可多选)。请将财务报表相关认定及选择的审计程序字母序号填入表 3-1 中。

表 3-1　相关认定、采购交易审计目标和审计程序对应关系

相关认定	采购交易审计目标	审计程序
	所记录的采购交易已发生,且与被审计单位有关	
	所有应当记录的采购交易均已记录	
	与采购交易有关的金额及其他数据已恰当记录	
	采购交易已记录于恰当的账户	
	采购交易已记录于正确的会计期间	

任务分析

审计目标是指在一定历史环境下,人们通过审计实践活动期望达到的境地或最终结

果。审计目标通常可以划分为总体审计目标和具体审计目标。总体审计目标是指实施审计要实现的最终目的，具体审计目标是总体审计目标的细化，是针对具体审计项目确定的审计目的。

为了明确审计目标，需要：①理解审计目标的含义及作用；②掌握国家审计、注册会计师审计和内部审计的总体目标；③理解认定的含义；④熟悉管理层对其财务报表认定的内容；⑤熟悉由认定所确定的具体审计目标的内容。

知识准备

一、审计目标概述

审计目标在审计项目的全过程中起决定性作用。在一个审计项目中，究竟采取什么样的审计程序和方法，怎样搜集、从何处搜集和搜集多少、搜集什么样的审计证据，都取决于审计目标。因此，正确理解审计目标至关重要。

(一) 审计目标的含义

审计目标是审计行为的出发点，是审计活动要达到的境地，是目的的具体化。目的具有全面性与长期性，目标具有局部性和阶段性。审计目的取决于审计授权人或委托人。审计目标的确定取决于两个因素：一是社会的需求；二是审计界自身的能力和水平。

社会需求是审计存在和发展的前提。仅仅有社会对审计的需求，如果审计界没有能力和水平，没有可能满足社会的种种需求，那么这些需求的存在也仅仅是期望和空想，不能成为现实。可以说，审计目标的确定是社会需求和审计界能力与水平之间的平衡点。不同审计主体，由于其在社会政治经济生活中所处的地位不同，社会对其需求也会有很大不同，审计目标也有很大不同。

在现实工作中，我们还常常根据审计目标的不同将审计业务划分为不同的类型。例如，在传统的财务报表审计中，审计目标是对所审计财务报表的真实性、公允性发表意见，而在政府效益审计中，审计的目标则是对被审计单位履行职责过程中管理和使用公共资源的经济性、效率性和效果性进行检查与评价。

(二) 审计目标在审计项目中的指导作用

审计目标是审计的方向。在一个审计项目中，只有确定了审计目标，审计人员才有了审计的方向，审计最终才会得出结论。否则，审计活动是盲目的，审计的论点是分散的。

审计目标对审计全过程都会产生影响，对于整个审计项目具有重要的指导作用，不仅影响审计方案的制订，还影响审计的实施和报告。在计划阶段，审计人员首先要确定审计目标，审计目标的确定又会影响审计标准的选择，以及审计的范围和程序、方法的设计。在实施阶段，审计人员要围绕审计目标搜集审计证据，不断对审计证据进行评价和鉴定，如果发现所实施的审计程序不足以达到审计目标，审计人员就要考虑采用其他替代程序，补充搜集证据。审计人员要根据搜集的证据进行分析归纳，提出初步的审计意见和建议。在终结阶段，审计人员需要根据审计目标编写审计报告，出具评价意见，对于审计发现的问题，要根据其对审计目标的影响程度来决定是否写入审计报告进行披露。

二、总体审计目标

总体审计目标是指实施审计要实现的最终目的。在我国，国家审计、内部审计和注册会计师审计对总体审计目标的表述不尽一致。

▶ 1. 国家审计的总目标

我国的国家审计是在《宪法》的明确要求下开展起来的。《宪法》第 91 条明确规定："国务院设立审计机关，对国务院各部门和地方各级政府的财政收支，对国家的财政金融机构和企业事业组织的财务收支，进行审计监督。"根据《宪法》制定的《审计法》第 2 条规定："国家实行审计监督制度。国务院和县级以上地方人民政府设立审计机关。国务院各部门和地方各级人民政府及其各部门的财政收支，国有的金融机构和企业事业组织的财务收支，以及其他依照本法规定应当接受审计的财政收支、财务收支，依照本法规定接受监督。审计机关对前款所列财政收支或者财务收支的真实、合法和效益，依法进行审计监督。"

《国家审计准则》第 6 条规定，审计机关的主要工作目标是通过监督被审计单位财政收支、财务收支以及有关经济活动的真实性、合法性、效益性，维护国家经济安全，推进民主法治，促进廉政建设，保障国家经济和社会健康发展。真实性是指反映财政收支、财务收支以及有关经济活动的信息与实际情况相符合的程度。合法性是指财政收支、财务收支以及有关经济活动遵守法律、法规或者规章的情况。效益性是指财政收支、财务收支以及有关经济活动实现的经济效益、社会效益和环境效益。由此可见，我国国家审计的总目标可以概括为真实性、合法性和效益性。

国家审计的这 3 个目标是紧密相连的，其中真实性是基础，不真实本身就是不合法的，建立在不真实的基础上的效益也是虚假的。合法性是基本要求，不合法的行为往往采取弄虚作假的手法加以掩盖，通过非法方式取得的效益也是不合法的，得不到法律的保护。效益性是最终目标，它需要以真实性和合法性为基础，并且是在这一基础上的更高要求。从长远看，真实性、合法性、效益性都是审计工作应该达到的目标。但在现阶段审计实践中，要同时达到上述 3 个审计目标往往是不现实的，审计机关一般要根据审计法律法规的要求，根据实际工作中存在的问题，以及社会法制环境状况和审计机关的人力、财力和技术资源等状况，确定审计目标更侧重于哪一方面，即明确审计目标的侧重点。在我国目前会计信息失真问题比较突出的情况下，审计机关应从最基础的工作做起，把真实性审计目标放在重要地位，在审计财政、财务收支的真实性上下功夫，坚决打击各种弄虚作假行为，纠正会计信息失真问题，在确保会计信息真实性的基础上，揭露和查处各种重大违法行为，促进被审计单位改善经营管理，不断提高经济效益和社会效益，逐步实现真实、合法和效益 3 个目标的统一。

▶ 2. 内部审计的总目标

我国内部审计的总体审计目标在有关准则和规范中没有直接的描述，根据审计署2018年1月颁布的《审计署关于内部审计工作的规定》(审计署令2018年第11号)，"内部审计是指对本单位及所属单位财政财务收支、经济活动、内部控制、风险管理，实施独立、客观的监督、评价和建议，以促进单位完善治理、实现目标的活动"。

中国内部审计协会颁布的《内部审计基本准则》第2条规定："内部审计是指组织内部的一种独立客观的监督和评价活动，它通过审查和评价经营活动及内部控制的适当性、合法性和有效性来促进组织目标的实现。"

可以看出，以上对内部审计的表述有些不同，但有一点是肯定的，即促进单位完善治理、实现目标是内部审计的总目标。

▶ 3. 注册会计师审计的总目标

根据《中国注册会计师审计准则第1101号——注册会计师的总体目标和审计工作的基本要求》，在执行财务报表审计工作时，注册会计师的总体目标包括两个方面：一是对财务报表整体是否不存在由于舞弊或错误导致的重大错报获取合理保证，使得注册会计师能够对财务报表是否在所有重大方面按照适用的财务报告编制基础编制发表审计意见；二是按照审计准则的规定，根据审计结果对财务报表出具审计报告，并与管理层和治理层沟通。

三、管理层认定

(一) 管理层认定的含义

保证财务报表公允反映被审计单位的财务状况和经营情况等是被审计单位管理层的责任。当管理层声明财务报表已按照适用的财务报告编制基础进行编制，在所有重大方面做出公允反映时，就意味着管理层对财务报表各组成要素的确认、计量、列报以及相关的披露做出了认定。

管理层认定(简称为认定)，是指管理层在财务报表中做出的明确或隐含的表达，也就是，被审计单位的管理层对财务报表各组成要素的确认、计量、列报以及相关的披露所做出的明确或隐含的表达。

例如，管理层在资产负债表中列报存货及其金额，意味着做出了下列明确的认定：①记录的存货是存在的；②存货以恰当的金额包括在财务报表中，与之相关的计价或分摊调整已恰当记录。同时，管理层也做出下列隐含的认定：①所有应当记录的存货均已记录；②记录的存货都由被审计单位拥有。

(二) 管理层认定的种类、类别及其解释

管理层认定的种类、类别及其解释，如表3-2所示。

知识链接
管理层认定与审计的关系

微课视频3-1
认定与具体审计目标

表 3-2　管理层认定的种类、类别及其解释

认定的种类	认定的类别	认定的解释
关于所审计期间各类交易、事项及相关披露的认定	发生	记录或披露的交易和事项已发生，且这些交易和事项与被审计单位有关
	完整性	所有应当记录的交易和事项均已记录，所有应当包括在财务报表中的相关披露均已包括
	准确性	与交易和事项有关的金额及其他数据已恰当记录，相关披露已得到恰当计量和描述
	截止	交易和事项已记录于正确的会计期间
	分类	交易和事项已记录于恰当的账户
	列报	交易和事项已被恰当地汇总或分解且表述清楚，相关披露在适用的财务报告编制基础下是相关的、可理解的
关于期末账户余额及相关披露的认定	存在	记录的资产、负债和所有者权益是存在的
	权利和义务	记录的资产由被审计单位拥有或控制，记录的负债是被审计单位应当履行的偿还义务
	完整性	所有应当记录的资产、负债和所有者权益均已记录，所有应当包括在财务报表中的相关披露均已包括
	准确性、计价和分摊	资产、负债和所有者权益以恰当的金额包括在财务报表中，与之相关的计价或分摊调整已恰当记录，相关披露已得到恰当计量和描述
	分类	资产、负债和所有者权益已记录于恰当的账户
	列报	资产、负债和所有者权益已被恰当地汇总或分解且表述清楚，相关披露在适用的财务报告编制基础下是相关的、可理解的

四、具体审计目标

（一）审计总目标、具体审计目标与管理层认定的关系

具体审计目标是与各类交易、账户余额、披露相关的审计目标。具体审计目标是财务报表审计的总目标的具体化，也是将管理层认定予以转化而形成的。

具体审计目标包括一般审计目标和个别审计目标。一般审计目标是进行相关项目审计时均应达到的目标；个别审计目标也称项目审计目标，是按每个审计项目分别确定的目标，只适用于特定的审计项目，因此也称项目审计目标。

财务报表审计的过程，是注册会计师通过执行一系列审计程序以获取充分、适当的审计证据，形成审计意见，实现审计目标的过程，也是注册会计师确认被审计单位管理层在其财务报表中的认定是否恰当的过程。

在通常情况下，注册会计师以审计总目标为指导，以管理层认定为基础，根据被审计单位的具体情况确定具体审计目标，三者之间的关系如图 3-1 所示。

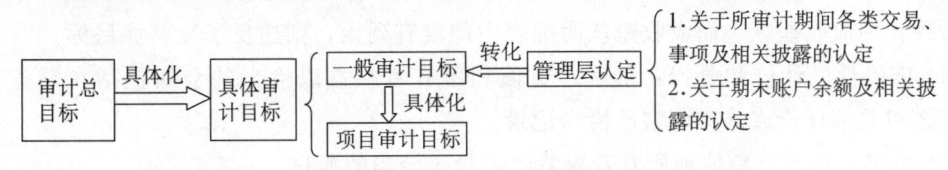

图 3-1　审计总目标、具体审计目标与管理层认定的关系

(二) 与审计期间各类交易、事项及相关披露相关的审计目标

(1) 发生：由发生认定推导的审计目标确认已记录的交易是否是真实的。例如，如果没有发生销售交易，但在销售日记账中记录了一笔销售，则违反了该目标。

发生认定所要解决的问题是管理层是否把那些不曾发生的项目列入财务报表，它主要与财务报表组成要素的高估有关。

(2) 完整性：由完整性认定推导的审计目标确认已发生的交易确实已经记录。例如，如果发生了销售交易，但没有在销售明细账和总账中记录，则违反了该目标。

发生和完整性两者强调的是相反的关注点。发生目标针对多记、虚构交易(高估)，而完整性目标则针对漏记交易(低估)。

(3) 准确性：由准确性认定推导出的审计目标确认已记录的交易是按正确金额反映的。例如，如果在销售交易中，发出商品的数量与账单上的数量不符，或是开账单时使用了错误的销售价格，或是账单中的乘积或加总有误，或是在销售明细账中记录了错误的金额，则违反了该目标。

准确性与发生、完整性之间存在区别。例如，若已记录的销售交易是不应当记录的(如发出的商品是寄销商品)，则即使发票金额是准确计算的，仍违反了发生目标。再如，若已入账的销售交易是对正确发出商品的记录，但金额计算错误，则违反了准确性目标，没有违反发生目标。在完整性与准确性之间也存在同样的关系。

(4) 截止：由截止认定推导出的审计目标确认接近于资产负债表日的交易记录于恰当的期间。例如，如果本期交易推到下期，或下期交易提到本期，均违反了截止目标。

(5) 分类：由分类认定推导出的审计目标确认被审计单位记录的交易经过适当分类。例如，如果将出售经营性固定资产所得的收入记录为营业收入，则导致交易分类的错误，违反了分类的目标。

(6) 列报：由列报认定推导出的审计目标确认被审计单位的交易和事项已被恰当地汇总或分解且表述清楚，相关披露在适用的财务报告编制基础下是相关的、可理解的。

(三) 与期末账户余额及相关披露相关的审计目标

(1) 存在：由存在认定推导的审计目标确认记录的金额确实存在。例如，如果不存在某顾客的应收账款，在应收账款明细表中却列入了对该顾客的应收账款，则违反了存在目标。

(2) 权利和义务：由权利和义务认定推导的审计目标确认资产归属于被审计单位，负债属于被审计单位的义务。例如，将他人寄售商品列入被审计单位的存货中，违反了权利目标；将不属于被审计单位的债务记入账内，违反了义务目标。

(3) 完整性：由完整性认定推导的审计目标确认已存在的金额均已记录。例如，如果存在某顾客的应收账款，而应收账款明细表中却没有列入，则违反了完整性目标。

(4) 准确性、计价和分摊：资产、负债和所有者权益以恰当的金额包括在财务报表中，与之相关的计价或分摊调整已恰当记录。

(5) 分类：资产、负债和所有者权益已记录于恰当的账户。

(6) 列报：资产、负债和所有者权益已被恰当地汇总或分解且表述清楚，相关披露在

适用的财务报告编制基础下是相关的、可理解的。

（四）管理层认定、具体审计目标、审计程序与审计证据之间的关系

注册会计师通常根据管理层认定确定具体审计目标，为了实现具体审计目标，需要采用各种审计程序，搜集各种审计证据。管理层认定、具体审计目标和审计程序之间的关系举例如表3-3所示。

表3-3　管理层认定、具体审计目标和审计程序之间的关系举例

管理层认定	具体审计目标	审计程序
存在性	资产负债表列示的存货存在	实施存货监盘程序
完整性	销售收入包括所有已发货的交易	检查发货单和销售发票的编号以及销售明细账
准确性、计价和分摊	应收账款反映的销售业务是否基于正确的价格和数量，计算是否准确	比较价格清单与发票上的价格、发货单与销售订购单上的数量是否一致，重新计算发票上的金额
截止	销售业务记录在恰当的期间	比较上一年度最后几天和下一年度最初几天的发货单日期与记账日期
权利和义务	资产负债表中的固定资产确实为公司拥有	查阅所有权证书、购货合同、结算单和保险单
计价和分摊	以净值记录应收款项	检查应收账款账龄分析表、评估计提的坏账准备是否充足

引例解析

依据认定与审计目标的对应关系以及审计目标与审计程序之间的逻辑关系，与采购交易审计目标相关的认定以及审计程序如表3-4所示。

表3-4　相关认定、采购交易审计目标和审计程序对应关系

相关认定	采购交易审计目标	审计程序
发生	所记录的采购交易已发生，且与被审计单位有关	F、L
完整性	所有应当记录的采购交易均已记录	H、I
准确性	与采购交易有关的金额及其他数据已恰当记录	F
分类	采购交易已记录于恰当的账户	G
截止	采购交易已记录于正确的会计期间	J

线上测试

扫描封底二维码　　获取答题权限

在线自测3.1

任务 3.2　认识审计证据

任务引例

轿车之谜

2020年5月24日，S市审计局派出一审计小组对该市某上市公司进行资产、负债及损益的审计，一连几天深入检查，通过审计小组一一查出了该公司存在多提职工教育经费、多列福利、多上交管理费、多支付职工风险集资、利卡牌轿车没有在账上反映等问题。

针对这一疑问，审计小组在公司上下进行了较广泛的座谈，关于轿车的来源，公司的干部职工有两种说法：一曰2019年10月份买的。可该公司近几年连续亏损，且从2019年开始由银行对其资金运营进行监管，其大额开支必须经过银行同意，不可能有那么多资金用于购车。一曰是抵债收回来的。审计小组看到了一份由甲单位出具的"抵债协议书"，而且得到公司领导和财会人员的一致解释：车刚收回，没来得及入账，后一种说法似乎更有说服力。

为了破解轿车之谜，审计小组决定兵分两路。一路到市车辆证照登记管理部门查询该车的证照手续办理情况；另一路则直奔甲单位查询有关抵债的情况。

到市车辆证照登记管理部门的审计人员，查出购车发票，并从中获知车系武汉某公司出售的初步证据；对甲单位查询的审计人员，虽说起初被甲单位推说财会人员不在家所抵制，但最终还是被审计人员说服，甲单位承认了与该公司签订假抵债协议书的实情。据此，审计小组立即派员前往出售车的武汉某公司查询，了解到购车款是通过S市某银行储蓄所名为"壹贰叁"的账户以转账支票方式支付的，金额为138万元。经查询该银行账户，审计小组发现户主正是该公司，显然，车是买的，不是抵债收回的。

谜底被揭穿后，该公司领导和财会人员不得不说出了购车款的来源。2018年该公司主管部门的负责人授意将该公司历年收取的商品销售价外收入1 000多万元设立"小金库"，并涉嫌经济犯罪。市纪检司法部门对其进行了立案查处，在处理1 000多万元"小金库"时，该公司称其中有138万元是职工集资款，并出示收取和退还职工集资款138万元债务，直到2019年，该公司以为"调包"成功，就将这138万元转入某银行储蓄所，开设了"壹贰叁"账户，在账外又形成了一个新的"小金库"。至此，审计人员彻底破解了这桩轿车之谜。

（资料来源：刘静. 审计案例与模拟实验[M]. 北京：经济科学出版社，2007.）

引例思考：该案例中审计人员获取了哪些类型的审计证据才解开了轿车之谜？

任务分析

审计人员应当获取充分、适当的审计证据，以得出合理的审计结论，作为形成审计意见的基础。因此，审计人员需要确定是什么构成审计证据、如何获取审计证据、如何判断已搜集的证据充分适当、搜集的审计证据如何支持审计意见。

为了能够认识审计证据，需要：①理解审计证据的含义；②明确审计证据的不同类型；③能评价审计证据的充分性和适当性。

知识准备

一、审计证据的含义

审计证据是指审计人员为了得出审计结论、形成审计意见而使用的所有信息，包括构成财务报表基础的会计记录含有的信息和其他信息。这两类信息缺一不可，如果没有前者，审计工作就无法进行；如果没有后者，则可能无法识别重大错报风险。只有将两者结合在一起，才能将审计风险降至可接受的低水平，为审计人员发表审计意见提供合理基础。审计证据的内容如表3-5所示。

表3-5 审计证据的内容

审计证据		举例
会计记录中含有的信息	对初始分录的记录	如总账、明细账、记账凭证和未在记账凭证中反映的对财务报表的其他调整
	支持性记录	如支票、电子资金转账记录、发票、合同以及支持成本分配、计算、调节和披露的手工计算表和电子数据表
其他信息	从被审计单位内部或外部获取的会计记录以外的信息	如被审计单位会议记录、内部控制手册、询证函的回函、分析师的报告、与竞争者的比较数据等
	通过询问、观察和检查等审计程序获取的信息	如通过检查存货获取存货存在性的证据等
	自身编制或获取的可以通过合理推断得出结论的信息	如审计人员编制的各种计算表、分析表

二、审计证据的作用

在审计工作中，审计人员要针对审计项目确立审计目标，然后围绕审计目标实施必要的审计程序，运用审计方法取得具有充分证明力的审计证据，以审计证据证实审计目标，得出审计结论，形成审计意见或做出审计决定。因此，审计工作的质量取决于审计证据的质量，审计任务的完成在很大程度上取决于审计取证工作是否成功。审计证据是审计理论的重要组成部分，在审计实务中具有非常重要的作用。

（1）审计证据是评价审计事项的事实根据，对审计事项的判断必须建立在获取充分、适当的审计证据，了解客观事实真相的基础上，审计人员不能凭想当然做出审计判断。

（2）审计证据是形成审计意见或做出审计决定的基础，任何公正、恰当的审计意见或审计决定都必须有充分、适当的审计证据来支持，否则，形成的审计意见或做出的审计决定难免有失偏颇。

三、审计证据的类型

研究审计证据的类型可以加深对审计证据的理解，使审计人员提高搜集证据的效率，也有利于对证据的筛选和综合分析。审计证据可从证据的形式、证据的来源、证据的重要性等不同角度进行分类。

（一）审计证据按其形式不同分类

一般而言，审计人员所取得的审计证据可以按其外形特征分为实物证据、书面证据、口头证据、视听或电子证据、鉴定和勘验证据和环境证据。

▶ 1. 实物证据

实物证据是指以实物存在并以其外部特征和内在本质证明审计事项的证据。实物证据通常包括固定资产、存货、有价证券和现金等。实物证据是通过实际观察或盘点取得的，用以确定实物资产的存在性。例如，库存现金、存货、固定资产可以通过监盘的方式证明其是否确实存在。实物证据对于证明实物资产是否存在具有较强的证明力，但资产的所有权归属、资产的质量和分类还须取得其他的审计证据。

▶ 2. 书面证据

书面证据是指以书面形式存在的，并以其记载内容证明审计事项的证据，例如，被审计单位的凭证、账簿、报表及其他核算资料、审计人员进行函询时的往来信件和有关人员出具的书面证明等。书面证据往往是审计证据中的主要部分，数量多、来源广。搜集书面证据应注意其反映内容的真实程度和对证据的归类整理。

▶ 3. 口头证据

口头证据是指与审计事项有关的人员提供的言词材料，例如，应审计人员的要求，审计事项知情人的陈述、被调查人的口头答复等。由于口头证据往往夹杂个人的观点和意见，有时会影响被调查事项的真实性，因而证明力较差。审计人员不能单凭口头证据做出审计结论，但审计人员往往可以通过口头证据发掘一些重要的线索，从而有利于对某些需审核的情况做进一步的调查，以搜集更可靠的证据。在取得口头证据时，应将其转换成书面记录，并取得提供证据者的签字盖章。在一般情况下，口头证据需要得到其他相应证据的支持。

▶ 4. 视听或电子证据

视听或电子证据是指以录音带、录像带、磁盘及其他电子计算机储存形式存在的用于证明审计事项的证据，例如，与审计事项相关的当事人讲话的录音带、经济业务发生时现场的录像带、计算机中储存的资料等。随着科学技术和审计技术方法的发展，此类证据将成为经常运用的审计证据。

▶ 5. 鉴定和勘验证据

鉴定和勘验证据是指因特殊需要审计机关指派或聘请专门人员对某些审计事项进行鉴定而产生的证据。这种证据实际上是书面证据的特殊形式，例如，对某些书面资料字迹的鉴定、票据真伪的鉴定、产品或工程质量的鉴定证明等。

▶ 6. 环境证据

环境证据是指对审计事项产生影响的各种环境状况，例如，被审计单位的地理位置、内部控制状况、管理状况、管理人员的素质、国内外政治经济形势等。环境证据一般不作为主要证据,但它可以帮助审计人员了解被审计单位和审计事项所处的环境,为审计人员分析判断审计事项提供有用的信息,是审计人员必须掌握的资料。

(二) 审计证据按其来源不同分类

审计证据按其来源不同分为亲历证据、内部证据和外部证据。

▶ 1. 亲历证据

亲历证据是指审计人员在被审计单位执行审计工作时亲眼目击、亲自参加或亲自动手取得的证据。例如,审计人员监督财产物资盘点而取得的审计证据;审计人员观察被审计单位经济业务执行情况所取得的审计证据;审计人员亲自动手编制的计算表、分析表等而取得的审计证据。

▶ 2. 内部证据

内部证据是指审计人员在被审计单位内部取得的审计证据。例如,被审计单位职工、管理人员应审计人员的要求对某些审计事项所做的介绍和说明;被审计单位提供的与外部其他单位共同编制的资料,如采购合同、销售订单、委托加工合同、租赁合同及主管部门审批的文件等;被审计单位提供的其他单位填制的书面资料,如其他单位填制的发票、收据、对账单等。

▶ 3. 外部证据

外部证据是指审计人员从被审计单位以外的其他单位所取得的审计证据,包括其他单位陈述是和外来资料。其他单位陈述是指被审计单位以外的其他单位应审计人员的要求对被审计单位的债权、债务、在被审计单位寄存的财物或接受被审计单位所寄存的财物的说明、其他单位关于与被审计单位经济业务往来情况的说明等。外来资料是指审计人员从其他单位取得的证明审计事项的凭证、账目、报表、合同、文件的摘录等。

(三) 审计证据按其相互关系分类

证实某一审计目标需要一系列的证据,按这些证据间的关系可将证据分为基本证据和辅助证据。

▶ 1. 基本证据

基本证据是指对审计事项的某一审计目标有重要的、直接证明作用的审计证据。如证明账簿登记的正确性,其基本证据应是据以登记账簿的记账凭证;证明资产负债表各项数字的真实、正确性,其基本证据应是据以编制报表的各账户的余额。基本证据与所要证实的目标有极为密切的关系。

▶ 2. 辅助证据

辅助证据是指对审计事项的某一审计目标具有间接证明作用、能支持基本证据证明力的证据。环境证据通常作为辅助证据。如,内部控制有效时内部生成的审计证据比内部控制薄弱时内部生成的审计证据更可靠,证明力更强。基本证据是证实审计事项的直接证据,因此,取得基本证据最重要。但是要获取充分、可靠的证据体系,单靠基本证据是不够的,因为基本证据虽重要,却未必可靠。如记账凭证在编制时歪曲原始凭证所反映的经济业务,此时还应搜集验证经济业务真实情况的其他辅助证据。

四、审计证据的充分性与适当性

审计人员应当保持职业怀疑态度，运用职业判断，评价审计证据的充分性和适当性。审计人员获取的审计证据，应当具有适当性和充分性。

（一）审计证据的充分性

审计证据的充分性是对审计证据数量的衡量，主要与审计人员确定的样本量有关。例如，对某个审计项目实施某一选定的审计程序，从 200 个样本中获得的证据要比从 100 个样本中获得的证据更充分。充分的审计证据，足以将与每个重要认定相关的审计风险限制在可接受的水平。

微课视频 3-2
审计证据的充分性

审计人员需要获取的审计证据的数量受其对重大错报风险评估的影响（评估的重大错报风险越高，需要的审计证据可能越多），并受审计证据质量的影响（审计证据的质量越高，需要的审计证据可能越少）。然而，审计人员仅靠获取更多的审计证据可能无法弥补其质量的缺陷。

（二）审计证据的适当性

▶ 1. 审计证据的适当性的含义

审计证据的适当性是对审计证据质量的衡量，即审计证据在支持审计意见所依据的结论方面具有相关性和可靠性。相关性和可靠性是审计证据适当性的核心内容，只有相关且可靠的审计证据才是高质量的。

微课视频 3-3
审计证据的适当性

▶ 2. 审计证据的相关性

审计证据的相关性，是指用作审计证据的信息与审计程序的目的和所考虑的相关认定之间的逻辑联系。

用作审计证据的信息的相关性可能受测试方向的影响。例如，如果某审计程序的目的是测试应付账款的计价高估，则测试已记录的应付账款可能是相关的审计程序；如果某审计程序的目的是测试应付账款计价低估，则测试已记录的应付账款不是相关的审计程序，相关的审计程序可能是测试期后支出、未支付发票、供应商结算单以及发票未到的收货报告单等。

特定的审计程序可能只为某些认定提供相关的审计证据，而与其他认定无关。例如，检查期后应收账款收回的记录和文件可以提供有关存在和计价的审计证据，但未必提供与截止测试相关的审计证据。类似地，有关某一特定认定（如存货的存在认定）的审计证据，不能替代与其他认定（如该存货的计价认定）相关的审计证据。但是，不同来源或不同性质的审计证据可能与同一认定相关。

▶ 3. 审计证据的可靠性

审计证据的可靠性是指审计证据的可信程度。例如，审计人员亲自检查存货所获得的证据，就比被审计单位管理层提供给审计人员的存货数据更可靠。

审计证据的可靠性受其来源和性质的影响，并取决于获取审计证据的具体环境。审计人员在判断审计证据的可靠性时，通常会考虑下列原则。

（1）从外部独立来源获取的审计证据比从其他来源获取的审计证据更可靠。从外部独立来源获取的审计证据由完全独立于被审计单位以外的机构或人士编制并提供，未经被审计单位有关职员之手，从而减少了伪造、更改凭证或业务记录的可能性，因而其证明力最强。此类证据如银行询证函回函、应收账款询证函回函、保险公司等机构出具的证明等。相反，从其他来源获取的审计证据，由于证据提供者与被审计单位存在经济或行政关系等原因，其可靠性应受到质疑，如被审计单位内部的会计记录、会议记录等。

（2）内部控制有效时内部生成的审计证据比内部控制薄弱时内部生成的审计证据更可靠。如果被审计单位有着健全的内部控制且在日常管理中得到一贯的执行，则会计记录的可信赖程度将会增加。如果被审计单位的内部控制薄弱，甚至不存在任何内部控制，被审计单位内部凭证记录的可靠性就大为降低。例如，如果与销售业务相关的内部控制有效，审计人员就能从销售发票和发货单中取得比内部控制不健全时更加可靠的审计证据。

（3）直接获取的审计证据比间接获取或推论得出的审计证据更可靠。例如，审计人员观察某项控制的运行得到的证据比询问被审计单位某项内部控制的运行得到的证据更可靠。间接获取的证据有被涂改及伪造的可能性，降低了可信赖程度。推论得出的审计证据，其主观性较强，人为因素较多，可信赖程度也受到影响。

（4）以文件、记录形式（无论是纸质、电子或其他介质）存在的审计证据比口头形式存在的审计证据更可靠。例如，会议的同步书面记录比对讨论事项事后的口头表述更可靠。口头证据本身并不足以证明事实的真相，仅仅提供一些重要线索，为进一步调查确认所用。如审计人员在对应收账款进行账龄分析后，可以向应收账款负责人询问逾期应收账款收回的可能性。如果该负责人的意见与审计人员自行估计的坏账损失基本一致，则这一口头证据就可成为证实审计人员对有关坏账损失的判断的重要证据。但在一般情况下，口头证据往往需要得到其他相应证据的支持。

（5）从原件获取的审计证据比从传真件或复印件获取的审计证据更可靠。审计人员可审查原件是否有被涂改或伪造的迹象，排除伪证，以提高证据的可信赖程度。而传真件或复印件容易是编造或伪造的结果，可靠性较低。

审计人员在按照上述原则评价审计证据的可靠性时，还应当注意可能出现的重要例外情况。例如，审计证据虽是从独立的外部来源获得，但如果该证据是由不知情者或不具备资格者提供，审计证据也可能是不可靠的。同样，如果审计人员不具备评价证据的专业能力，那么即使是直接获取的证据，也可能不可靠。

▶ **4. 充分性和适当性之间的关系**

充分性和适当性是审计证据的两个重要特征，两者缺一不可，只有充分且适当的审计证据才是有证明力的。

审计人员需要获取的审计证据的数量也受审计证据质量的影响。审计证据质量越高，需要的审计证据数量可能越少。也就是说，审计证据的适当性会影响审计证据的充分性。

例如，被审计单位内部控制健全时生成的审计证据更可靠，审计人员只需获取适量的审计证据，就可以为发表审计意见提供合理的基础。

需要注意的是，尽管审计证据的充分性和适当性相关，但如果审计证据的质量存在缺陷，那么审计人员仅靠获取更多的审计证据可能无法弥补其质量上的缺陷。例如，审计人员应当获取与销售收入完整性相关的证据，实际获取到的却是有关销售收入真实性的证据，审计证据与完整性目标不相关，即使获取的证据再多，也证明不了收入的完整性。同样地，如果审计人员获取的证据不可靠，那么证据数量再多也难以起到证明作用。

▶ 5. 评价充分性和适当性时的特殊考虑

(1) 对文件记录可靠性的考虑。审计工作通常不涉及鉴定文件记录的真伪，审计人员也不是鉴定文件记录真伪的专家，但应当考虑用作审计证据的信息的可靠性，并考虑与这些信息生成和维护相关的控制的有效性。

如果在审计过程中识别出的情况使其认为文件记录可能是伪造的，或文件记录中的某些条款已发生变动，审计人员应当做出进一步调查，包括直接向第三方询证，或考虑利用专家的工作以评价文件记录的真伪。例如，发现某银行询证函回函有伪造或篡改的迹象，审计人员应当作进一步的调查，并考虑是否存在舞弊的可能性。必要时，应当通过适当方式聘请专家予以鉴定。

(2) 使用被审计单位生成信息时的考虑。审计人员为获取可靠的审计证据，实施审计程序时使用的被审计单位生成的信息需要足够完整和准确。例如，通过用标准价格乘以销售量来对收入进行审计时，其有效性受到价格信息准确性和销售量数据完整性和准确性的影响。类似地，如果审计人员打算测试总体（如付款）是否具备某一特性（如授权），若选取测试项目的总体不完整，则测试结果可能不太可靠。在某些情况下，审计人员可能打算将被审计单位生成的信息用于其他审计目的，此时，获取的审计证据的适当性受到该信息对于审计目的而言是否足够精确和详细的影响。例如，管理层的业绩评价对于发现重大错报风险可能不够精确。

(3) 证据相互矛盾时的考虑。如果针对某项认定从不同来源获取的审计证据或获取的不同性质的审计证据能够相互印证，与该项认定相关的审计证据则具有更强的说服力。例如，审计人员通过检查委托加工协议发现被审计单位有委托加工材料，且委托加工材料占存货比重较大，经发函证后证实委托加工材料确实存在。委托加工协议和询证函回函这两个不同来源的审计证据互相印证，证明委托加工材料真实存在。

如果从不同来源获取的审计证据或获取的不同性质的审计证据不一致，表明某项审计证据可能不可靠，审计人员应当追加必要的审计程序。上例中，如果审计人员发函询证后证实委托加工材料已加工完成并返回被审计单位。委托加工协议和询证函回函这两个不同来源的证据不一致，委托加工材料是否真实存在受到质疑。这时，审计人员应追加审计程序，确认委托加工材料收回后是否未入库或被审计单位收回后予以销售而未入账。

(4) 获取审计证据时对成本的考虑。审计人员可以考虑获取审计证据的成本与所获取信息的有用性之间的关系，但不应以获取审计证据的困难和成本为由减少不可替代的审计程序。

在保证获取充分、适当的审计证据的前提下，控制审计成本也是会计师事务所增强竞争能力和获利能力所必需的。但为了保证得出的审计结论、形成的审计意见是恰当的，审计人员不应将获取审计证据的成本高低和难易程度作为减少不可替代的审计程序的理由。例如，在某些情况下，存货监盘是证实存货存在性认定的不可替代的审计程序，审计人员在审计中不得以检查成本高和难以实施为由而不执行该程序。

引例解析

（1）审计人员通过广泛座谈获取了相关口头证据和书面证据，审计小组看到的一份"抵债协议书"属于书面证据。

（2）审计人员去车辆证照登记管理部查询时，获取了口头证据和"购车发票"等书面证据。

（3）审计人员在甲公司调查时获取了口头证据和书面证据。

（4）审计人员赴出售车的武汉某公司查询时，获取了口头证据和"转账支票"等书面证据。

线上测试

扫描封底二维码　　　获取答题权限

在线自测3.2

任务 3.3　认识审计程序

任务引例

案例的相关资料，见任务 3.2　认识审计证据下的【任务引例】。

引例思考：该案例中审计人员为获取相关审计证据而使用了哪些审计程序？

任务分析

审计程序是指审计人员在审计过程中的某个时间，对将要获得的某类审计证据如何进行搜集的详细指令。为了获取充分、适当的审计证据，审计人员可根据需要单独或综合运用检查、观察、询问、函证、重新计算、重新执行和分析程序 7 种审计程序。

> **知识准备**

在审计过程中,审计人员可根据需要单独或综合运用以下审计程序,以获取充分、适当的审计证据。

一、检查

检查是指审计人员对被审计单位内部或外部生成的,以纸质、电子或其他介质形式存在的记录和文件进行审查,或对资产实物进行审查。

检查记录或文件可提供可靠程度不同的审计证据,审计证据的可靠性取决于记录和文件的来源、性质和生成该记录或文件的内部控制的有效性。

某些文件是表明一项资产存在的直接审计证据,如构成金融工具的股票或债券,但检查此类文件并不一定能提供有关所有权或计价的审计证据。此外,检查已执行的合同可以提供与被审计单位运用会计政策(如收入确认)相关的审计证据。

检查有形资产可为其存在性提供可靠的审计证据,但不一定能够为权利和义务或计价等认定提供可靠的审计证据。对个别存货项目进行的检查,可与存货监盘一同实施。

【例 3-1】

奥尼尔公司 2020 年 5 月的销售费用明细账如表 3-6 所示,请运用检查法判断奥尼尔公司 2020 年 5 月的销售费用明细账存在(或可能存在)的问题。

表 3-6 奥尼尔公司 2020 年 5 月销售费用明细账

2020 年		摘要	包装费	运输费	装卸费	保险费	广告费	展览费	其他
月	日								
5	1	付产品包装费	2 500						
5	2	付报刊广告费					3 000		
5	3	付展览公司展览费						9 500	
5	5	付运费		650					
5	7	招待客户用餐							1 050
5	8	付装卸费			400				
5	15	付赔偿金							6 000
5	18	付运输保险费							
5	31	付销货合同违约金				1 480			4 000
5	31	付门市部职工工资							2 740
5	31	付门市部差旅费							1 300
5	31	销售费用结转	2 500	650	400	1 480	3 000	9 500	15 090

【解析】 招待客户用餐应记入"管理费用"账户,付赔偿金、付销货合同违约金应记入"营业外支出"账户。奥尼尔公司销售费用明细账混淆费用支出界限,影响对企业损益的正

确反映,同时影响了应纳税额计算的正确性。

【例 3-2】

奥尼尔公司 2020 年 12 月 31 日甲材料账面结存 100 千克,经审阅和核对未发现差错。2021 年 1 月 1 日至 10 日期间,甲材料收入 2 500 千克,发出 2 250 千克,经核对、审阅和复算后发现甲材料收发数量无误。2021 年 1 月 10 日下班时,审计人员监督盘点甲材料的实存量为 300 千克。请问:奥尼尔公司 2020 年 12 月 31 日甲材料账面结存数是否正确,如果不正确应如何调整。

【解析】 经过调节计算,2020 年 12 月 31 日甲材料实存量为 50 千克,与账存量 100 千克不相符,即甲材料盘亏 50 千克。审计人员应找出不符的原因,确定其性质,并采取适当的审计程序进行调整,编制的库存甲材料调节表如表 3-7 所示。

表 3-7 库存甲材料调节表

2021 年 1 月 10 日　　　　　　　　　　　　　　　　　　　单位:千克

材料名称	2021年1月10日盘点数	2021年1月1日至1月10日调节数		比较		
		加:发出	减:收入	2020年12月31日实有数	2020年12月31日账面数	差异
	1	2	3	4=1+2−3	5	6
甲材料	300	2 250	2 500	50	100	−50

二、观察

观察是指审计人员查看相关人员正在从事的活动或执行的程序。例如,对客户执行的存货盘点或控制活动进行观察。观察可以提供执行有关过程或程序的审计证据,但观察所提供的审计证据仅限于观察发生的时点,并且被观察人员的行为可能因被观察而受到影响,这也会使观察提供的审计证据受到限制。

三、询问

询问是指审计人员以书面或口头方式,向被审计单位内部或外部的知情人员获取财务信息和非财务信息,并对答复进行评价的过程。作为其他审计程序的补充,询问广泛应用于整个审计过程。

知情人员对询问的答复可能为审计人员提供尚未获悉的信息或佐证证据,也可能提供与已获取的其他信息存在重大差异的信息。例如,关于被审计单位管理层凌驾于控制之上的可能性的信息。在某些情况下,对询问的答复为审计人员修改审计程序或实施追加的审计程序提供了基础。

针对某些事项,审计人员可能认为有必要向管理层和治理层(如适用)获取书面声明,以证实对口头询问的答复。

四、函证

函证是指审计人员直接从第三方(被询证者)获取书面答复以作为审计证据的过程。书面答复可以采用纸质、电子或其他介质等形式。

(一) 函证决策

审计人员应当确定是否有必要实施函证以获取认定层次的充分、适当的审计证据。在做出函证决策时，审计人员应当考虑以下两个因素。

▶ 1. 评估的认定层次重大错报风险

评估的认定层次重大错报风险水平越高或者评估的某项风险属于特别风险，审计人员对通过实质性程序获取的审计证据的相关性和可靠性的要求就越高，此时，使用函证程序对提供充分、适当的审计证据可能是有效的。

▶ 2. 函证程序所审计的认定

函证通常既可以用于确认特定账户余额及其项目相关的认定，也可以用于确认被审计单位与第三方之间的协议或交易条款，还可以用于获取不存在某些情况的审计证据。

函证可以为存在、权利和义务、计价等认定提供审计证据，但是对不同的认定，函证的证明力是不同的。对特定认定，函证的相关性受审计人员选择函证信息的目标的影响。

(二) 函证的内容

函证通常适用于银行存款、借款及与金融机构往来的其他重要信息和应收账款，此外，审计人员可以根据具体情况和实际需要对下列内容（包括但并不限于）实施函证：①交易性金融资产；②应收票据；③其他应收款；④预付账款；⑤由其他单位代为保管、加工或销售的存货；⑥长期股权投资；⑦应付账款；⑧预收账款；⑨保证、抵押或质押；⑩或有事项；⑪重大或异常的交易。

(三) 函证程序实施的范围

如果采用审计抽样的方式确定函证程序的范围，则选取的样本应当足以代表总体。根据对被审计单位的了解、评估的重大错报风险以及所测试总体的特征等，审计人员可以确定从总体中选取特定项目进行测试。选取的特定项目可能包括：①金额较大的项目；②账龄较长的项目；③交易频繁但期末余额较小的项目；④重大关联方交易；⑤重大或异常的交易；⑥可能存在争议、舞弊或错误的交易。

(四) 函证的时间

审计人员通常以资产负债表日为截止日，在资产负债表日后适当时间内实施函证。如果重大错报风险评估为低水平，审计人员可选择资产负债表日前适当日期为截止日实施函证，并对所函证项目自该截止日起至资产负债表日止发生的变动实施实质性程序。

(五) 函证的方式

审计人员可采用积极的或消极的函证方式实施函证，也可将两种方式结合使用。

▶ 1. 积极的函证方式

如果采用积极的函证方式，审计人员应当要求被询证者在所有情况下必须回函，确认询证函所列示信息是否正确，或填列询证函要求的信息。积极的函证方式又分为两种：一种是在询证函中列明拟函证的账户余额或其他信息，要求被询证者确认所函证的款项是否正确；另一种是在询证函中不列明账户余额或其他信息，而要求被询证者填写有关信息或提供进一步信息。在采用积极的函证方式时，只有审计人员收到回函，才能为财务报表认定提供审计证据，如果没有收到回函，则无法证明所函证信息是否正确。

2. 消极的函证方式

如果采用消极的函证方式，审计人员只要求被询证者仅在不同意询证函列示信息的情况下才予以回函。当同时存在下列情况时，审计人员可考虑采用消极的函证方式：重大错报风险评估为低水平；涉及大量余额较小的账户；预期不存在大量的错误；没有理由相信被询证者不认真对待函证。

3. 两种方式的结合使用

在实务中，审计人员也可将这两种方式结合使用。以应收账款为例，当应收账款的余额是由少量的大额应收账款和大量的小额应收账款构成时，审计人员可以对所有的或抽取的大额应收账款样本采用积极的函证方式，而对抽取的小额应收账款样本采用消极的函证方式。

【例 3-3】

某审计人员正在对甲公司的应付账款项目进行审计。根据需要，该审计人员决定对表 3-8 所示的甲公司 4 个明细账户中的两个进行函证。

表 3-8 应付账款年末余额及本年度进货总额　　　　　　　单位：元

	应付账款年末余额	本年度进货总额
A 公司	22 650	46 100
B 公司	—	1 980 000
C 公司	65 000	75 000
D 公司	190 000	2 123 000

试问：该审计人员应该选择哪两个供应商进行函证？为什么？

【解析】

应该选择 B 公司，因为甲公司与 B 公司交易频繁但期末余额为零，说明其发生重大错报风险的可能性较大；此为，还应该选择 D 公司，甲公司与 D 公司的交易金额达到 2 123 000 元，而期末余额只有 190 000 元，占交易金额的 8.9%，说明其余额低估的可能性更大。

五、重新计算

重新计算是指审计人员对记录或文件中的数据计算的准确性进行核对。重新计算可通过手工或电子方式进行。重新计算通常包括计算销售发票和存货的总金额，加总日记账和明细账，检查折旧费用和预付费用的计算，检查应纳税额的计算等。

【例 3-4】

奥尼尔公司成本计算方法采用品种法，在产品按约当产量法计算，施工程度为 80%，原材料在生产开始时一次投入，该公司 2020 年 9 月生产成本明细账的资料如表 3-9 所示。

表 3-9 生产成本明细账

完工产品 200 台，在产品 50 台　　　　　　　　　　　　　　　　　　　　单位：元

摘要	直接材料	直接人工	制造费用	合计
月初在产品成本	12 150	5 540	2 800	20 490
本月生产费用	85 850	13 140	9 440	108 430
生产费用合计	98 000	18 680	12 240	128 920
完工产品成本	78 400	15 566.67	10 200	104 166.67
期末在产品成本	19 600	3 113.33	2 040	24 753.33

审计中发现的问题如下。

（1）经盘点测算核实完工产品入库 220 台，并非 200 台，瞒报产量 20 台，影响产品成本计算的正确性。

（2）原材料耗用计算不准确，在建工程耗用材料 3 100 元列作制造费用；本月产品耗用材料实际分摊材料成本超支差异 1 600 元，经核实应分摊 1 300 元，造成成本虚增 300 元。

（3）费用列支没有严格执行成本开支范围。经查明，企业把本月医务室人员工资 420 元列入生产成本"直接工资"项目。

（4）经核实本月应分摊生产车间固定资产大修理费 280 元，但企业漏摊销。

要求：根据审计中发现的错弊，按品种法计算要求，重新计算本月品成本。

【解析】

重新编制的甲产品生产成本明细账如表 3-10 所示。

表 3-10 生产成本明细账

完工产品 220 台，在产品 30 台　　　　　　　　　　　　　　　　　　　　单位：元

摘要	直接材料	直接工资	制造费用	合计
月初在产品成本	12 150	5 540	2 280	20 490
本月生产费用	85 550	12 720	6 620	104 890
生产费用	97 700	18 260	9 420	125 380
完工产品数量	220	220	220	
期末在产品约当量	30	24	24	
生产约当总量	250	244	244	
单位成本	390.80	74.84	38.61	504.25
完工产品成本	85 976	16 464.80	8 494.20	110 935
期末在产品成本	11 724	1 795.20	925.80	14 445

六、重新执行

重新执行是指审计人员独立执行原作为被审计单位内部控制组成部分的程序或控制。例如,审计人员利用被审计单位的银行存款日记账和银行对账单,重新编制银行存款余额调节表,并与被审计单位编制的银行存款余额调节表进行比较。

七、分析程序

分析程序是指审计人员通过研究不同财务数据之间以及财务数据与非财务数据之间的内在关系,对财务信息做出评价。分析程序还包括调查识别出的与其他相关信息不一致或与预期数据严重偏离的波动和关系。

分析程序常用作风险评估程序、实质性程序和在审计结束或临近结束时对财务报表进行总体复核。

(一)用作风险评估程序

▶ 1. 目的

审计人员将分析程序用作风险评估程序的目的在于,了解被审计单位及其环境并评估财务报表层次和认定层次的重大错报风险。

▶ 2. 要求

审计人员在实施风险评估程序时,应当运用分析程序。需要注意的是,审计人员无须在了解被审计单位及其环境的每一方面时都实施分析程序。例如,在对内部控制的了解中,审计人员一般不会运用分析程序。

▶ 3. 作用

分析程序可以帮助审计人员发现财务报表中的异常变化,或者预期发生而未发生的变化,识别存在潜在重大错报风险的领域;还可以帮助审计人员发现财务状况或盈利能力发生变化的信息和征兆,识别那些表明被审计单位持续经营能力问题的事项。

▶ 4. 具体运用

风险评估中运用分析程序时,审计人员应重点关注关键的账户余额、趋势和财务比率关系等方面,对其形成一个合理的预期,并与被审计单位记录的金额、依据记录金额计算的比率或趋势相比较。如果分析程序的结果显示的比率、比例或趋势与审计人员对被审计单位及其环境的了解不一致,并且被审计单位管理层无法提出合理的解释,或者无法取得相关的支持性文件证据,审计人员应当考虑其是否表明被审计单位的财务报表存在重大错报风险。

例如,审计人员根据对被审计单位及其环境的了解,得知本期在生产成本中占较大比重的原材料成本大幅上升。因此,审计人员预期在销售收入未有较大变化的情况下,由于销售成本的上升,毛利率应相应下降。但是,审计人员通过分析程序发现,本期与上期的毛利率变化不大。审计人员可能据此认为销售成本存在重大错报风险,应对其给予足够的关注。

▶ 5. 风险评估过程中运用的分析程序的特点

风险评估程序中运用的分析程序主要目的在于识别那些可能表明财务报表存在重大错报风险的异常变化。因此，所使用的数据汇总性比较强，其对象主要是财务报表中账户余额及其相互之间的关系；所使用的分析程序通常包括对账户余额变化的分析，并辅之以趋势分析和比率分析。

与实质性分析程序相比，在风险评估过程中使用的分析程序所进行比较的性质、预期值的精确程度，以及所进行的分析和调查的范围都并不足以提供很高的保证水平。

（二）用作实质性程序

▶ 1. 总体要求

在针对评估的认定层次重大错报风险实施进一步审计程序时，注册会计师可以将分析程序作为实质性程序的一种，单独或结合其他细节测试，搜集充分、适当的审计证据，以识别财务报表认定层次的重大错报。用作实质性程序的分析程序即为实质性分析程序。

▶ 2. 使用条件

审计人员在实施实质性程序时无须使用分析程序。①当使用分析程序比细节测试能更有效地将认定层次的检查风险降至可接受的水平时，审计人员可以考虑单独或结合细节测试，运用实质性分析程序。②如果重大错报风险较低且数据之间具有稳定的预期关系，审计人员可以单独使用实质性分析程序获取充分、适当的审计证据。

▶ 3. 作用

运用实质性分析程序可以减少细节测试的工作量，节约审计成本，降低审计风险，使审计工作更有效率和效果。

（三）用于总体复核

▶ 1. 目的

在审计结束或临近结束时，审计人员运用分析程序的目的是确定财务报表整体是否与其对被审计单位的了解是一致的。

▶ 2. 总体要求

在审计结束或临近结束时，注册会计师应当运用分析程序，在已搜集的审计证据的基础上，对财务报表整体的合理性作最终把握，评价报表仍然存在重大错报风险而未被发现的可能性，考虑是否需要追加审计程序，以便为发表审计意见提供合理基础。

▶ 3. 总体复核阶段分析程序的特点

（1）与风险评估阶段的分析程序比较：两者使用的比较和分析的手段基本相同，但目的不同，实施分析程序的时间和重点也不同，以及所取得的数据的数量和质量也不同。

（2）与实质性分析程序比较：在总体复核阶段实施的分析程序并非为了对特定账户余额和披露提供实质性的保证水平，因此并不如实质性分析程序那样详细和具体，而往往集中在财务报表层次。

4. 再评估重大错报风险

运用分析程序进行总体复核时,如果识别出以前未识别的重大错报风险,则审计人员应当重新考虑对全部或部分交易、账户余额、披露评估的风险是否恰当,并在此基础上重新评价之前计划的审计程序是否充分,是否有必要追加审计程序。

【例3-5】

A审计人员负责对生产型企业甲公司2020年度财务报表进行审计。在实施分析程序时,A审计人员依据甲公司账面记录,计算出甲公司2020年度的存货周转率为2.7,与2019年度相比有所下降。

要求:甲公司提供的以下4项理由能不能解释存货周转率变动趋势,试逐项分析。[存货周转率=主营业务成本÷平均存货,其中,平均存货=(存货期初余额+存货期末余额)÷2]。

(1) 由于主要原材料价格比2019年度下降了10%,甲公司从2020年1月开始将主要原材料的日常储备量增加了20%。

(2) 甲公司主要产品在2020年度市场需求稳定且盈利,但平均销售价格与2019年度相比有所下降,并且甲公司预期销售价格将继续下降。

(3) 甲公司在2020年第4季度接到了一笔巨额订单,订货数量相当于甲公司月产能的120%,交货日期为2021年1月1日。

(4) 从2020年6月开始,甲公司将部分产品针对主要销售客户的营销方式由原先的买断模式改为代销模式。

【解析】

(1) 由于 $P(1-10\%) \times Q(1+20\%) = 1.08PQ$,显然,存货期末余额增加,平均存货相应增加,在主营业务成本不变的情况下,存货周转率下降,故能解释存货周转率变动趋势。

(2) 平均销售价格的下降及预期继续下降,主要说明主营业务收入有可能发生波动,对主营业务成本与存货余额没有太大影响,故不能解释存货周转率变动趋势。

(3) 甲公司在2020年第4季度接到了一笔巨额订单,并且订货数量相当于甲公司月产能的120%,意味着2020年年末包括原材料、在产品和产成品等在内的存货余额会增加,平均存货相应增加,在主营业务成本不变的情况下,存货周转率下降,故能解释存货周转率变动趋势。

(4) 甲公司自2020年6月开始,将原先的买断营销模式改为代销营销模式,实际上,放宽了营销要求,可能会使委托代销商品增加,致使存货年末余额增加,在主营业务成本不变的情况下,存货周转率下降,故能解释存货周转率变动趋势。

引例解析

"轿车之谜"案例中审计人员使用的审计程序有询问、观察、检查、重新计算。

线上测试

扫描封底二维码 获取答题权限

在线自测3.3

任务3.4 认识审计抽样技术

任务引例

小王是某高职院校会计与审计专业大二的学生，放暑假后，经亲戚介绍，他到北京一家会计师事务所进行审计实习。经过几天熟悉了该事务所的业务流程，他被审计部经理带去审计一家拥有300多名员工的中型商业企业的半年度财务报表。审计部经理张先生就让小王审计货币资金项目，小王为了不辜负经理期望，决定一试身手，把该公司上半年的货币资金收支检查个水落石出。于是他采取从会计凭证到会计账簿，再到财务报表为主线的详查法，但是1天过后，他只检查了被审计企业不到半个月的货币资金业务，于是他赶快请教张经理，张经理告诉小王运用抽样调查方法进行审计检查，也就是使用审计抽样的方法。小王这才想起了刚学过的审计基础课上老师讲过的审计抽样知识，但对审计抽样的基本步骤、审计抽样的风险及审计抽样技术应用范围，他还需要再温习一下。

引例思考：哪些审计程序中需要使用审计抽样？

任务分析

认识审计抽样时，需要：①理解审计抽样的定义；②明确不同类型的抽样风险对审计工作的不同影响，熟悉非抽样风险的产生原因及防范措施；③区分统计抽样和非统计抽样；④熟知固定样本抽样、停走抽样和发现抽样的特点和使用条件；⑤熟知均值估计抽样、差额估计抽样、比率估计抽样和PPS抽样的使用条件与计算公式。

知识准备

一、审计抽样概述

（一）审计抽样的定义

审计抽样是指审计人员对具有审计相关性的总体中低于100%的项目实施审计程序，

使所有抽样单元都有被选取的机会,为审计人员针对整个总体得出结论提供合理基础。审计抽样能够使审计人员获取和评价与被选取项目的某一特征的审计证据,以形成或有助于形成有关总体的结论。总体是指审计人员从中选取样本并据此得出结论的整个数据集合。

(二) 审计抽样的特征

审计抽样应当具备 3 个基本特征:①对某类交易或账户余额中低于 100% 的项目实施审计程序;②所有抽样单元都有被选取的机会;③审计测试的目的是评价该账户余额或交易类型的某一特征。

(三) 审计抽样的适用性

在审计事项包含的项目数量较多,需要对审计事项某一方面的总体特征做出结论时,审计人员可以进行审计抽样。但是,审计抽样通常不适用于下列情况:①检查总体的完整性;②抽样单位较少;③总体中的每笔业务金额均超过重要性水平;④可接受检查风险过低或要求审计检查保证程度过高;⑤有特殊风险或需要特别关注的事项;⑥使用审计抽样不符合成本效益原则。

审计抽样并非在所有审计程序中都使用。审计人员拟实施的审计程序将对运用审计抽样产生重要影响。在风险评估程序、控制测试和实质性程序中,有些审计程序可以使用审计抽样,有些审计程序则不宜使用审计抽样。

风险评估程序通常不涉及审计抽样。如果审计人员在了解控制的设计和确定控制是否得到执行的同时计划和实施控制测试,则可能涉及审计抽样,但此时审计抽样仅适用于控制测试。

当控制的运行留下轨迹时,审计人员可以考虑使用审计抽样实施控制测试。对于未留下运行轨迹的控制,审计人员通常实施询问、观察等审计程序,以获取有关控制运行有效性的审计证据,此时不宜使用审计抽样。此外,在被审计单位采用信息技术处理各类交易及其他信息时,审计人员通常只需测试信息技术一般控制,并从各类交易中选取一笔或几笔交易进行测试,就能获取有关信息技术应用控制运行有效性的审计证据,此时不需使用审计抽样。

实质性程序包括对各类交易、账户余额和披露的细节测试,以及实质性分析程序。在实施细节测试时,审计人员可以使用审计抽样获取审计证据,以验证有关财务报表金额的一项或多项认定(如应收账款的存在性),或对某些金额做出独立估计(如陈旧存货的价值)。如果审计人员将某类交易或账户余额的重大错报风险评估为可接受的低水平,也可不实施细节测试,此时不需要使用审计抽样。实施实质性分析程序时,审计人员的目的不是根据样本项目的测试结果推断有关总体的结论,此时不宜使用审计抽样。

审计抽样可以与其他测试方法结合进行。例如,在审计应收账款时,审计人员可以使用选取特定项目的方法将应收账款中的单个重大项目挑选出来单独测试,再针对剩余的应收账款进行抽样。

二、抽样风险和非抽样风险

在获取审计证据时,审计人员应当运用职业判断,评估重大错报风险,并设计进一步审计程序,以确保将审计风险降至可接受的低水平。使用审计抽样时,审计风险既可能受抽样风险的影响，又可能受非抽样风险的影响。抽样风险和非抽样风险通过影响重大错报风险的评估和检查风险的确定而影响审计风险。

（一）抽样风险

抽样风险是指审计人员根据样本得出的结论，可能不同于整个总体实施与样本同样的审计程序得出的结论风险。

控制测试中的抽样风险包括信赖过度风险和信赖不足风险。信赖过度风险是指推断的控制有效性高于其实际有效性的风险，也可以说，尽管样本结果支持审计人员计划信赖内部控制的程度，但实际偏差率不支持该信赖程度的风险。信赖过度风险与审计的效果有关。如果审计人员评估的控制有效性高于其实际有效性，从而导致评估的重大错报风险偏低，则审计人员可能不适当地减少从实质性程序中获取的证据，因此审计的有效性下降。对审计人员而言，信赖过度风险更容易导致审计人员发表不恰当的审计意见，因而更应予以关注。相反，信赖不足风险是指推断的控制有效性低于其实际有效性的风险，也可以说，尽管样本结果不支持审计人员计划信赖内部控制的程度，但实际偏差率支持该信赖程度的风险。信赖不足风险与审计的效率有关。当审计人员评估的控制有效性低于其实际有效性时，评估的重大错报风险水平高于实际水平，审计人员可能会增加不必要的实质性程序。在这种情况下，审计效率可能降低。

微课视频 3-6
抽样风险与
非抽样风险

在实施细节测试时，审计人员也要关注两类抽样风险：误受风险和误拒风险。误受风险是指审计人员推断某一重大错报不存在而实际上存在的风险。如果账面金额实际上存在重大错报而审计人员认为其不存在重大错报，则审计人员通常会停止对该账面金额继续进行测试，并根据样本结果得出账面金额无重大错报的结论。与信赖过度风险类似，误受风险影响审计效果，容易导致审计人员发表不恰当的审计意见，因此审计人员更应予以关注。误拒风险是指审计人员推断某一重大错报存在而实际上不存在的风险。与信赖不足风险类似，误拒风险影响审计效率。如果账面金额不存在重大错报而审计人员认为其存在重大错报，则审计人员会扩大细节测试的范围并考虑获取其他审计证据，最终审计人员会得出恰当的结论。在这种情况下，审计效率可能降低。

也就是说，无论是在控制测试还是在细节测试中，抽样风险都可以分为两种类型：一类是影响审计效果的抽样风险，包括控制测试中的信赖过度风险和细节测试中的误受风险；另一类是影响审计效率的抽样风险，包括控制测试中的信赖不足风险和细节测试中的误拒风险。

只要使用了审计抽样，抽样风险总会存在。在使用统计抽样时，审计人员可以准确地计量和控制抽样风险。在使用非统计抽样时，审计人员无法量化抽样风险，只能根据职业判断对其进行定性的评价和控制。抽样风险与样本规模反方向变动：样本规模越小，抽样风险越大；样本规模越大，抽样风险越小。无论是控制测试还是细节测试，审计人员都可以通过扩大样本规模降低抽样风险。如果对总体中的所有项目都实施检查，就不存在抽样风险，此时审计风险完全由非抽样风险产生。

（二）非抽样风险

非抽样风险是指审计人员由于任何与抽样风险无关的原因而得出错误结论的风险。审计人员即使对某类交易或账户余额的所有项目实施某种审计程序,也可能仍未能发现重大错报或控制失效。在审计过程中,可能导致非抽样风险的原因包括下列情况:

(1) 审计人员选择的总体不适合于测试目标。例如,审计人员在测试销售收入完整性认定时将主营业务收入日记账界定为总体。

(2) 审计人员未能适当地定义误差(包括控制偏差或错报),导致审计人员未能发现样本中存在的偏差或错报。例如,审计人员在测试现金支付授权控制的有效性时,未将签字人未得到适当授权的情况界定为控制偏差。

(3) 审计人员选择了不适于实现特定目标的审计程序。例如,审计人员依赖应收账款函证来揭露未入账的应收账款。

(4) 审计人员未能适当地评价审计发现的情况。例如,审计人员错误解读审计证据可能导致没有发现误差。审计人员对所发现误差的重要性的判断有误,从而忽略了性质十分重要的误差,也可能导致得出不恰当的结论。

(5) 其他原因。非抽样风险是由人为错误造成的,因而可以降低、消除或防范。虽然在任何一种抽样方法中审计人员都不能量化非抽样风险,但通过采取适当的质量控制政策和程序,对审计工作进行适当的指导、监督和复核,以及对审计人员实务的适当改进,可以将非抽样风险降至可以接受的水平。审计人员也可以通过仔细设计其审计程序尽量降低非抽样风险。

知识链接
抽样风险与非抽样风险对审计工作的影响

三、统计抽样和非统计抽样

审计人员在运用审计抽样时,既可以使用统计抽样方法,也可以使用非统计抽样方法,这取决于审计人员的职业判断。统计抽样,是指同时具备下列特征的抽样方法:①随机选取样本;②运用概率评价样本结果,包括计量抽样风险。不同时具备前述的两个特征的抽样方法为非统计抽样。一方面,即使审计人员严格按照随机原则选取样本,如果没有对样本结果进行统计评估,就不能认为使用了统计抽样;另一方面,基于非随机选样的统计评估也是无效的。

审计人员应当根据具体情况并运用职业判断,确定使用统计抽样或非统计抽样方法,以最有效率地获取审计证据。审计人员在统计抽样与非统计抽样方法之间进行选择时主要考虑成本效益。统计抽样的优点在于能够客观地计量抽样风险,并通过调整样本规模精确地控制风险,这是与非统计抽样最重要的区别。另外,统计抽样还有助于审计人员高效地设计样本,计量所获取证据的充分性,以及定量评价样本结果。但统计抽样又可能发生额外的成本。首先,统计抽样需要特殊的专业技能,因此使用统计抽样需要增加额外的支出对审计人员进行培训。其次,统计抽样要求单个样本项目符合统计要求,这些也可能需要支出额外的费用。非统计抽样如果设计适当,也能提供与统计抽样方法同样有效的结果。审计人员使用非统计抽样时,也必须考虑抽样风险并将其降至可接受水平,但无法精确地测定抽样风险。

不管是统计抽样还是非统计抽样,两种方法都要求审计人员在设计、实施和评价样本时运用职业判断。另外，对选取的样本项目实施的审计程序通常也与使用的抽样方法无关。

四、统计抽样在控制测试和细节测试中的应用

（一）统计抽样在控制测试中的应用

统计抽样在控制测试中的应用如表 3-11 所示。

表 3-11 统计抽样在控制测试中的应用

类型		特点	使用条件
属*性抽样	固定样本抽样	审计人员对一个确定规模的样本实施检查，且等到某一确定规模的样本全部选取、审查完以后，才做出审计结论	预计总体偏差率较大
	停走抽样	从预计总体偏差率为零开始，通过边抽样边评估来完成审计工作	预计总体偏差率较小甚至为零
发现抽样		检查样本时，一旦发现一个偏差就立即停止抽样；若没有发现偏差，则可以得出总体可以接受的结论	预计控制高度有效。适合查找重大舞弊或非法行为

＊注：属性抽样是一种用来对总体中某一事件发生率得出结论的统计抽样方法。属性抽样在审计中最常见的用途是测试某一设定控制的偏差率，以支持审计人员评估的控制有效性。在属性抽样中，设定控制的每一次发生或偏离都被赋予同样的权重，而不管交易金额的大小。

（二）统计抽样在细节测试中的应用

审计人员在细节测试中使用的统计抽样方法主要包括传统变量抽样和货币单元抽样，如表 3-12 所示。

微课视频 3-7
细节测试之推断总体错报

表 3-12 细节测试中使用的统计抽样方法

类型		计算公式	使用条件
传统变量抽样	均值法	平均审定金额＝样本审定金额/样本规模 总体估计金额＝平均审定金额×总体规模 推断的总体错报＝总体账面金额－总体估计金额	总体已进行分层，预计只发现少量差异
	差额法	平均错报＝（样本账面金额－样本实际金额）/样本规模 推断的总体错报＝平均错报×总体规模	样本项目存在错报，且预计发现较多差异
	比率法	比率＝样本审定金额÷样本账面金额 估计的总体实际金额＝总体账面金额×比率 推断的总体错报＝估计的总体实际金额－总体账面金额	样本项目存在错报，且预计发现较多差异
货币单元抽样（金额单元抽样/累计货币金额抽样/综合属性变量抽样）		一种运用属性抽样原理对货币金额而不是对发生率得出结论的统计抽样方法，是以货币单位作为抽样单元进行选择的一种方法 总体中的每个货币单位被选中的机会相同，所以总体中某一项目被选中的概率等于该项目的金额与总体金额的比率	①总体的错报率很低（低于10%），且总体规模在 2 000 个以上；②总体中任一项目的错报不能超过该项目的账面金额

五、审计抽样的流程

审计人员在控制测试和细节测试中使用审计抽样方法,主要分3个阶段进行:第一阶段是样本设计阶段,旨在根据测试的目标和抽样总体,制订选取样本的计划;第二阶段是选取样本阶段,旨在按照适当的方法从相应的抽样总体中选取所需的样本,对其实施检查,以确定是否存在误差;第三阶段是评价样本结果阶段,旨在根据对误差的性质和原因的分析,将样本结果推至总体,形成对总体的结论。审计抽样的步骤如图3-2所示。

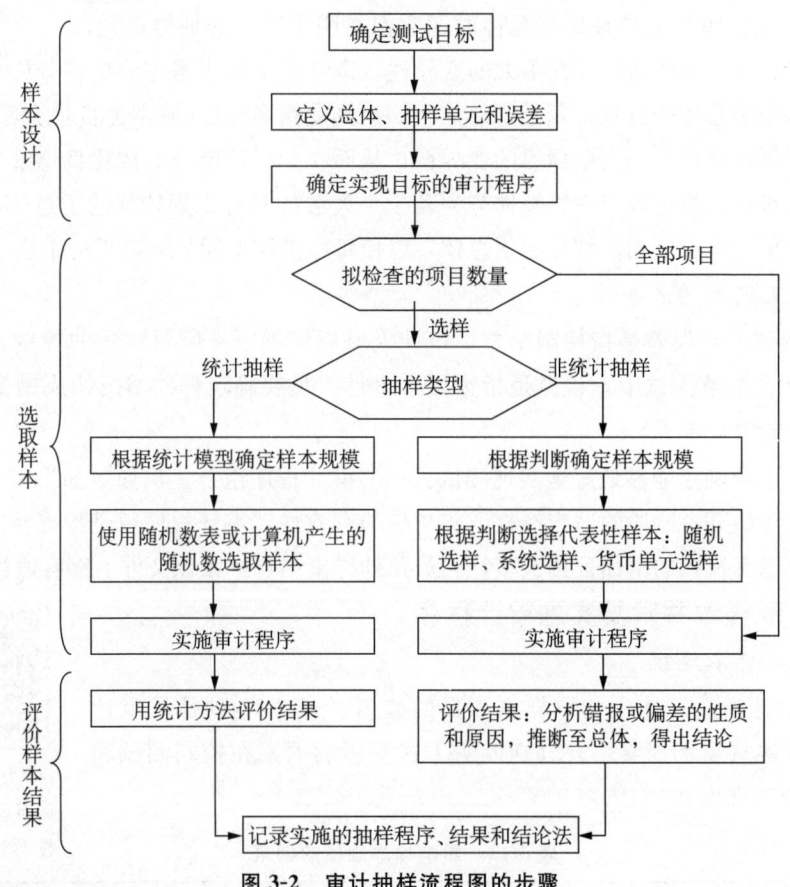

图 3-2 审计抽样流程图的步骤

(一) 样本设计

在设计审计样本时,审计人员首先应考虑拟实现的具体目标,并根据目标和总体的特点确定能够最好地实现该目标的审计程序组合,以及如何在实施审计程序时运用审计抽样。审计抽样中样本设计阶段的工作主要包括以下步骤。

▶ 1. 确定测试目标

一般而言,控制测试是为了获取关于某项控制的设计或运行是否有效的证据,而细节测试的目的是确定某类交易或账户余额的金额是否正确,获取与存在的错报有关的证据。

▶ 2. 定义总体与抽样单元

(1) 总体。在实施抽样之前,审计人员必须仔细定义总体,确定抽样总体的范围。总体既可以包括构成某类交易或账户余额的所有项目,也可以只包括某类交易或账户余额中的部分项目。例如,如果应收账款中没有单个重大项目,审计人员直接对应收账款账面余额进行抽样,则总体包括构成应收账款期末余额的所有项目;如果审计人员已使用选取特定项目的方法将应收账款中的单个重大项目挑选出来单独测试,只对剩余的应收账款余额进行抽样,则总体只包括构成应收账款期末余额的部分项目。

(2)定义抽样单元。抽样单元是指构成总体的个体项目。抽样单元既可能是实物项目(如支票簿上列示的支票信息,银行对账单上的贷方记录,销售发票或应收账款余额),也可能是货币单元。审计人员在定义总体时通常都指明了适当的抽样单元。

(3)分层。如果总体项目存在重大的变异性,审计人员应当考虑分层。分层是指将一个总体划分为多个子总体的过程,每个子总体由一组具有相同特征(通常为货币金额)的抽样单元组成。分层可以降低每一层中项目的变异性,从而在抽样风险没有成比例增加的前提下减小样本规模。审计人员可以考虑将总体分为若干个离散的具有识别特征的子总体(层),以提高审计效率。审计人员应当仔细界定子总体,以使每一抽样单元只能属于一个层。

▶ 3. 定义误差构成条件

在控制测试中,误差是指控制偏差,审计人员应仔细定义所要测试的控制及可能出现偏差的情况;在细节测试中,误差是指错报,审计人员要确定哪些情况构成错报。

▶ 4. 确定审计程序

审计人员必须确定能够最好地实现测试目标的审计程序组合。例如,如果审计人员的审计目标是通过测试某一阶段的适当授权证实交易的有效性,审计程序就是检查特定人员已在某文件上签字以示授权的书面证据。审计人员预计样本中每一张该文件上都有适当的签名。

(二)选取样本并对其实施审计程序

▶ 1. 确定样本规模

样本规模是指从总体中选取样本项目的数量。表 3-13 列示了审计抽样中影响样本规模的因素,并分别说明了这些影响因素在控制测试和细节测试中的表现形式。

微课视频 3-8
细节测试之影响样本规模的因素

表 3-13 影响样本规模的因素

影响因素	含义	控制测试	细节测试	与样本规模的关系
可接受的抽样风险	审计人员愿意接受的抽样风险	可接受的信赖过度风险	可接受的误受风险	反向变动
可容忍误差	审计人员在认为测试目标已实现的情况下准备接受的总体最大误差	可容忍偏差率	可容忍错报	反向变动
预计总体误差	审计人员根据以前对被审计单位的经验或实施风险评估程序的结果而估计总体中可能存在的误差	预计总体偏差率	预计总体错报	同向变动

续表

影响因素	含 义	控制测试	细节测试	与样本规模的关系
总体变异性①	总体的某一特征（如金额）在各项目之间的差异程度	—	总体变异性	同向变动
总体规模②	—	总体规模	总体规模	影响很小

注：①未分层总体具有高度变异性，其样本规模通常很大。最有效率的方法是根据预期会降低变异性的总体项目特征进行分层。在细节测试中分层的依据通常包括项目的账面金额，与项目处理有关的控制的性质，或与特定项目（如更可能包含错报的那部分总体项目）有关的特殊考虑等。分组后的每一组总体被称为一层，每层分别独立选取样本。审计人员可以通过分层将总体分为相对同质的组，以尽可能降低每一组中变异性的影响，从而减小样本规模。

②除非总体非常小，一般而言总体规模对样本规模的影响几乎为零。审计人员通常将抽样单元超过5 000个的总体视为大规模总体。对大规模总体而言，总体的实际容量对样本规模几乎没有影响。对小规模总体而言，审计抽样比其他选择测试项目的方法的效率低。

使用统计抽样方法时，审计人员必须对影响样本规模的因素进行量化，并利用根据统计公式开发的专门的计算机程序或专门的样本量表来确定样本规模。在非统计抽样中，审计人员可以只对影响样本规模的因素进行定性的估计，并运用职业判断确定样本规模。

▶ 2. 选取样本

在选取样本项目时，审计人员应当使总体中的所有抽样单元均有被选取的机会。使所有抽样单元都有被选取的机会是审计抽样的基本特征之一。选取样本的基本方法，包括使用随机数表或计算机辅助审计技术选样、系统选样和随意选样。

（1）简单随机选样。使用这种方法，相同数量的抽样单元组成的每种组合被选取的概率都相等。审计人员可以使用计算机生成的随机数，如电子表格程序、随机数码生成程序、通用审计软件程序等计算机程序产生的随机数，也可以使用随机数表获得所需的随机数，进而选取匹配的随机样本。

随机数是一组从长期来看出现概率相同的数码，且不会产生可识别的模式。随机数表也称乱数表，它是由随机生成的从0到9共10个数字所组成的数表，每个数字在表中出现的次数是大致相同的，它们出现在表上的顺序是随机的。表3-14就是5位随机数表的一部分。应用随机数表选样的步骤如下。

表 3-14 随 机 数 表

行	列									
	1	2	3	4	5	6	7	8	9	10
1	32 044	69 037	29 655	92 114	81 034	40 582	01 584	77 184	85 762	46 505
2	23 821	96 070	82 592	81 642	08 971	07 411	09 037	81 530	56 195	98 425
3	82 383	94 987	66 441	28 677	95 961	78 346	37 916	09 416	42 438	48 432
4	68 310	21 792	71 635	86 089	38 157	95 620	96 718	79 554	50 209	17 705
5	94 856	76 940	22 165	01 414	01 413	37 231	05 509	37 489	56 459	52 983

续表

行	列									
	1	2	3	4	5	6	7	8	9	10
6	95 000	61 958	83 430	98 250	70 040	05 436	74 814	45 978	09 277	13 827
7	2 0764	64 638	11 359	32 556	89 822	02 713	81 293	52 970	25 080	33 555
8	7 1401	17 964	50 940	95 753	34 905	93 566	36 318	79 530	51 105	26 952
9	38 464	75 707	16 750	61 371	015 23	69 205	32 122	03 436	14 489	02 086
10	59 442	59 247	74 955	82 835	98 378	83 513	47 870	20 795	01 352	89 906

1) 对总体项目进行编号，建立总体中的项目与表中数字的一一对应关系。在一般情况下，编号可利用总体项目中原有的某些编号，如凭证号、支票号、发票号等。在没有事先编号的情况下，审计人员须按一定的方法进行编号。如由 40 页、每页 50 行组成的应收账款明细表，可采用 4 位数字编号，前两位由 01～40 的整数组成，表示该记录在明细表中的页数，后两位数字由 01～50 的整数组成，表示该记录的行次。这样，编号 0534 表示第 5 页第 34 行的记录。所需使用的随机数的位数一般由总体项目数或编号位数决定。如前例中可采用 4 位随机数表，也可以使用 5 位随机数表的前 4 位数字或后 4 位数字。

2) 确定连续选取随机数的方法。即从随机数表中选择一个随机起点和一个选号路线，随机起点和选号路线可以任意选择，但一经选定就不得改变。从随机数表中任选一行或任何一栏开始，按照一定的方向(上下左右均可)依次查找，符合总体项目编号要求的数字，即为选中的号码，与此号码相对应的总体项目即为选取的样本项目，一直到选足所需的样本量为止。例如，从前述应收账款明细表的 2 000 个记录中选择 10 个样本总体编号规则如前所述，即前两位数字不能超过 40，后两位数字不能超过 50。如从表 3-14 第一行第一列开始，使用前 4 位随机数，逐行向右查找，则选中的样本为编号 3204、0741、0903、0941、3815、2216、0141、3723、0550、3748 的 10 个记录。

简单随机选样不仅使总体中每个抽样单元被选取的概率相等，而且使相同数量的抽样单元组成的每种组合被选取的概率相等。这种方法在统计抽样和非统计抽样中均适用。由于统计抽样要求审计人员能够计量实际样本被选取的概率，这种方法尤其适合统计抽样。

(2) 系统选样。系统选样也称等距选样，是指按照相同的间隔从审计对象总体中等距离地选取样本的一种选择方法。采用系统选样法，首先要计算选样间距，确定选样起点，然后再根据间距顺序地选取样本。选样间距的计算公式如式(3-1)所示。

$$\text{选样间距} = \text{总体规模} \div \text{样本规模} \tag{3-1}$$

例如，如果销售发票的总体范围是 6 523 151，设定的样本量是 125，那么选样间距为 20[(3 152－652)÷125]。审计人员必须从 019 中选取一个随机数作为抽样起点。如果随机选择的数码是 9，那么第一个样本项目是发票号码为 661(652＋9)的那一张，其余的 124 个项目是 681(661＋20)，701(681＋20)，……依此类推直至第 3141 号。

系统选样方法的主要优点是使用方便，比其他选样方法节省时间，并可用于无限总体。此外，使用这种方法时，对总体中的项目不需要编号，审计人员只要简单数出每一个间距即可。但是，使用系统选样方法要求总体必须是随机排列的，否则容易发生较大的偏差，造成非随机的、不具代表性的样本。如果测试项目的特征在总体内的分布具有某种规律性，则选择样本的代表性就可能较差。例如，应收账款明细表每页的记录均以账龄的长短按先后次序排列，则选中的200个样本可能多数是账龄相同的记录。

为克服系统选样法的这一缺点，可采用两种办法：一是增加随机起点的个数；二是在确定选样方法之前对总体特征的分布进行观察。如发现总体特征的分布呈随机分布，则采用系统选样法；否则，可考虑使用其他选样方法。

系统选样可以在非统计抽样中使用，在总体随机分布时也可适用于统计抽样。

（3）随意选样。随意选样也叫任意选样，是指审计人员不带任何偏见地选取样本，即审计人员不考虑样本项目的性质、大小、外观、位置或其他特征而选取总体项目。随意选样的主要缺点在于很难完全无偏见地选取样本项目，即这种方法难以彻底排除审计人员的个人偏好对选取样本的影响，因而很可能使样本失去代表性。由于文化背景和所受训练等的不同，每个审计人员都可能无意识地带有某种偏好。例如，从发票柜中取发票时，某些审计人员可能倾向于抽取柜子中间位置的发票，这样就会使柜子上面部分和下面部分的发票缺乏相等的选取机会。因此，在运用随意选样方法时，审计人员要避免由于项目性质、大小、外观和位置等的不同所引起的偏见或可预见性（如回避难以找到的项目，或总是选择或回避每页的第一个或最后一个项目），尽量使所选取的样本具有代表性。

随意选样虽然也可以选出代表性样本，但它属于非随机基础选样方法，因而不能在统计抽样中使用，只能在非统计抽样中使用。

▶ **3. 对样本实施审计程序**

审计人员应当针对选取的每个项目，实施适合具体审计目标的审计程序。对选取的样本项目实施审计程序旨在发现并记录样本中存在的误差。

如果选取的项目不适合实施审计程序，注册会计师通常使用替代项目。例如，审计人员在测试付款是否得到授权时选取的付款单据中可能包括一个空白的付款单。如果审计人员确信该空白付款单是合理的且不构成误差，可以适当选择一个替代项目进行检查。

审计人员通常对每一样本项目实施适合特定审计目标的审计程序。有时，审计人员可能无法对选取的抽样单元实施计划的审计程序（如由于原始单据丢失等原因）。审计人员对未检查项目的处理取决于未检查项目对评价样本结果的影响。如果审计人员对样本结果的评价不会因为未检查项目可能存在错报而改变，就不需对这些项目进行检查。如果未检查项目可能存在的错报会导致该类交易或账户余额存在重大错报，审计人员就要考虑实施替代程序，为形成结论提供充分的证据。例如，对应收账款的积极式函证没有收到回函时，审计人员必须审查期后收款的情况，以证实应收账款的余额。审计人员也要考虑无法对这些项目实施检查的原因是否会影响计划的重大错报风险评估水平或对舞弊风险的评估。如果审计人员无法或者没有执行替代审计程序，则应将该项目视为一项误差。

（三）样本结果评价

审计人员应当评价样本结果，以确定对总体相关特征的评估是否得到证实或需要修正，但必须考虑抽样风险。有关对总体的评价如表3-15和表3-16所示。

表 3-15 控制测试与细节测试应用统计抽样时对总体的评价

					统计抽样
控制测试	估计的总体偏差率上限	低于	可容忍偏差率	总体可以接受	样本结果支持计划评估的控制有效性,从而支持计划的重大错报风险评估水平
		大于或等于		总体不能接受	修正重大错报风险评估水平,并增加实质性程序的数量;对影响重大错报风险评估水平的其他控制进行测试,以支持计划的重大错报风险评估水平
		低于但接近			审计人员应当结合其他审计程序的结果,考虑是否接受总体,并考虑是否需要扩大测试范围,以进一步证实计划评估的控制有效性和重大错报风险水平
细节测试	计算的总体错报上限	低于	可容忍错报	总体可以接受	所测试的交易或账户余额不存在重大错报
		大于或等于		总体不能接受	将该类交易或账户余额的错报与其他审计证据一起考虑;建议被审计单位对错报进行调查,且在必要时调整账面记录

估计的总体偏差率上限即为总体偏差率与抽样风险允许限度之和,审计人员通常使用表格或计算机程序计算确定估计的总体偏差率上限;

计算的总体错报上限等于推断的总体错报(调整后)与抽样风险允许限度之和,审计人员通常利用计算机程序或公式计算出总体错报上限。

知识链接 为什么结果不同?

表 3-16 控制测试与细节测试应用非统计抽样时对总体的评价

					非统计抽样
控制测试	样本偏差率(估计的总体偏差率)	①大大低于	可容忍偏差率	总体可以接受	样本结果支持计划评估的控制有效性,从而支持计划的重大错报风险评估水平
		②低于但很接近		总体不能接受	审计人员通常认为总体实际偏差率高于可容忍偏差率的抽样风险很高。应对措施同上
		介于①与②之间			不能认定总体是否可以接受时,审计人员则要考虑扩大样本规模,以进一步搜集证据
		大于		总体不能接受	修正重大错报风险评估水平,并增加实质性程序的数量;对影响重大错报风险评估水平的其他控制进行测试,以支持计划的重大错报风险评估水平
细节测试	调整后的总体错报	①远远小于	可容忍错报	总体可以接受	总体实际错报小于可容忍错报,该类交易或账户余额不存在重大错报
		②低于但很接近		总体不能接受	提请管理层对已识别的误差和存在更多误差的可能性进行调查,并在必要时予以调整;修改进一步审计程序的性质、时间和范围;考虑对审计报告的影响
		大于			
		介于①与②之间			必须特别仔细地考虑,总体实际错报超过可容忍错报的风险是否能够接受,并考虑是否需要扩大细节测试的范围,以获取进一步的证据

引例解析

(1) 当控制的运行留下轨迹时,审计人员可以考虑使用审计抽样实施控制测试;

(2) 在实施细节测试时,审计人员可以使用审计抽样获取审计证据。

线上测试

扫描封底二维码 获取答题权限

在线自测3.4

任务 3.5 认识与编制审计工作底稿

任务引例

行业协会检查中暴露出来的问题

某省注册会计师协会在审计质量年度抽查中发现,会计师事务所业务质量存在问题较多,其中 T 会计师事务所在审计工作底稿中存在问题较为集中、典型,主要有以下情形。

(1) 某电影公司审计项目。某电影公司资产总额 500 多万元,下属有 18 个放映站,财务管理既有统一核算和放映站,又有实行承包制的放映点,财务收支错综复杂,编制的审计计划中审计范围、目标、重点和步骤只有一句话:审计 2020 年度财务收支是否真实、合法。

(2) 某房地产开发公司审计项目。在审计计划中提出"要审查存货、开发成本和负债的真实性",但在工作底稿中却找不到有关存货盘存和应付款项询证函及能够替代的证据记录,连应付账款的账龄情况都无分析记录在案。

(3) 某化纤厂审计项目。现金盘点表中反映现金短缺 3 000 多元,被审单位出纳员、财会负责人均无签字,也无被审单位公章,而审计人员签字处只有一个"王"字。

(4) 某酒店审计项目。审计档案中该项目的审计业务底稿,却无审计业务约定书。

(5) 6 个单位的年度会计报表审计项目。6 个单位共计 9 份无保留意见审计报告有其相应的审计记录,签字审计人员均为李某某、赵某某,底稿记录时间前后共 7 天。

(资料来源:刘静.审计案例与模拟实验[M].北京:经济科学出版社,2007.)

引例思考:前 4 个项目反映了审计工作底稿编制中漏编、漏填项目的问题,第 5 个项目反映了工作底稿编制仓促。那么,整个审计过程应编制的审计工作底稿主要有哪些内容(要素)?

任务分析

认识与编制审计工作底稿,需要:①理解审计工作底稿的含义、作用与性质;②明确审计工作底稿的编制要求;③熟悉审计工作底稿包括的要素;④熟知审计工作底稿复核与归档的要点。

知识准备

一、审计工作底稿的含义、作用与性质

（一）审计工作底稿的含义与作用

审计工作底稿，是指审计人员对制订的审计计划、实施的审计程序、获取的相关审计证据，以及得出的审计结论做出的记录。审计工作底稿是审计证据的载体，是审计人员在审计过程中形成的审计工作记录和获取的资料。审计工作底稿形成于审计过程，也反映整个审计过程。

审计工作底稿有助于审计项目团队计划和实施审计工作，它提供了审计工作实际执行情况的记录，并形成审计报告和审计决定的基础；审计工作底稿也可用于质量控制复核、监督审计组织对审计准则的遵循情况以及第三方的检查等；在审计组织因执业质量而涉及诉讼或有关监管机构进行执业质量检查时，审计工作底稿能够提供证据，证明审计组织是否按照审计准则的规定执行了审计工作。因此，审计人员在审计工作中应当及时编制并妥善保管审计工作底稿。

微课视频 3-9
审计工作底稿的含义

（二）审计工作底稿的性质

▶ 1. 审计工作底稿的存在形式

审计工作底稿可以以纸质、电子或其他介质形式存在。

在实务中，为便于审计组织内部进行质量控制复核和外部执业质量检查或调查，审计人员可以将以电子或其他介质形式存在的审计工作底稿通过打印等方式，转换成纸质形式的审计工作底稿，并与其他纸质形式的审计工作底稿一并归档，同时，单独保存这些以电子或其他介质形式存在的审计工作底稿。

▶ 2. 审计工作底稿的控制要求

无论审计工作底稿以哪种形式存在，审计组织都应当针对审计工作底稿设计和实施适当的控制，以实现下列目的：①使审计工作底稿清晰地显示其生成、修改及复核的时间和人员；②在审计业务的所有阶段，尤其是在项目组成员共享信息或通过互联网将信息传递给其他人员时，保护信息的完整性和安全性；③防止未经授权改动审计工作底稿；④允许项目组和其他经授权的人员为适当履行职责而接触审计工作底稿。

▶ 3. 审计工作底稿通常包括的内容

审计工作底稿通常包括总体审计策略、具体审计计划、分析表、问题备忘录、重大事项概要、询证函回函和声明、核对表、有关重大事项的往来函件（包括电子邮件），审计人员还可以将被审计单位文件记录的摘要或复印件（如重大的或特定的合同和协议）作为审计工作底稿的一部分。此外，审计工作底稿通常还包括业务约定书、管理建议书、项目组内部或项目组与被审计单位举行的会议记录、与其他人士（如其他审计人员、律师、专家等）的沟通文件及错报汇总表等。但是，审计工作底稿并不能代替被审计单位的会计记录。

在一般情况下，分析表主要是指对被审计单位财务信息执行分析程序的记录。例如，记录对被审计单位本年各月收入与上一年度的同期数据进行比较的情况，记录对差异的分析等。

问题备忘录一般是指对某一事项或问题的概要的汇总记录。在问题备忘录中，审计人员通常记录该事项或问题的基本情况、执行的审计程序或具体审计步骤，以及得出的审计结论。例如，有关存货监盘审计程序或审计过程中发现问题的备忘录。

核对表一般是指会计师事务所内部使用的、为便于核对某些特定审计工作或程序的完成情况的表格，例如，特定项目（如财务报表列报）审计程序核对表、审计工作完成情况核对表等。它通常以列举的方式列出审计过程中审计人员应当进行的审计工作或程序以及特别需要提醒注意的问题，并在适当情况下索引至其他审计工作底稿，便于审计人员核对是否已按照审计准则的规定进行审计。

▶ 4. 审计工作底稿通常不包括的内容

审计工作底稿通常不包括已被取代的审计工作底稿的草稿或财务报表的草稿、反映不全面或初步思考的记录、存在印刷错误或其他错误而作废的文本，以及重复的文件记录等。由于这些草稿、错误的文本或重复的文件记录不直接构成审计结论和审计意见的支持性证据，因此，审计人员通常无须保留这些记录。

二、审计工作底稿的编制

（一）审计工作底稿的编制要求

审计人员编制的审计工作底稿，应当使未曾接触该项审计工作的有经验的专业人士清楚地了解：①按照审计准则和相关法律法规的规定实施的审计程序的性质、时间安排和范围；②实施审计程序的结果和获取的审计证据；③审计中遇到的重大事项和得出的结论，以及在得出结论时做出的重大职业判断。

有经验的专业人士，是指对下列方面有合理了解的人士：① 审计过程；② 相关法律法规和审计准则的规定；③ 被审计单位所处的经营环境；④ 与被审计单位所处行业相关的会计和审计问题。

微课视频 3-10
审计工作底稿的编制要求

（二）确定审计工作底稿的格式、要素和范围时应考虑的因素

（1）被审计单位的规模和复杂程度。通常来说，对大型被审计单位进行审计形成的审计工作底稿，通常比对小型被审计单位进行审计形成的审计工作底稿要多；对业务复杂的被审计单位进行审计形成的审计工作底稿，通常比对业务简单的被审计单位进行审计形成的审计工作底稿要多。

（2）实施审计程序的性质。通常，不同的审计程序会使审计人员获取不同性质的审计证据，由此审计人员可能会编制不同格式、内容和范围的审计工作底稿。例如，审计人员编制的有关函证程序的审计工作底稿（包括询证函及回函、有关不符事项的分析等）和存货监盘程序的审计工作底稿（包括盘点表、审计人员对存货的测试记录等）在内容、格式及范

围方面是不同的。

(3) 识别的重大错报风险。识别和评估的重大错报风险水平不同可能导致审计人员实施的审计程序和获取的审计证据不尽相同。例如，如果审计人员识别出应收账款存在较高的重大错报风险，而其他应收款的重大错报风险较低，则审计人员可能对应收账款实施较多的审计程序并获取较多的审计证据，因而对测试应收账款的记录会比针对测试其他应收款记录的内容多且范围广。

(4) 已获取审计证据的重要程度。审计人员通过执行多项审计程序可能会获取不同的审计证据，有些审计证据的相关性和可靠性较高，有些质量则较差。审计人员可能区分不同的审计证据进行选择性的记录，因此，审计证据的重要程度也会影响审计工作底稿的格式、内容和范围。

(5) 已识别的例外事项的性质和范围。有时审计人员在执行审计程序时会发现例外事项，由此可能导致审计工作底稿在格式、内容和范围方面的不同。例如，某个函证的回函表明存在不符事项，如果在实施恰当的追查后发现该例外事项并未构成错报，审计人员可能只在审计工作底稿中解释发生该例外事项的原因及影响。反之，如果该例外事项构成错报，审计人员可能需要执行额外的审计程序并获取更多的审计证据，由此编制的审计工作底稿在内容和范围方面可能有很大不同。

(6) 当从已执行审计工作或获取审计证据的记录中不易确定结论或结论的基础时，记录结论或结论基础的必要性。在某些情况下，特别是在涉及复杂的事项时，审计人员仅将已执行的审计工作或获取的审计证据记录下来，并不容易使其他有经验的审计人员通过合理的分析，得出审计结论或结论的基础。此时审计人员应当考虑是否需要进一步说明并记录得出结论的基础（即得出结论的过程）及该事项的结论。

(7) 审计方法和使用的工具。审计方法和使用的工具可能影响审计工作底稿的格式、内容和范围。例如，当使用计算机辅助审计技术对应收账款的账龄进行重新计算时，通常可以针对总体进行测试，而采用人工方式重新计算时，则可能会针对样本进行测试，由此形成的审计工作底稿会在格式、内容和范围方面有所不同。

考虑以上因素有助于审计人员确定审计工作底稿的格式、内容和范围是否恰当。审计人员在考虑以上因素时须注意，根据不同情况确定审计工作底稿的格式、内容和范围均是为达到编制审计工作底稿的目的，特别是提供证据的目的。例如，细节测试和实质性分析程序的审计工作底稿所记录的审计程序有所不同，但两类审计工作底稿都应当充分、适当地反映审计人员执行的审计程序。

(三) 审计工作底稿的要素

通常，审计工作底稿包括下列全部或部分要素：①审计工作底稿的标题；②审计过程记录；③审计结论；④审计标识及其说明；⑤索引号及编号；⑥编制者姓名及编制日期；⑦复核者姓名及复核日期；⑧其他应说明事项。下面分别对以上所述要素中的第①～②项进行说明。

▶ 1. 审计工作底稿的标题

每张底稿应当包括被审计单位的名称、审计项目的名称以及资产负债表日或底稿覆盖的会计期间(如果与交易相关)。

▶ 2. 审计过程记录

在记录审计过程时,应当特别注意以下几个方面。

(1) 具体项目或事项的识别特征。在记录实施审计程序的性质、时间和范围时,审计人员应当记录测试的具体项目或事项的识别特征。识别特征是指被测试的项目或事项表现出来的征象或标志。

(2) 重大事项及相关重大职业判断。审计人员应当根据具体情况判断某一事项是否属于重大事项。重大事项通常包括:①引起特别风险的事项;②实施审计程序的结果,该结果表明财务信息可能存在重大错报,或需要修正以前对重大错报风险的评估和针对这些风险拟采取的应对措施;③导致审计人员难以实施必要审计程序的情形;④导致出具非标准审计报告的事项。审计人员应当及时记录与管理层、治理层和其他人员对重大事项的讨论,包括讨论的内容、时间、地点和参加人员。

(3) 记录针对重大事项如何处理矛盾或不一致的情况。

▶ 3. 审计结论

在记录审计结论时须注意,在审计工作底稿中记录的审计程序和审计证据是否足以支持所得出的审计结论。

▶ 4. 审计标识及其说明

审计工作底稿中可使用各种审计标识,但应说明其含义,并保持前后一致。以下是审计人员在审计工作底稿中列明标识并说明其含义的例子,供参考。在实务中,审计人员也可以依据实际情况运用更多的审计标识。

∧:纵加核对

<:横加核对

B:与上年结转数核对一致

T:与原始凭证核对一致

G:与总分类账核对一致

S:与明细账核对一致

T/B:与试算平衡表核对一致

C:已发询证函

C\:已收回询证函

▶ 5. 索引号及编号

通常,审计工作底稿需要注明索引号及顺序编号,相关审计工作底稿之间需要保持清晰的钩稽关系。在实务中,审计人员可以按照所记录的审计工作的内容层次进行编号。例如,固定资产汇总表的编号为C1,按类别列示的固定资产明细表的编号为C1-1,以及列示单个固定资产原值及累计折旧的明细表编号,包括房屋建筑物(编号为C1-1-1)、机器设备(编号为C1-1-2)、运输工具(编号为C1-1-3)及其他设备(编号为C1-1-4)。相互引用时,需要在审计工作底稿中交叉注明索引号。

6. 编制人员和复核人员及执行日期

为了明确责任，在各自完成与特定工作底稿相关的任务之后，编制者和复核者都应在工作底稿上签名并注明编制日期和复核日期。在需要项目质量控制复核的情况下，还需要注明项目质量控制复核人员及复核的日期。

在记录实施审计程序的性质、时间和范围时，审计人员应当记录：①测试的具体项目或事项的识别特征；②审计工作的执行人员及完成该项审计工作的日期；③审计工作的复核人员及复核的日期和范围。

在实务中，会计师事务所通常采取以下方法从整体上提高工作（包括复核工作）效率及工作质量，并进行统一质量管理。

（1）会计师事务所基于审计准则及在实务中的经验等，统一制定某些格式、索引及涵盖内容等方面相对固定的审计工作底稿模板和范例，如核对表、审计计划及业务约定书范例等，某些重要的或不可删减的工作会在这些模板或范例中予以特别标明。

知识链接
底稿编制指南

（2）在此基础上，审计人员再根据各具体业务的特点加以必要的修改，制定适用于具体项目的审计工作底稿。表3-17的应收账款替代测试表是进一步审计程序方面审计工作底稿的范例。

表3-17 应收账款替代测试表

被审计单位：	ABC公司	索引号：	ZD6
项目：	应收账款——A单位替代测试	所审计会计期间：	2020年度
编制：	史辉	复核：	吴华
日期：	2021年2月20日	日期：	2021年2月24日

一、期初余额 100 000

二、借方发生额 1 500 000

	入账金额			检查内容（用"√""×"表示）			
序号	日期	凭证号	金额	①	②	③	…
1	2020-01-25	1月256#	350 000	√	√	√	
2	2020-06-28	6月300#	500 000	√	√	√	
3	2020-11-25	11月155#	350 000	√	√	√	
小计			1 200 000				
全年借方发生额合计			1 500 000				
测试金额占全年借方发生额的比例			80%				

三、贷方发生额 1 300 000

	入账金额			检查内容（用"√""×"表示）			
序号	日期	凭证号	金额	①	②	③	…
1	2020-03-03	3月16#	350 000	√	√	√	
2	2020-07-12	7月126#	400 000	√	√	√	

续表

3	2020-08-22	8月15#	100 000	√	√	√	
4	2020-12-15	12月216#	350 000	√	√	√	
		小计	1 200 000				
全年贷方发生额合计			1 300 000				
测试金额占全年贷方发生额的比例			92%				
四、期末余额			300 000				

五、期后收款检查
2021年1月已收回20万元

检查内容说明：①原始凭证是否齐全；②记账凭证与原始凭证是否相符；③账务处理是否正确
审计结论：经测试，未发现重大异常

三、审计工作底稿的复核

（一）项目组成员实施的复核

（1）由项目组内经验较多的人员（包括项目合伙人）复核经验较少人员的工作。

（2）复核人员应当知悉并解决重大的会计和审计问题，考虑其重要程度并适当修改总体审计策略和具体审计计划。

（3）复核工作应当由至少具备同等专业胜任能力的人员来完成。

（4）复核范围因审计规模、审计复杂程度以及工作安排的不同而存在显著差异。

（5）复核者应在被复核的相关审计工作底稿上签名并署明日期。

（二）项目质量控制复核

审计人员在出具审计报告前，会计师事务所等审计机构应当指定专门的机构或人员对审计项目团队执行的审计实施项目质量控制复核。会计师事务所应采用制衡制度，以确保委派独立的、有经验的审计人员作为其所熟悉行业的项目质量控制复核人员。

许多会计师事务所不仅对上市公司审计进行项目质量控制复核，还会对那些高风险或涉及公众利益的审计项目实施项目质量控制复核。

项目质量控制复核应当包括客观评价下列事项：①项目组做出的重大判断；②在准备审计报告时得出的结论。

四、审计工作底稿的归档

（一）审计工作底稿归档工作的性质

在审计报告日后将审计工作底稿归整为最终审计档案是一项事务性的工作，不涉及实施新的审计程序或得出新的结论。

如果在归档期间对审计工作底稿做出的变动属于事务性的，审计人员可以做出变动，这些事务性变动主要包括下列情形。

（1）删除或废弃被取代的审计工作底稿。

（2）对审计工作底稿进行分类、整理和交叉索引。

微课视频3-11
审计工作底稿归档工作的性质和归档后的变动

(3) 对审计档案归整工作的完成核对表签字认可。

(4) 记录在审计报告日前获取的、与审计项目团队相关成员进行讨论并取得一致意见的审计证据。

(二) 审计工作底稿归档的期限

审计人员应当按照会计师事务所质量控制政策和程序的规定，及时将审计工作底稿归整为最终审计档案。审计工作底稿的归档期限为审计报告日后 60 天内。如果审计人员未能完成审计业务，审计工作底稿的归档期限为审计业务中止后的 60 天内。

如果针对客户的同一财务信息执行不同的委托业务，出具两个或多个不同的报告，会计师事务所应当将其视为不同的业务，根据会计师事务所内部制定的政策和程序，在规定的归档期限内分别将审计工作底稿归整为最终审计档案。

(三) 审计工作底稿归档后的变动

▶ 1. 可以变动审计工作底稿的情形

审计人员发现有必要修改现有审计工作底稿或增加新的审计工作底稿的情形主要有以下两种。

(1) 审计人员已实施了必要的审计程序，取得了充分、适当的审计证据并得出了恰当的审计结论，但审计工作底稿的记录不够充分。

(2) 审计报告日后，发现例外情况要求审计人员实施新的或追加审计程序，或导致审计人员得出新的结论。例外情况主要是指审计报告日后发现与已审计财务信息相关，且在审计报告日已经存在的事实，该事实如果被审计人员在审计报告日前获知，可能影响审计报告。例如，审计人员在审计报告日后才获知法院在审计报告日前已对被审计单位的诉讼、索赔事项做出最终判决结果。

▶ 2. 变动审计工作底稿时的记录要求

在完成最终审计档案的归整工作后，如果发现有必要修改现有审计工作底稿或增加新的审计工作底稿，无论修改或增加的性质如何，审计人员均应当记录下列事项。

(1) 修改或增加审计工作底稿的理由。

(2) 修改或增加审计工作底稿的时间和人员，以及复核的时间和人员。

五、审计工作底稿的保管

(一) 审计工作底稿的保存期限

会计师事务所应当自审计报告日起，对审计工作底稿至少保存 10 年。如果审计人员未能完成审计业务，会计师事务所应当自审计业务中止日起，对审计工作底稿至少保存 10 年。

值得注意的是，对于连续审计的情况，当期归整的永久性档案虽然包括以前年度获取的资料(有可能是 10 年以前)，但由于其作为本期档案的一部分，并作为支持审计结论的基础，因此，审计人员对于这些对当期有效的档案，应视为当期取得并保存 10 年。如果这些资料在某个审计期间被替换，则被替换资料可以从被替换的年度起至少保存 10 年。

在完成最终审计档案的归整工作后，审计人员不得在规定的保存期限届满前删除或废弃审计工作底稿。

(二) 审计档案的类型

对于每项具体审计业务,审计人员应当将审计工作底稿归整为审计档案,在实务中,审计档案可以分为永久性档案和当期档案。这一分类主要是基于具体实务中对审计档案使用的时间而划分的。

(1) 永久性档案。永久性档案是指那些记录内容相对稳定,具有长期使用价值,并对以后审计工作具有重要影响和直接作用的审计档案,例如,被审计单位的组织结构、批准证书、营业执照、章程、重要资产的所有权或使用权的证明文件复印件等。若永久性档案中的某些内容已发生变化,审计人员应当及时予以更新。为保持资料的完整性,以便满足日后查阅历史资料的需要,永久性档案中被替换的资料一般也须保留。例如,被审计单位因增加注册资本而变更了营业执照等法律文件,而被替换的旧营业执照等文件,可以将之汇总在一起,与其他有效的资料分开,作为单独部分归整在永久性档案中。

(2) 当期档案。当期档案是指那些记录内容经常变化,主要供当期和下期审计使用的审计档案,例如,总体审计策略和具体审计计划。

目前,一些大型国际会计师事务所不再区分永久性档案和当期档案,它们主要是以电子形式使用和保留审计工作底稿的使用,尽管大部分事务所仍然既保留电子版又保留纸质的审计档案。

引例解析

通常,审计工作底稿包括下列全部或部分要素:①审计工作底稿的标题;②审计过程记录;③审计结论;④审计标识及其说明;⑤索引号及编号;⑥编制者姓名及编制日期;⑦复核者姓名及复核日期;⑧其他应说明事项。

线上测试

扫描封底二维码 获取答题权限

在线自测3.5

任务3.6 认识审计报告

任务引例

小张大学毕业后,经过5年的自主创业,积累了一些资金。听朋友说买股票能赚钱,他决定拿出一笔资金去做股票投资。然而面对那么多的上市公司，他一时不知道购买哪一家公司的股票好。于是他向朋友请教。朋友小王告诉他，翻开《中国证券报》，查一下上市公司公布的财务会计报告，尤其要注意一下利润表，挑一家每股盈余最高的公司的股票去买，绝对会有丰厚的回报。于是，小张选中了H公司的股票准备购买，因为H公司的股票每股盈余是最高的。而与此同时，另一位朋友小吴提醒小张说，不要轻信公司的财务报告上公布的信息，最好再看看同时公布的注册会计师对H公司财务报告出具的审计报告。小张查到了H公司该年度的审计报告，审计报告中反映了注册会计师对H公司的财务报告发表了保留意见。小王向小张解释，这家公司的财务报告可能有问题，最好不要立即购买这家公司的股票。果然，没过多久，H公司的股票的价格就开始大幅度下跌，小张感到很神奇。

引例思考：什么是注册会计师出具的审计报告？注册会计师审计报告有哪些作用？

任务分析

审计报告是审计人员在依法实施审计工作的基础上，向审计授权人或委托人出具的，用于提出审计结论、发表审计意见的书面文件。

在认识审计报告时，需要：①理解注册会计师审计报告的含义、作用和类型；②熟悉国家审计报告的含义和基本要素；③了解内部审计报告的含义和基本要素。

知识准备

一、审计报告概述

（一）审计报告的概念

审计报告是指具体承办审计事项的审计人员或审计组织在实施审计后，就审计工作的结果向其委托人、授权人或其他法定报告对象提交的书面文件。它是审计工作和结果的综合反映，是体现审计成果的主要形式。针对不同的审计主体、不同类型的审计业务以及不同的报告对象，审计报告的性质、内容、编制方法以及法律效力等都是不同的。

（二）审计报告的作用

（1）审计报告是审计人员评价被审计人承担和履行经济责任情况、发表审计意见和提出审计建议的载体。审计人员接受审计授权人、委托人的授权或委托，按照法定程序，运用专门的审计方法，对被审计人承担和履行经济责任的情况进行审计后，有责任向授权人或委托人报告审计任务的完成情况及审计的结果。审计报告就是审计人员向审计授权人或委托人出具的发表审计评价意见、提出审计建议的一项重要文件。

（2）审计报告是国家审计机关向被审计单位做出审计决定的依据。审计机关派出审计组对审计事项实施审计后，对于违反国家规定的财政收支、财务收支行为，依法应当给予处理、处罚的，应当在法定职权范围内做出审计决定或者向有关主管机关提出处理、处罚的意见。而审计机关做出审计决定的依据，来自审计报告。

(3) 审计报告是审计机关编制审计信息、为国家宏观经济决策服务的重要信息来源。审计报告中反映的是被审计单位财政财务收支及有关经济活动的情况和存在的问题，审计机关可以通过对审计报告中的重要情况和审计发现的具有普遍性和倾向性的问题进行分析综合，向上级审计机关、有关政府部门提供重要信息，从而为维护国家财政经济秩序、提高财政资金使用效益、促进廉政建设、保障国民经济和社会健康发展服务。

(4) 注册会计师签发的审计报告是具有法律效力的证明文件，可以起到经济鉴证的作用。注册会计师是以超然独立的第三者身份，对被审计单位财务报表是否按照适用的会计准则和相关会计制度的规定编制，是否在所有重大方面公允反映被审计单位的财务状况、经营成果和现金流量发表意见。这种意见具有鉴证作用，政府及其有关部门、社会各界，可以依据注册会计师的审计报告做出判断和决策。

(5) 审计报告也是总结审计过程和结果，评价审计人员工作、控制审计质量的重要依据。就国家审计而言，审计组对审计事项实施审计后，应当向审计机关提出审计组的审计报告，审计机关通过该审计报告可以掌握审计组的工作情况，包括审计工作的时间、审计的范围、被审计单位的基本情况、审计发现的问题等。该审计报告也是审计工作质量的集中反映，是评价审计人员工作业绩、控制审计质量的重要依据。

(三) 审计报告的类型

根据详略程度，审计报告可以分为简式审计报告和详式审计报告。

(1) 简式审计报告。简式审计报告，又称短式审计报告，是指审计人员用简练的语言扼要地说明审计过程、审计结果，并简略地表达审计意见的审计报告。这种报告篇幅较短，内容概括，通常用于注册会计师实施的财务报表审计。为了避免混乱，其报告的格式和措辞均由职业团体做出统一的规范。在我国，简式审计报告的内容、适用条件和专业术语等均由中国注册会计师协会《中国注册会计师审计准则第 1501 号——对财务报表形成审计意见和出具审计报告》等做出明确的规定。

(2) 详式审计报告。详式审计报告，又称长式审计报告，是指审计人员详细地叙述审计项目基本情况、审计评价意见、审计发现的主要问题，以及处理处罚意见、审计建议等的审计报告。这种报告的内容丰富、篇幅较长。在我国，国家审计机关和内部审计机构在实施审计后，通常都要撰写详式审计报告。

二、注册会计师审计报告

(一) 注册会计师审计报告的含义

注册会计师审计报告是指注册会计师根据审计准则的规定，在执行审计工作的基础上，对财务报表发表审计意见的书面文件。审计报告是注册会计师在完成审计工作后向委托人提交的最终产品，具有以下特征。

(1) 注册会计师应当按照审计准则的规定执行审计工作。

(2) 注册会计师在实施审计工作的基础上才能出具审计报告。

(3) 注册会计师通过对财务报表发表意见履行业务约定书约定的责任。

(4) 注册会计师应当以书面形式出具审计报告。

总之，注册会计师应对根据审计证据得出的结论，清楚表达对财务报表的意见。无论出具何种意见类型的审计报告，注册会计师一旦在审计报告上签名并盖章，就表明对其出具的审计报告负责。注册会计师应当将已审计的财务报表附于审计报告之后，以便财务报表使用者能正确理解和使用审计报告，并防止被审计单位替换、更改已审计的财务报表。

（二）注册会计师审计报告的作用

注册会计师签发的审计报告，主要具有鉴证、保护和证明3方面的作用。

(1) 鉴证作用。注册会计师签发的审计报告，不同于国家审计和内部审计的审计报告，是以超然独立的第三者身份，对被审计单位财务报表的合法性、公允性发表意见。这种意见，具有鉴证作用，得到了政府及其各部门和社会各界的普遍认可。

(2) 保护作用。注册会计师通过审计，可以对被审计单位财务报表出具不同类型审计意见的审计报告，以提高或降低财务报表信息使用者对财务报表的信赖程度，能够在一定程度上对被审计单位的财产、债权人和股东的权益及企业利害关系人的利益起到保护作用。

(3) 证明作用。审计报告是对注册会计师审计任务完成情况及其结果所作的总结，它可以表明审计工作的质量并明确注册会计师的审计责任。因此，审计报告可以对审计工作质量和注册会计师的审计责任起证明作用。

（三）注册会计师审计报告的类型

注册会计师审计报告分为无保留意见的审计报告和非无保留意见的审计报告。

无保留意见的审计报告，是指当注册会计师认为财务报表在所有重大方面按照适用的财务报告编制基础的规定编制并实现公允反映时应当发表的审计意见。

非无保留意见的审计报告包括保留意见的审计报告、否定意见的审计报告和无法表示意见的审计报告。

此外，审计报告可能根据需要增加强调事项段、其他事项段或关键审计事项段。

（四）审计意见的形成

注册会计师应当就财务报表是否在所有重大方面按照适用的财务报告编制基础编制并实现公允反映形成审计意见。为了形成审计意见，针对财务报表整体是否不存在由于舞弊或错误导致的重大错报，注册会计师应对得出结论，确定是否已就此获取合理保证。在得出结论时，注册会计师应当考虑下列方面。

微课视频 3-12
审计意见的形成

(1) 按照《中国注册会计师审计准则第1231号——针对评估的重大错报风险采取的应对措施》的规定，是否已获取充分、适当的审计证据。

在得出总体结论之前，注册会计师应对根据实施的审计程序和获取的审计证据，评价对认定层次重大错报风险的评估是否仍然适当。在形成审计意见时，注册会计师应当考虑所有相关的审计证据，无论该证据与财务报表认定相互印证还是相互矛盾。

如果对重大的财务报表认定没有获取充分、适当的审计证据，注册会计师应当尽可能获取进一步的审计证据。

(2) 按照《中国注册会计师审计准则第1251号——评价审计过程中识别出的错报》的

规定，未更正错报单独或汇总起来是否构成重大错报。

在确定时，注册会计师应当考虑：①相对特定类别的交易、账户余额或披露以及财务报表整体而言，错报的金额和性质以及错报发生的特定环境；②与以前期间相关的未更正错报对相关类别的交易、账户余额或披露以及财务报表整体的影响。

(3) 评价财务报表是否在所有重大方面按照适用的财务报告编制基础编制。注册会计师应当依据适用的财务报告编制基础特别评价下列内容。

1) 财务报表是否充分披露了选择和运用的重要会计政策。

2) 选择和运用的会计政策是否符合适用的财务报告编制基础，并适合被审计单位的具体情况。在考虑被审计单位选用的会计政策是否适当时，注册会计师还应当关注重要的事项。重要事项包括重要项目的会计政策和行业惯例、重大和异常交易的会计处理方法、在新领域和缺乏权威性标准或共识的领域采用重要会计政策产生的影响、会计政策的变更等。

3) 管理层做出的会计估计是否合理。

4) 财务报表列报的信息是否具有相关性、可靠性、可比性和可理解性。

5) 财务报表是否做出充分披露，使财务报表预期使用者能够理解重大交易和事项对财务报表所传递的信息的影响。

6) 财务报表使用的术语(包括每一财务报表的标题)是否适当。

在评价财务报表是否在所有重大方面按照适用的财务报告编制基础编制时，注册会计师还应当考虑被审计单位会计实务的质量，包括表明管理层的判断可能出现偏向的迹象。

管理层缺乏中立性可能影响注册会计师对财务报表整体是否存在重大错报的评价。缺乏中立性的迹象包括下列情形。

1) 管理层对注册会计师在审计期间提请其注意的错报进行选择性更正。例如，如果更正某一错报将增加盈利，则对该错报予以更正，反之如果更正某一错报将减少盈利，则对该错报不予更正。

2) 管理层在做出会计估计时可能存在偏向。在得出某项会计估计是否合理的结论时，可能存在管理层偏向的迹象本身并不构成错报。然而，这些迹象可能影响注册会计师对财务报表整体是否不存在重大错报的评价。

(4) 评价财务报表是否实现公允反映。在评价财务报表是否实现公允反映时，注册会计师应当考虑下列内容：①财务报表的整体列报、结构和内容是否合理；②财务报表(包括相关附注)是否公允地反映了相关交易和事项。

(5) 评价财务报表是否恰当提及或说明适用的财务报告编制基础。管理层和治理层(如适用)编制的财务报表需要恰当说明适用的财务报告编制基础。只有财务报表符合适用的财务报告编制基础(在财务报表所涵盖的期间内有效)的所有要求，声明财务报表按照该编制基础编制才是恰当的。在对适用的财务报告编制基础的说明中使用不严密的修饰语或限定性的语言(如"财务报表实质上符合国际财务报告准则的要求")是不恰当的，因为这可能误导财务报表使用者。

在某些情况下，财务报表可能声明按照两个财务报告编制基础(如某一国家或地区的财务报告编制基础和国际财务报告准则)编制。在这种情况下，两个财务报告编制基础都是适用的财务报告编制基础。只有当财务报表分别符合每个财务报告编制基础的所有要求时,声明财务报表按照这两个编制基础编制才是恰当的。

三、国家审计报告

(一)国家审计报告的含义

我国国家审计的审计报告是由审计机关实施审计后,对被审计单位的财政收支和财务收支的真实、合法、效益发表审计意见的书面文件。

(二)审计组的审计报告和审计机关的审计报告

根据《审计法》的规定,我国国家审计的审计报告包括审计组的审计报告和审计机关的审计报告两种。这两种审计报告在报告主体、报告对象、报告格式、法律效力等方面的区别如表 3-18 所示。

表 3-18 审计组的审计报告与审计机构的审计报告的区别

	审计组的审计报告	审计机关的审计报告
报告主体	由审计组提出的审计报告,并以审计机关名义征求被审计对象的意见	由审计机关按照规定程序对前者进行审议后提出的审计报告
报告对象	审计组向审计机关提出的审计报告	审计机关对外出具的审计报告
报告格式	反映的是审计机关的初步意见,落款为审计组,由审计组组长签名,征求被审计对象意见时,报告要注明"征求意见稿",不编号	反映的是审计机关的最终意见,落款为派出审计组的审计机关,并由审计机关按照公文发文字号编制规则编号
法律效力	审计组向审计机关提出的内部审计文书,并应当征求被审计对象的意见	审计机关对外出具的具有法律效力的审计文书,应当送达被审计单位

(三)国家审计报告的基本要素

审计机关的审计报告(审计组的审计报告)的基本要素有:①标题;②文号(审计组的审计报告不含此项);③被审计单位名称;④审计项目名称;⑤内容;⑥审计机关名称(审计组名称及审计组组长签名);⑦签发日期(审计组向审计机关提交报告的日期)。

(四)国家审计报告的内容

国家审计报告的内容主要包括以下几个方面。

(1)审计依据,即实施审计所依据的法律法规规定。

(2)实施审计的基本情况,一般包括审计范围、内容、方式和实施的起止时间。

(3)被审计单位的基本情况,包括被审计单位的经济性质,管理体制,财政、财务隶属关系或者国有资产监督管理关系,以及财政收支、财务收支状况等。

(4)审计评价意见,即根据不同的审计目标,以适当、充分的审计证据为基础发表的评价意见。

1)真实性主要评价被审计单位的会计处理遵守相关会计准则、会计制度的情况,以及相关会计信息与实际的财政收支、财务收支状况和业务经营活动成果的符合程度。

2)合法性主要评价被审计单位的财政收支及财务收支符合相关法律、法规、规章和其他规范性文件的程度。

3）效益性主要评价被审计单位的财政收支与财务收支及其经济活动的经济、效率和效果的实现程度。

审计人员应运用职业判断，根据不同的审计目标，以审计认定的事实为基础，在防范审计风险的情况下，按照重要性原则，从真实性、合法性、效益性方面提出审计评价意见。

审计组只对所审计的事项发表审计评价意见。对审计过程中未涉及、审计证据不适当或者不充分、评价依据或者标准不明确以及超越审计职责范围的事项，不发表审计评价意见。

（5）以往审计决定执行情况和审计建议采纳情况。

（6）审计发现的被审计单位违反国家规定的财政收支、财务收支行为，以及其他重要问题的事实、定性、处理处罚意见、依据的法律法规和标准。

（7）审计发现的移送处理事项的事实和移送处理意见，但是涉嫌犯罪等不宜让被审计单位知悉的事项除外。

（8）针对审计发现的问题，根据需要提出的改进建议。在审计期间，被审计单位对审计发现的问题已经整改的，审计报告还应当包括有关整改情况。

（五）国家审计报告的撰写要求

撰写审计报告是一项严肃而细致的工作，为确保审计报告的质量，审计人员应掌握撰写审计报告的基本要求。这些基本要求包括以下几方面。

（1）在形式结构方面，应格式规范、结构合理、逻辑严谨。

（2）在内容表达方面，应事实清楚、证据确凿、结论正确。

（3）在行文用语方面，应行文简练、概念准确、用词适当。

（六）审计决定书

审计决定书是审计机关对被审计单位违反国家规定的财政收支、财务收支行为，依法做出的对被审计单位进行处理处罚的书面文件。它既是审计机关向被审计单位传达处理、处罚决定的法律文书，又是要求被审计单位强制执行的依据。

（1）审计决定书的主要内容。审计决定书的主要内容有：①审计的范围、内容、方式和时间；②被审计单位违反国家规定的财政财务收支行为；③定性、处理、处罚决定及其依据；④处理、处罚决定执行的期限和要求；⑤依法申请复议的期限和复议机关。

（2）审计处理处罚措施。根据《审计法》的规定，对本级各部门（含直属单位）和下级政府违反预算的行为或者其他违反国家规定的财政收支行为，审计机关、人民政府或者有关主管部门在法定职权范围内，依照法律、行政法规的规定，区别情况采取下列处理措施：①责令限期缴纳应当上缴的款项；②责令限期退还被侵占的国有资产；③责令限期退还违法所得；④责令按照国家统一的会计制度的有关规定进行处理；⑤其他处理措施。

对被审计单位违反国家规定的财务收支行为，审计机关、人民政府或者有关主管部门在法定职权范围内，依照法律、行政法规的规定，区别情况采取上述处理措施，并可以依法给予处罚。审计处罚的种类包括：警告、通报批评；罚款；没收违法所得；依法采取的其他处罚措施。

（3）审计人员提出处理处罚意见的考虑因素。审计组对审计发现的问题提出处理处罚意见时，应当关注下列因素：①法律法规的规定。②审计职权范围：属于审计职权范围的，直接提出处理处罚意见；不属于审计职权范围的，提出移送处理意见。③问题的性质、金额、情节、原因和后果。④对同类问题处理处罚的一致性。⑤需要关注的其他因素。

（4）被审计单位不服审计决定的救济途径。被审计单位对审计机关做出的有关财务收支的审计决定不服的，可以依法申请行政复议或者提起行政诉讼。被审计单位对审计机关做出的有关财政收支的审计决定不服的，可以提请审计机关的本级人民政府裁决，本级人民政府的裁决为最终决定。

此外，《审计法》中还规定，上级审计机关认为下级审计机关做出的审计决定违反国家有关规定的，可以责成下级审计机关予以变更或者撤销，必要时也可以直接做出变更或者撤销的决定。

（七）国家审计报告和审计决定书的编审程序

根据《审计法》《国家审计准则》及其他相关规定，国家审计报告和审计决定书的编审程序如下。

（1）审计组起草审计报告和审计决定书。审计组实施审计后，撰写审计组的审计报告。对被审计对象违反国家规定的财政收支、财务收支行为，依法应当由审计机关进行处理处罚的，审计组应当起草审计决定书。

（2）审计报告征求被审计对象意见。审计组的审计报告按照审计机关规定的程序审批后，以审计机关的名义征求被审计对象的意见。被审计对象在接到审计组的审计报告之日起10日内，将其书面意见送交审计组。被审计对象自收到审计报告之日起10日内没有提出书面意见的，视同无异议，并由审计人员予以注明。

（3）审计组核实被审计对象的书面意见并对审计报告做出必要修改。被审计对象对征求意见的审计报告有异议的，审计组应当进一步核实，并根据核实情况对审计报告做出必要的修改。审计组还应当对采纳被调查对象意见的情况和原因，或者被调查对象未在法定时间内提出书面意见的情况做出书面说明。

（4）审计机关业务部门复核审计报告和审计决定书。审计组将下列材料报送审计机关业务部门复核：审计报告；审计决定书；被审计对象对审计报告的书面意见及审计组采纳情况的书面说明；审计实施方案；调查了解记录、审计工作底稿、重要管理事项记录、审计证据材料；其他有关材料。

审计机关业务部门对下列事项进行复核，并提出书面复核意见：①审计目标是否实现；②审计实施方案确定的审计事项是否完成；③审计发现的重要问题是否在审计报告中反映；④事实是否清楚、数据是否正确；⑤审计证据是否适当、充分；⑥审计评价、定性、处理处罚和移送处理意见是否恰当，适用法律法规和标准是否适当；⑦被审计对象或者有关责任人员提出的合理意见是否采纳；⑧需要复核的其他事项。

（5）审计机关审理机构审理审计报告和审计决定书。审计机关业务部门应当将复核修改后的审计报告、审计决定书等审计项目材料连同书面复核意见，报送至审理机构审理。

审理机构以审计实施方案为基础，重点关注审计实施的过程及结果，主要审理下列内容：①审计实施方案确定的审计事项是否完成；②审计发现的重要问题是否在审计报告中有所反映；③主要事实是否清楚，相关证据是否适当、充分；④适用的法律法规和标准是否适当；⑤评价、定性、处理处罚意见是否恰当；⑥审计程序是否符合规定。

审理机构审理后，可以根据情况采取下列措施：①要求审计组补充重要审计证据；②对审计报告、审计决定书进行修改。审理机构审理后，应当出具审理意见书。

(6) 审计机关审定审计报告和审计决定书。审理机构将审理后的审计报告、审计决定书连同审理意见书报送审计机关负责人。审计报告、审计决定书原则上应当由审计机关审计业务会议审定；在特殊情况下，经审计机关主要负责人授权，可以由审计机关其他负责人审定。

审计决定书经审定，处罚的事实、理由、依据、决定与审计组征求意见的审计报告不一致并且加重处罚的，审计机关应当依照有关法律法规的规定及时告知被审计对象和有关责任人员，并听取其陈述和申辩。

对于拟做出罚款的处罚决定，符合法律法规规定的听证条件的，审计机关应当依照有关法律法规的规定履行听证程序。

(7) 签发审计报告和审计决定书。审计报告和审计决定书经审计机关负责人签发后，审计报告应送达被审计对象，审计决定书应送达被审计对象、被处罚的有关责任人员。

(8) 审计机关依照有关规定向社会公布审计结果。

(八) 审计结果公告、审计结果报告与审计工作报告

▶ 1. 审计结果公告

审计结果公告是指审计机关依法向社会公布审计报告所反映内容及相关情况的专门文书。审计机关依法实行审计结果公告制度，审计机关依法公布审计结果，不受其他行政机关、社会团体和个人的干涉。实行审计结果公告制度，是坚持依法治国、依法行政，增强政府工作公开、公平、公正的必然要求，是充分发挥审计监督职能作用，促进审计发现问题的纠正和整改的重要手段，对推进民主法制的进程具有十分重要的意义。

审计机关公布审计结果，应保证质量，做到事实清楚，证据确凿，定性准确，评价客观公正。

审计机关公布的审计结果主要包括下列信息：①被审计单位基本情况；②审计评价意见；③审计发现的主要问题；④处理处罚决定及审计建议；⑤被审计单位的整改情况。

审计机关公布审计结果时，不得公布下列信息：①涉及国家秘密、商业秘密的信息；②正在调查、处理过程中的事项；③依照法律法规的规定不予公开的其他信息。涉及商业秘密的信息，经权利人同意或者审计机关认为不公布可能对公共利益造成重大影响的，可以予以公布。

▶ 2. 审计结果报告

审计结果报告是指审计机关依照法律规定，每年向政府首长和上一级审计机关提出的，关于上一年度审计本级预算执行情况和其他财政收支情况结果的报告。

《审计法》第17条规定，审计署在国务院总理领导下，对中央预算执行情况和其他财政收支情况进行审计监督，向国务院总理提出审计结果报告。地方各级审计机关分别在省长、自治区主席、市长、州长、区长和上一级审计机关的领导下，对本级预算执行情况和其他财政收支情况进行审计监督，向本级人民政府和上一级审计机关提出审计结果报告。

审计结果报告的目的是让领导机关全面了解预算执行审计的情况和结果，向领导机关完整地反映财政预算资金管理和使用的真实情况以及其他财政收支存在的问题，并针对发现的问题提出意见和建议，供政府决策时参考。

审计结果报告的主要内容包括：①本级预算执行和其他财政收支的基本情况；②审计机关对本级预算执行和其他财政收支情况做出的审计评价；③本级预算执行和其他财政收支中存在的问题以及审计机关依法采取的措施；④审计机关提出的改进本级预算执行和其他财政收支管理工作的建议；⑤本级人民政府要求报告的其他情况。

此外，审计署向国务院总理提出的中央预算执行和其他财政收支情况审计结果报告，还应当包括对中央银行的财务收支的审计情况。

▶ 3. 审计工作报告

《审计法》第4条规定，国务院和县级以上地方人民政府应当每年向本级人民代表大会常务委员会提出审计机关对预算执行和其他财政收支的审计工作报告。审计工作报告应当重点报告对预算执行的审计情况。必要时，人民代表大会常务委员会可以对审计工作报告做出决议。国务院和县级以上地方人民政府应当将审计工作报告中指出的问题的纠正情况和处理结果向本级人民代表大会常务委员会报告。

审计工作报告的目的是让人大常委会了解本级财政预算执行的真实情况和执行过程中存在的问题，了解政府在预算管理中所做的主要工作和采取的措施，为人大常委会审查和批准财政决算提供客观依据。

审计工作报告的主要内容包括：①开展本年度预算执行审计工作的基本情况；②对本级预算执行情况的总体评价；③本级预算执行中存在的主要问题及纠正和处理情况；④审计后政府及各部门(单位)的整改情况；⑤加强预算管理的意见；⑥人大常委会要求报告的其他事项。

四、内部审计报告

(一) 内部审计报告的含义

内部审计报告是指内部审计人员根据审计计划对被审计单位实施必要的审计程序后，就被审计单位经营活动和内部控制的适当性、合法性和有效性出具的书面文件。

(二) 内部审计报告的基本要素

根据我国内部审计准则的有关规定，内部审计报告应当包括以下基本要素：标题；收件人；正文，包括审计概况、审计依据、审计发现、审计结论、审计建议和其他方面；附件；签章；报告日期；其他。

(三) 内部审计报告的编制要求

内部审计报告的编制应当符合下列要求：①实事求是、不偏不倚地反映被审计事项的事实；②要素齐全、格式规范，完整反映审计中发现的重要问题；③逻辑清晰、用词准确、简明扼要、易于理解；④充分考虑审计项目的重要性和风险水平，对于重要事项应当重点说明；⑤针对被审计单位的业务活动、内部控制和风险管理中存在的主要问题或者缺陷提出可行的改进建议，以促进组织实现目标。

（四）内部审计报告的编制、复核、提交与归档

审计项目负责人应在实施必要的审计程序后，编制审计报告，并向被审计单位征求反馈意见。审计报告应当客观、完整、清晰、及时具有建设性，并体现重要性原则。

被审计单位对审计报告持有异议的，审计项目负责人及相关人员应进行研究、核实，必要时应修改审计报告。

审计报告经过必要的修改后，应连同被审计单位的反馈意见及时送内部审计机构负责人复核。内部审计机构应该建立健全审计报告分级复核制度，明确规定各级复核的要求和责任。

内部审计机构应将审计报告提交被审计单位和组织适当管理层，并要求被审计单位在规定的期限内落实纠正措施。

内部审计机构应当及时地将审计报告归入审计档案，妥善保存。

引例解析

注册会计师审计报告是指注册会计师根据审计准则的规定，在执行审计工作的基础上，对财务报表发表审计意见的书面文件。

注册会计师签发的审计报告，主要具有鉴证、保护和证明3方面的作用。

线上测试

扫描封底二维码 获取答题权限

在线自测3.6

项目小结

财务报表审计的总目标是对被审计单位财务报表的合法性与公允性发表意见。具体审计目标应根据总目标和认定来确定。审计人员通常是针对管理层的认定，采用检查、观察、询问、函证、重新计算、重新执行和分析程序等具体审计程序来获取审计证据的。审计人员应当保持职业怀疑态度，运用职业判断，评价审计证据的充分性和适当性。

微课视频3-13 明确审计工作的逻辑：审计目标及其实现

审计抽样是指审计人员对某类交易或账户余额中低于100％的项目实施审计程序，使所有抽样单元都有被选取的机会。使用审计抽样时可能受到抽样风险和非抽样风险的影响。在控制测试和细节测试中可以使用审计抽样技术，并按照一定步骤来实施。审计工作底稿是审计证据的载体，审计人员要熟知审计工作底稿的内容，

合理确定审计工作底稿的格式、要素和范围，正确进行审计工作底稿的归档与保管。

审计报告是审计人员完成审计工作后向委托人或授权人提交的最终产品。注册会计师审计报告分为无保留意见的审计报告和非无保留意见的审计报告。国家审计报告包括审计组的审计报告和审计机关的审计报告两种。

项目实训

实训一

【目的】理解项目审计目标、一般审计目标与认定之间的关系。

【资料】表 3-19 列示了财务报表审计的具体审计目标，其中包括一般审计目标和应收账款项目审计目标。

表 3-19　一般审计目标与应收账款项目审计目标

一般审计目标	应收账款项目审计目标
记录的金额确实存在	A. 应收账款的增减与公司销售业务和回款进度存在逻辑关系，无迹象表明有重大错报
已存在的金额均已记录	B. 年末销售截止是恰当的
资产归属于被审计单位	C. 应收账款已恰当地按客户名称予以分类
资产、负债和所有者权益以恰当的金额包括在财务报表中，与之相关的计价或分摊调整已恰当记录	D. 应收账款总额余额与各明细账余额合计一致
接近资产负债表日的交易记录于恰当的期间	E. 所有符合销售收入确认条件的赊销金额已计入应收账款
已记录的交易是按正确金额反映的	F. 所有应收账款均已按既定的会计政策计提坏账准备
财务信息和其他信息已被公允披露，且金额恰当	G. 资产负债表日，所有已记录的应收账款存在
财务信息已被恰当地列报和描述，且披露内容表述清晰	H. 所有大额应收账款已通过函证和其他程序被证实属于公司

【要求】请根据认定、一般审计目标和项目审计目标的相互关系，在表 3-20 的适当位置填列：

（1）与一般审计目标正确对应的认定；

（2）与一般审计目标正确对应的应收账款项目审计目标的英文大写字母。

表 3-20　认定、一般审计目标对应的应收账款项目审计目标

认定	一般审计目标	应收账款项目审计目标
	记录的金额确实存在	
	已存在的金额均已记录	
	资产归属于被审计单位	
	资产、负债和所有者权益以恰当的金额包括在财务报表中，与之相关的计价或分摊调整已恰当记录	
	接近资产负债表日的交易记录于恰当的期间	

续表

认定	一般审计目标	应收账款项目审计目标
	已记录的交易是按正确金额反映的	
	财务信息和其他信息已被公允披露，且金额恰当	
	财务信息已被恰当地列报和描述，且披露内容表述清晰	

实训二

【目的】评价审计证据的可靠性。

【资料】审计人员在对F公司2020年度财务报表进行审计时，搜集了以下6组审计证据。

（1）收料单与购货发票。

（2）销货发票副本与产品出库单。

（3）领料单与材料成本计算表。

（4）工资计算单与工资发放单。

（5）存货盘点表与存货监盘记录。

（6）银行询证函回函与银行对账单。

【要求】请分别说明每组审计证据中哪项审计证据较可靠，并简要说明理由。

实训三

【目的】资产实物检查日与结账日不一致时，能将检查日数量调节至结账日。

【资料】飞达股份有限公司2020年12月31日库存材料明细账结存数量：甲材料6 400千克，乙材料8 800千克，丙材料4 500千克。2021年1月15日上午上班前，审计人员李明受托对该公司的库存材料进行盘点，盘点结果如下：甲材料6 080千克，乙材料8 570千克，丙材料4 140千克。又查阅材料仓库卡片，2021年1月1日至14日收付记录如表3-21所示。

表3-21　飞达股份有限公司库存材料收付记录

2021年1月1日至14日　　　　　　　　　　　　　　　　单位：千克

材料名称	甲材料	乙材料	丙材料
收入数量	12 400	14 300	6 400
发出数量	11 720	13 930	6 660

【要求】根据2021年1月15日的实际盘点结果，核实该公司2020年12月31日的原材料数量，并与原明细账结存数量核对，检查原账面记录的真实性和正确性。

项目4　熟悉财务报表审计工作过程

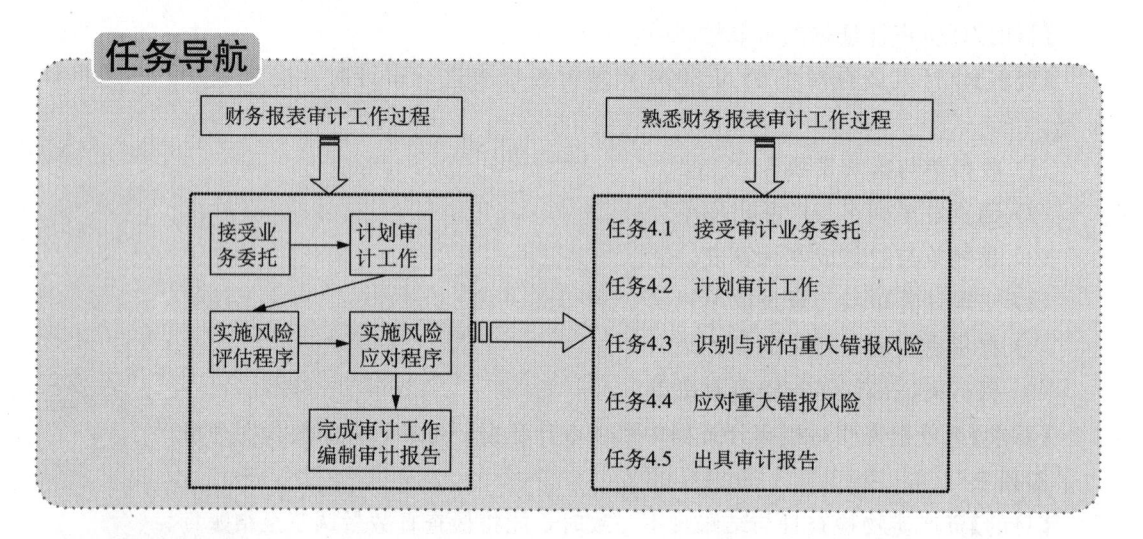

任务导航

财务报表审计工作过程：
- 接受业务委托 → 计划审计工作
- 实施风险评估程序 → 实施风险应对程序
- 完成审计工作编制审计报告

熟悉财务报表审计工作过程：
- 任务4.1　接受审计业务委托
- 任务4.2　计划审计工作
- 任务4.3　识别与评估重大错报风险
- 任务4.4　应对重大错报风险
- 任务4.5　出具审计报告

学习目标

知识目标
- 熟悉初步业务活动的目的和内容
- 熟悉审计计划的内容及编制
- 理解重要性的含义及重要性水平的确定
- 掌握审计风险的组成要素及其相互关系
- 熟悉重要性和审计风险的相互关系
- 熟悉了解被审计单位及其环境的内容
- 熟悉内部控制的概念、组成要素及对其了解的程序
- 掌握识别和评估重大错报风险的审计程序
- 熟悉针对评估的重大错报风险采取的总体应对措施
- 掌握控制测试和实质性程序的性质、时间和范围
- 掌握审计报告的内容、格式与措辞
- 掌握不同意见类型审计报告的出具条件

能力目标
- 能在开展初步业务活动的基础上编制审计业务约定书
- 能制定总体审计策略和具体审计计划
- 能确定重要性水平并应用重要性和审计风险模型
- 能在了解被审计单位及其环境的基础上识别与评估两个层次的重大错报风险
- 能在整体层面和流程层面了解内部控制以识别内部控制重大缺陷并提出合理建议
- 能合理应对报表层次与认定层次重大错报风险
- 能根据不同情况，形成审计意见，编写审计报告

任务 4.1　接受审计业务委托

子任务 4.1.1　开展初步业务活动

任务引例

2019年12月1日，甲公司董事会继续委托 ABC 会计师事务所对甲公司 2020 年度财务报表进行审计，为此，ABC 会计师事务所的主任会计师陈凡、部门经理徐天星和项目经理刘建军商议：是否承接这项审计业务，如果不承接，如何向委托方解释，可能给事务所带来哪些影响。

引例思考：ABC 会计师事务所怎样决策该业务的承接？

任务分析

根据审计准则，ABC 会计师事务所在开展对甲公司 2020 年度财务报表审计的初步业务活动时，其具体工作任务主要是：①通过了解客户的基本情况，评估客户的风险等级；②评估本所情况，评估该业务的承接是否违反职业道德，本所是否有能力承接该客户的业务。

知识准备

一、初步业务活动的目的

注册会计师在计划审计工作前，需要开展初步业务活动，以实现以下 3 个主要目的。第一，具备执行业务所需的独立性和能力；第二，不存在因管理层诚信问题而可能影响注册会计师保持该项业务的意愿的事项；第三，与被审计单位之间不存在对业务约定条款的误解。

二、初步业务活动的内容

注册会计师在本期审计业务开始时应当开展下列初步业务活动：①针对保持客户关系和具体审计业务实施相应的质量控制程序；②评价遵守相关职业道德要求的情况；③就审计业务约定条款达成一致意见。需要说明的是，前两项活动贯穿审计业务的全过程，并且需要注册会计师按照质量控制准则的相关规定执行，但是它们通常需要安排在其他审计工作之前，以确保注册会计师已具备执行业务所需要的独立性和专业胜任能力，且不存在因管理层诚信问题而影响注册会计师保持该项业务意愿等情况。在连续审计的业务中，这些初步业务活动通常是在上期审计工作结束后不久或将要结束时就已开始了。

微课视频 4-1　开展初步业务活动

在做出接受或保持客户关系及具体审计业务的决策后，注册会计师应当按照审计准则的规定，在审计业务开始前，与被审计单位就审计业务约定条款达成一致意见，签订或修改审计业务约定书，以避免双方对审计业务的理解产生分歧。

引例解析

对于任务引例中的承接或保持审计业务,由于甲公司前几年的财务报表均是由 ABC 会计师事务所审计的,所以审计项目团队,主要考虑是否与该客户保持审计业务关系,为此,项目组实施了初步业务活动中连续审计的相关程序,并在评价自身执行该项审计业务所需要的独立性和专业胜任能力的基础上,编制了如表 4-1 所示的《业务保持评价表》,最终决定继续承接该项审计业务,并继续保持与客户的审计业务关系。

表 4-1 业务保持评价表

被审计单位: 甲公司	索引号: AB
项目: 初步业务活动程序表	财务报表截止日/期间: 2020.12.31
编制: 刘建军	复核: 徐天星
日期: 2020.12.10	日期: 2020.12.31

一、客户情况评估
根据以前年度审计情况和对被审计单位及其环境所发生变化的了解,考虑下列情况。
1. 审计范围和执行审计工作的时间安排

考虑因素:
(1) 本次审计的审计范围发生了变化,主要是企业执行的是 2006 年颁布的新会计准则。
(2) 2021 年 4 月 1 日向客户提交审计报告。
(3) 执行审计时间安排:

2021 年 1 月 10 日—2021 年 1 月 13 日	了解被审计单位及其环境
2021 年 1 月 12 日—2021 年 1 月 13 日	确定被审计单位重要性水平
2021 年 1 月 10 日—2021 年 1 月 15 日	制定总体审计策略
2021 年 1 月 16 日—2021 年 1 月 17 日	拟订风险评估计划
2021 年 1 月 18 日—2021 年 1 月 24 日	了解被审计单位内部控制
2021 年 1 月 25 日—2021 年 1 月 31 日	评估重大错报风险
2021 年 2 月 1 日—2021 年 2 月 2 日	拟订进一步审计计划
2021 年 2 月 3 日—2021 年 2 月 12 日	实施控制测试
2021 年 2 月 12 日—2021 年 3 月 12 日	实施实质性程序
2021 年 3 月 12 日—2021 年 3 月 22 日	复核审计工作
2021 年 3 月 25 日—2021 年 3 月 27 日	出具审计报告

2. 客户的诚信

信息来源:
  通过从网上、证券会、电子机械行业协会等相关资料的查询以及以前的业务接触。
考虑因素:
  尚未发现甲公司存在舞弊或违法行为,或已受到舞弊方面的指控,也没有发现就审计事项向审计项目团队人员实施任何限制

3. 经营风险

信息来源:
  通过从网上、证券会、电子机械行业协会等相关资料的查询以及以前的业务接触。
考虑因素:
  甲公司属于机械制造行业,最近几年全国机械行业产、销量保持稳定,并在东南亚一带有较高的市场占有率。国家对机械制造行业并没有优惠政策。该公司在行业中属于较大的企业,具有一定的声誉。
  根据经验,该行业受经济周期的影响较小。目前国内该行业尚无新技术,先进的技术主要靠国外引进。
  甲公司目前不存在法律诉讼

续表

4. 财务状况

信息来源：

通过从网上、证券会、电子机械行业协会等相关资料的查询以及以前的业务接触。

考虑因素：

甲公司财务状况良好，经营状况没有发生重大变动以致对其财务状况产生不利影响，也不存在未披露的重大关联方交易，公司的内部控制尚未发现重大缺陷，本所以及其他人尚未对甲公司的会计记录的可靠性产生疑问，公司没有采用过于激进的会计和纳税政策，就重大会计问题与公司不存在未解决的分歧

客户的风险级别（高/中/低）：___低___

二、本所情况评估

根据本所目前的情况，考虑下列事项：

1. 项目组的时间和资源

根据本所目前的人力资源情况，是否拥有足够的具有必要素质和专业胜任能力的人员组建项目组；能够在提交报告的最后期限内完成业务

2. 项目组的专业胜任能力

项目组组长刘建军是资深的注册会计师，从事上市公司审计已8年，具有丰富的经验；

项目组成员田小雨、赵大中、张于成是专业水平都很好的注册会计师，从事上市公司的审计都有两三年；

本所具有众多的专家，如陈凡、徐天星，而且徐天星是本项目的复核人

3. 独立性

（1）经济利益

本所与甲公司无损害独立性的经济利益，本所与甲公司除了本业务外，不存在任何业务；对于本审计业务的收费不存在或有收费。本所人员与甲公司的治理层人员及管理层人员都不存在任何亲属关系，本所人员也未在甲公司担任董事职务

（2）自我评价

本所所有从业人员都未在甲公司担任过董事、经理等职务；也无人员为甲公司提供影响财务报表的相关服务

（3）关联关系

本所与甲公司无关联关系

（4）外界压力

不存在外界压力，对本次业务的独立性产生损害

4. 预计收取的费用及可回收比率

预计审计收费：318 000.00元

预计成本（计算过程）：

预计3000.00元/天；106天/人次

3000×106＝318 000.00元

可回收比率：100%

根据以前年度审计情况，甲公司没有拖欠审计费用的情况，本年度应该能够足额收回审计费用

三、其他方面的意见

甲公司成立合法、营业合法，文件手续齐全，陈量一、杨雪琴管理公司是诚信的。本事务所具备该业务的专业胜任能力、时间和资源，事务所和项目组将能遵守职业道德规范执行审计业务

项目负责合伙人：	风险管理负责人（必要时）：
基于上述方面，我们接受(接受或不接受)此项业务。	基于上述方面，我们接受(接受或不接受)此项业务。
签名　刘建军	签名　徐天星
日期　2020.12.10	日期　2020.12.13

最终结论：

甲公司管理层合法诚信，本事务所具备该审计业务的承接条件，应当承接。

签名：陈凡　　　　　日期：2020.12.14

线上测试

扫描封底二维码　　获取答题权限

在线自测 4.1.1

子任务 4.1.2　签订审计业务约定书

任务引例

2019 年 12 月 1 日，甲公司董事会委托 ABC 会计师事务所对甲公司 2020 年度财务报表进行审计，如果 ABC 会计师事务所决定承接这项审计业务，接下来需要考虑如何与委托方签订审计业务约定书。

引例思考：甲公司与 ABC 会计师事务所怎样签订审计业务约定书？

任务分析

根据审计准则，ABC 会计师事务所与甲公司签订审计业务约定书时，其具体工作任务主要是：承接或保持审计业务；签订或修改审计业务约定书。

知识准备

一、审计业务约定书的含义

审计业务约定书是指会计师事务所与被审计单位签订的，用以记录和确认审计业务的委托与受托关系、审计目标和范围、双方的责任以及报告的格式等事项的书面协议。会计师事务所承接任何审计业务，都应与被审计单位签订审计业务约定书。

二、审计业务约定书的基本内容

审计业务约定书的具体内容和格式可能因被审计单位的不同而不同，但应当包括以下主要内容。

(1) 财务报表审计的目标与范围。

(2) 注册会计师的责任。

(3) 管理层的责任。

(4) 指出用于编制财务报表所适用的财务报告编制基础。

(5) 提及注册会计师拟出具的审计报告的预期形式和内容，以及对在特定情况下出具的审计报告可能不同于预期形式和内容的说明。

三、审计业务约定书的特殊考虑

(一) 考虑特定需要

如果情况需要,注册会计师还应当考虑在审计业务约定书中列明的内容。

(1) 详细说明审计工作的范围,包括提及适用的法律法规、审计准则,以及职业道德守则和其他公告。

(2) 对审计业务结果的其他沟通形式。

(3) 说明由于审计和内部控制的固有限制,即使审计工作按照审计准则的规定得到恰当的计划和执行,仍不可避免地存在某些重大错报未被发现的风险。

(4) 计划和执行审计工作的安排,包括审计项目团队的构成。

(5) 管理层确认将提供书面声明。

(6) 管理层同意向注册会计师及时提供财务报表草稿和其他所有附带信息,以使注册会计师能够按照预定的时间完成审计工作。

(7) 管理层同意告知注册会计师在审计报告日至财务报表报出日之间注意到的可能影响财务报表的事实。

(8) 收费的计算基础和收费安排。

(9) 管理层确认收到审计业务约定书并同意其中的条款。

(10) 在某些方面对利用其他注册会计师和专家工作的安排。

(11) 对审计涉及的内部审计人员和被审计单位其他员工工作的安排。

(12) 在首次审计的情况下,与前任注册会计师(如存在)沟通的安排。

(13) 说明对注册会计师责任可能存在的限制。

(14) 注册会计师与被审计单位之间需要达成进一步协议的事项。

(15) 向其他机构或人员提供审计工作底稿的义务。

(二) 连续审计

对于连续审计,注册会计师应当考虑是否需要根据具体情况修改业务约定的条款,以及是否需要提醒被审计单位注意现有的条款。

注册会计师可以决定不在每期都致送新的审计业务约定书或其他书面协议。然而,下列因素可能导致注册会计师修改审计业务约定条款或提醒被审计单位注意现有的业务约定条款。

(1) 有迹象表明被审计单位误解审计目标和范围。

(2) 需要修改约定条款或增加特别条款。

(3) 被审计单位高级管理人员近期发生变动。

(4) 被审计单位所有权发生重大变动。

(5) 被审计单位业务的性质或规模发生重大变化。

(6) 法律法规的规定发生变化。

(7) 编制财务报表采用的财务报告编制基础发生变更。

(8) 其他报告要求发生变化。

（三）审计业务约定条款的变更

▶ 1. 变更审计业务约定条款的要求

在完成审计业务前，如果被审计单位或委托人要求将审计业务变更为保证程度较低的业务，则注册会计师应当确定是否存在合理理由予以变更。

下列原因可能导致被审计单位要求变更业务，如：①环境变化对审计服务的需求产生影响；②对原来要求的审计业务的性质存在误解；③无论是管理层施加的还是其他情况引起的审计范围受到限制。上述第①项和第②项通常被认为是变更业务的合理理由，但如果有迹象表明该变更要求与错误的、不完整的或者不能令人满意的信息有关，则注册会计师不应认为该变更是合理的。

如果没有合理的理由，则注册会计师不应同意变更业务。如果注册会计师不同意变更审计业务约定条款，而管理层又不允许继续执行原审计业务，则注册会计师应当：①在适用的法律法规允许的情况下，解除审计业务约定；②确定是否有约定义务或其他义务向治理层、所有者或监管机构等报告该事项。

▶ 2. 变更为审阅业务或相关服务业务的要求

在同意将审计业务变更为其他服务业务前，注册会计师还应当评估变更业务对法律责任或业务约定条款的影响。

如果注册会计师认为将审计业务变更为审阅业务或相关服务业务具有合理理由，截至变更日已执行的审计工作可能与变更后的业务相关，相应地，注册会计师需要执行的工作和出具的报告会适用于变更后的业务。为避免引起报告使用者的误解，报告不应提及原审计业务和在原审计业务中已执行的程序。只有将审计业务变更为执行商定程序业务，注册会计师才可在报告中提及已执行的程序。

引例解析

ABC会计师事务所审计项目团队与甲公司治理层及管理层沟通后，在修改2019年审计业务约定书的基础上，签订了如下所示的审计业务约定书。

审计业务约定书

甲方：甲公司

乙方：ABC会计师事务所

兹由甲方委托乙方对2020年度财务报表进行审计，经双方协商，达成以下约定。

一、业务范围与审计目标

1. 乙方接受甲方委托，对甲方按照企业会计准则编制的2020年12月31日的资产负债表，2020年度的利润表、股东权益变动表和现金流量表以及财务报表附注（以下统称财务报表）进行审计。

2. 乙方通过执行审计工作，对财务报表的下列方面发表审计意见：(1)财务报表是否按照企业会计准则的规定编制；(2)财务报表是否在所有重大方面公允反映了甲方2020年12月31日的财务状况以及2020年度的经营成果和现金流量。

二、甲方的责任与义务

（一）甲方的责任

1. 根据《中华人民共和国会计法》及《企业财务会计报告条例》，甲方及甲方负责人有责任保证会计资料的真实性和完整性。因此，甲方管理层有责任妥善保存和提供会计记录（包括但不限于会计凭证、会计账簿及其他会计资料），这些记录必须真实完整地反映甲方的财务状况、经营成果和现金流量。

2. 按照企业会计准则的规定编制和公允列报财务报表是甲方管理层的责任，这种责任包括：(1)按照企业会计准则的规定编制财务报表，并使其实现公允反映；(2)设计、实施和维护与财务报表编制相关的内部控制，以使财务报表不存在由于舞弊或错误而导致的重大错报。

（二）甲方的义务

1. 及时为乙方的审计工作提供其所要求的全部会计资料和其他有关资料（在2021年×月×日之前提供审计所需的全部资料），并保证所提供资料的真实性和完整性。

2. 确保乙方不受限制地接触任何与审计有关的记录、文件和所需的其他信息。

3. 甲方管理层对其做出的与审计有关的声明予以书面确认。

4. 为乙方派出的有关工作人员提供必要的工作条件和协助，主要事项将由乙方于外勤工作开始前提供清单。

5. 按本约定书的约定及时足额支付审计费用以及乙方人员在审计期间的交通、食宿和其他相关费用。

三、乙方的责任和义务

（一）乙方的责任

1. 乙方的责任是在执行审计工作的基础上对甲方财务报表发表审计意见。乙方按照中国注册会计师审计准则（以下简称审计准则）的规定进行审计。审计准则要求注册会计师遵守职业道德规范，计划和实施审计工作，以对财务报表是否不存在重大错报获取合理保证。

2. 审计工作涉及实施审计程序，以获取有关财务报表金额和披露的审计证据。选择的审计程序取决于乙方的判断，包括对由于舞弊或错误导致的财务报表重大错报风险的评估。在进行风险评估时，乙方考虑与财务报表编制相关的内部控制，以设计恰当的审计程序，但目的并非对内部控制的有效性发表意见。审计工作还包括评价管理层选用会计政策的恰当性和做出会计估计的合理性，以及评价财务报表的总体列报。

3. 乙方需要合理计划和实施审计工作，以使乙方能够获取充分、适当的审计证据，为甲方财务报表是否不存在重大错报获取合理保证。

4. 乙方有责任在审计报告中指明所发现的甲方在某重大方面没有遵循企业会计准则和《××会计制度》编制财务报表且未按乙方的建议进行调整的事项。

5. 由于测试的性质和审计的其他固有限制，以及内部控制的固有局限性，不可避免地存在某些重大错报在审计后可能仍然未被乙方发现的风险。

6. 在审计过程中，乙方若发现甲方内部控制存在乙方认为的重要缺陷，应向甲方提交管理建议书。但乙方在管理建议书中提出的各种事项，并不代表已全面说明所有可能存在的缺陷或已提出所有可行的改善建议。甲方在实施乙方提出的改善建议前应全面评估其影响。未经乙方书面许可，甲方不得向任何第三方提供乙方出具的管理建议书。

7. 乙方的审计不能减轻甲方及甲方管理层的责任。

（二）乙方的义务

1. 按照约定时间完成审计工作，出具审计报告。乙方应于2021年4月1日前出具审计报告。

2. 除下列情况外，乙方应当对执行业务过程中知悉的甲方信息予以保密：(1)取得甲方的授权；(2)根据法律法规的规定，为法律诉讼准备文件或提供证据，以及向监管机构报告发现的违反法规行为；(3)接受行业协会和监管机构依法进行的质量检查；(4)监管机构对乙方进行行政处罚(包括监管机构处罚前的调查、听证)以及乙方对此提起行政复议。

四、审计收费

1. 本次审计服务的收费是以乙方各级别工作人员在本次工作中所耗费的时间为基础计算的。乙方预计本次审计服务的费用总额为人民币31.8万元。

2. 甲方应于本约定书签署之日起2日内支付40%的审计费用，其余款项于审计报告草稿完成日结清。

3. 如果由于无法预见的原因，致使乙方从事本约定书所涉及的审计服务实际时间较本约定书签订时预计的时间有明显的增加或减少时，甲乙双方应通过协商，相应调整本约定书第4条第1项所述的审计费用。

4. 如果由于无法预见的原因，致使乙方人员抵达甲方的工作现场后，本约定书所涉及的审计服务不再进行，甲方不得要求退还预付的审计费用；如上述情况发生于乙方人员完成现场审计工作，并离开甲方的工作现场之后，甲方应另行向乙方支付人民币10万元的补偿费，该补偿费应于甲方收到乙方的收款通知之日起5日内支付。

5. 与本次审计有关的其他费用(包括交通费、食宿费等)由甲方承担。

五、审计报告和审计报告的使用

1. 乙方按照《中国注册会计师审计准则第1501号——审计报告》和《中国注册会计师审计准则第1502号——非标准审计报告》规定的格式和类型出具审计报告。

2. 乙方向甲方致送审计报告一式一份。

3. 甲方在提交或对外公布乙方出具的审计报告及其后附的已审计财务报表时，不得对其进行修改。当甲方认为有必要修改会计数据、报表附注和所作的说明时，应当事先通知乙方，乙方将考虑有关的修改对审计报告的影响，必要时，将重新出具审计报告。

六、本约定书的有效期间

本约定书自签署之日起生效，并在双方履行完毕本约定书约定的所有义务后终止。但其中第3条第2款中第2、4、5、8、9、10项并不因本约定书终止而失效。

七、约定事项的变更

如果出现不可预见的情况，影响审计工作如期完成，或需要提前出具审计报告，甲、乙双方均可要求变更约定事项，但应及时通知对方，并由双方协商解决。

八、终止条款

1. 如果根据乙方的职业道德及其他有关专业职责、适用的法律法规或其他任何法定的要求，乙方认为已不适宜继续为甲方提供本约定书约定的审计服务时，乙方可以采取向甲方提出合理通知的方式终止履行本约定书。

2. 在终止业务约定的情况下，乙方有权就其于本约定书终止之日前对约定的审计服务项目所做的工作收取合理的审计费用。

九、违约责任

甲、乙双方按照《中华人民共和国合同法》的规定承担违约责任。

十、适用法律和争议解决

本约定书的所有方面均应适用中华人民共和国法律进行解释并受其约束。本约定书履行地为乙方出具审计报告所在地，因本约定书所引起的或与本约定书有关的任何纠纷或争议(包括关于本约定书条款的存在、效力或终止，或无效之后果)，双方选择以下第__2__种解决方式：

1. 向有管辖权的人民法院提起诉讼；
2. 提交×仲裁委员会仲裁。

十一、双方对其他有关事项的约定

本约定书一式两份，甲、乙方各执一份，具有同等法律效力。

甲方：甲公司(盖章)　　　　　　乙方：ABC 会计师事务所(盖章)
授权代表：(签名并盖章)　　　　授权代表：(签名并盖章)
　　　　　陈量一　　　　　　　　　　　　陈凡
　　二〇二〇年十二月十四日　　　二〇二〇年十二月十四日

线上测试

扫描封底二维码　获取答题权限

在线自测4.1.2

任务 4.2　计划审计工作

子任务 4.2.1　制定总体审计策略和具体审计计划

任务引例

ABC 会计师事务所审计项目团队，在与甲公司签订审计业务约定书的基础上，拟对后续审计工作进行计划安排，制定总体审计策略和具体审计计划。

引例思考：ABC 会计师事务所审计项目团队针对甲公司 2020 年度财务报表，制定了怎样的总体审计策略？

任务分析

计划审计工作对注册会计师顺利完成审计工作和控制审计风险具有非常重要的意义。在计划审计工作时，注册会计师需要做到以下方面。

（1）制定总体审计策略和具体审计计划。

（2）考虑审计重要性。

（3）评价审计过程中识别出的错报。

知识准备

审计计划分为总体审计策略和具体审计计划两个层次。图 4-1 列示了审计计划工作的两个层次。

```
┌─────────┐   ┌─────────┐   ┌─────────┐
│ 风险评估 │──▶│ 风险应对 │──▶│  报告   │
└─────────┘   └─────────┘   └─────────┘

┌───────────────────────────────────────┐
│              审计计划                  │
│       根据要求持续不断地更新和修改计划    │
└───────────────────────────────────────┘

┌───────────────────────────────────────┐
│            总体审计策略                │
│  审计范围                              │
│  报告目标/时间                         │
│  审计方向      ┌───────────────────┐   │
│  审计资源      │    具体审计计划    │   │
│                │  应对评估风险的措施 │   │
│                │ 审计程序的性质、时间和范围│
│                └───────────────────┘   │
│         与治理层和管理层的沟通          │
└───────────────────────────────────────┘
```

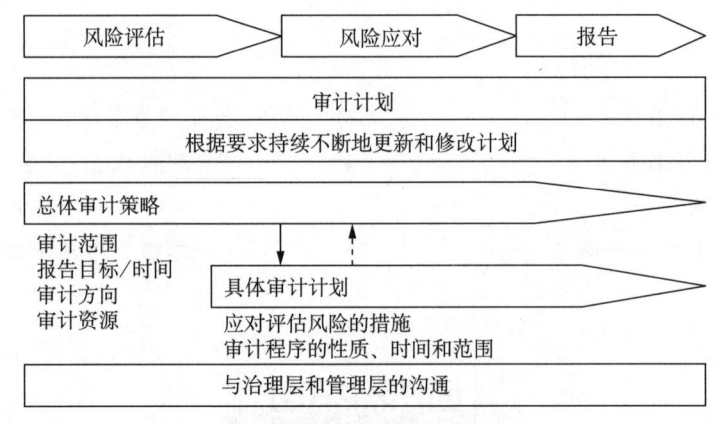

图 4-1 审计计划的两个层次

注册会计师应当针对总体审计策略中所识别的不同事项，制订具体审计计划，并考虑通过有效利用审计资源以实现审计目标。值得注意的是，虽然制定总体审计策略的过程通常在具体审计计划之前，但是这两项计划具有内在紧密联系，对其中一项的决定可能会影响甚至改变对另外一项的决定。例如，注册会计师在了解被审计单位及其环境的过程中，注意到被审计单位对主要业务的处理依赖复杂的自动化信息系统，因此计算机信息系统的可靠性及有效性对其经营、管理、决定以及编制可靠的财务报告具有重大影响。对此，注册会计师可能会在具体审计计划中制定相应的审计程序，并相应调整总体审计策略的内容，做出利用信息风险管理专家的工作的决定。

一、总体审计策略

注册会计师应当为审计工作制定总体审计策略。总体审计策略用以确定审计范围、时间安排和方向，并指导具体审计计划的制订。在制定

微课视频 4-2
制订审计计划

总体审计策略时，应当考虑：审计范围；报告目标、时间安排及所需沟通的性质；审计方向；审计资源等事项，同时也应考虑这些事项对具体审计计划的影响。表4-2列示了某会计师事务所进行年报审计时制定的一个总体审计策略。

二、具体审计计划

注册会计师应当为审计工作制订具体审计计划。具体审计计划比总体审计策略更加详细，其内容包括为获取充分、适当的审计证据将审计风险降至可接受的低水平，项目组成员拟实施的审计程序的性质、时间安排和范围。可以说，为获取充分、适当的审计证据，确定审计程序的性质、时间安排和范围的决策是具体审计计划的核心。具体审计计划应当包括风险评估程序、计划实施的进一步审计程序和其他审计程序。

（一）风险评估程序

按照相关审计准则的规定，该程序的具体审计计划应当包括，为了充分识别和评估财务报表重大错报风险，注册会计师计划实施的风险评估程序的性质、时间安排和范围。

（二）计划实施的进一步审计程序

按照相关审计准则的规定，该程序的具体审计计划应当包括：针对评估的认定层次的重大错报风险，注册会计师计划实施的进一步审计程序的性质、时间安排和范围。进一步审计程序包括控制测试和实质性程序。

需要强调的是，随着审计工作的推进，对审计程序的计划会一步步深入，并贯穿整个审计过程。例如，计划风险评估程序通常在审计开始阶段进行，计划进一步审计程序则需要依据风险评估程序的结果进行。因此，为达到编制具体审计计划的要求，注册会计师需要完成风险评估程序，识别和评估重大错报风险，并针对评估的认定层次的重大错报风险，计划实施进一步审计程序的性质、时间安排和范围。

通常，注册会计师计划的进一步审计程序可以分为进一步审计程序的总体方案和拟实施的具体审计程序（包括进一步审计程序的具体性质、时间安排和范围）两个层次。进一步审计程序的总体方案主要是指注册会计师针对各类交易、账户余额和披露决定采用的总体方案（包括实质性方案或综合性方案）。具体审计程序则是对进一步审计程序的总体方案的延伸和细化，它通常包括控制测试和实质性程序的性质、时间安排和范围。在实务中，注册会计师通常单独编制一套包括这些具体程序的"进一步审计程序表"，待具体实施审计程序时，注册会计师将基于计划的具体审计程序，进一步记录实施的审计程序及结果，并最终形成有关进一步审计程序的审计工作底稿。

另外，完整、详细的进一步审计程序的计划包括对各类交易、账户余额和披露实施的具体审计程序的性质、时间和范围，包括抽取的样本量等。在实务中，注册会计师可以统筹安排进一步审计程序的先后顺序，如果对某类交易、账户余额或披露已经做出计划，则可以安排先行开展工作，与此同时再制定其他交易、账户余额和披露的进一步审计程序。

（三）计划实施的其他审计程序

计划的其他审计程序可以包括上述进一步审计程序的计划中没有涵盖的、根据其他审计准则的要求注册会计师应当执行的既定程序，比如，针对舞弊、法律法规、持续经营、关联方等特定项目实施的审计程序。

三、审计过程中对计划的更改

计划审计工作并非审计业务的一个孤立阶段，而是一个持续的、不断修正的过程，贯穿整个审计业务的始终。由于未预期事项、条件的变化或在实施审计程序中获取的审计证据等原因，注册会计师应当在审计过程中对总体审计策略和具体审计计划做出必要的更新和修改。

审计过程可以分为不同阶段，通常前一阶段的工作结果会对后一阶段的工作计划产生影响，而在后一阶段的工作过程中又可能发现需要对已制订的相关计划进行相应的更新和修改。通常来讲，这些更新和修改涉及比较重要的事项。例如，对重要性水平的修改，对某类交易、账户余额和列报的重大错报风险的评估和进一步审计程序（包括总体方案和拟实施的具体审计程序）的更新和修改等。一旦计划被更新和修改，审计工作也就应当进行相应修正。

例如，如果在制订审计计划时，注册会计师基于对材料采购交易相关控制的设计和执行获取的审计证据，认为相关控制设计合理并得以执行，因此未将其评价为高风险领域并且计划实施控制测试。但是在实施控制测试时获取的审计证据与审计计划阶段获取的审计证据相矛盾，注册会计师认为该类交易的控制没有得到有效执行，此时，注册会计师可能需要修正对该类交易的风险评估，并基于修正的风险评估结果修改计划的审计方案，如采用实质性方案。

四、指导、监督与复核

注册会计师应当就对项目组成员工作的指导、监督，以及复核的性质、时间和范围制订计划。对项目组成员工作的指导、监督与复核的性质、时间安排和范围主要取决于下列因素：①被审计单位的规模和复杂程度；②审计领域；③评估的重大错报风险；④执行审计工作的项目组成员的素质和专业胜任能力。

注册会计师应在评估重大错报风险的基础上，对项目组成员工作的指导、监督，以及复核的性质、时间安排和范围制订计划。当评估的重大错报风险增加时，注册会计师通常会扩大指导与监督的范围，增强指导与监督的及时性，执行更详细的复核工作。在计划复核的性质、时间和范围时，注册会计师还应考虑单个项目组成员的素质和专业胜任能力。

引例解析

按照《中国注册会计师审计准则第1201号——计划审计工作》，注册会计师在制定总体审计策略时，应当考虑审计范围、报告目标、时间安排及所需沟通、审计方向、审计资源等事项，同时也应考虑这些事项对具体审计计划的影响。具体审计计划的内容包括为获取充分、适当的审计证据以将审计风险降至可接受的低水平，项目组成员拟实施的审计程序的性质、时间安排和范围。

ABC会计师事务所审计项目团队，通过编制了如表4-2所示的审计工作底稿，制定了针对甲公司2020年度财务报表的总体审计策略。

表 4-2　总体审计策略

被审计单位：	广东科丽机械股份有限公司	索引号：	BE
项目：	总体审计策略	财务报表截止日/期间：	2020.12.31
编制：	刘建军	复核：	徐天星
日期：	2021.1.10	日期：	2021.1.10

一、审计范围

报告要求	对2020年12月31日资产负债表及该年度利润表、现金流量表、股东权益变动表审计，无特殊要求
适用的财务报告编制基础	企业会计准则及其应用指南与相关解释
适用的审计准则	中国注册会计师执业准则及其指南
与财务报告相关的行业特别规定	《关于做好上市公司2020年年度报告工作的通知》
须审计的集团内组成部分的数量及所在地点	1个，地点在××
需要阅读的含有已审计财务报表的文件中的其他信息	上市公司已披露的公告，如半年报等
制定审计策略需考虑的其他事项	对子公司单独出具报告

二、审计业务时间安排

（一）对外报告时间安排：2021年4月1日

（二）执行审计时间安排

执行审计时间安排	时间
了解被审计单位及其环境	2021年1月1日—2021年1月13日
确定被审计单位重要性水平	2021年1月12日—2021年1月13日
制订总体审计策略	2021年1月10日—2021年1月15日
拟定风险评估计划	2021年1月16日—2021年1月17日
了解被审计单位内部控制	2021年1月18日—2021年1月24日
评估重大错报风险	2021年1月25日—2021年1月31日
拟订进一步审计计划	2021年2月1日—2021年2月2日
实施控制测试	2021年2月3日—2021年2月12日
实施实质性程序	2021年2月12日—2021年3月12日
复核审计工作	2021年3月12日—2021年3月22日
出具审计报告	2021年3月25日—2021年3月27日

（三）沟通的时间安排

所需沟通	时间
与管理层及治理层的会议	2021年1月10日、2021年3月25日
项目组会议（包括预备会和总结会）	2021年1月10日、2021年3月24日
与专家或有关人士的沟通	无
与前任注册会计师沟通	2021年1月10日

续表

三、影响审计业务的重要因素
（一）重要性

确定的重要性水平	索引号
按照本所业务手册中的规定确定的重要性水平为 1 098 127.58 元	BF

（二）可能存在较高重大错报风险的领域

可能存在较高重大错报风险的领域	索引号

（三）重要的组成部分和账户余额

填写说明：

1. 记录所审计的集团内重要的组成部分；
2. 记录重要的账户余额，包括本身具有重要性的账户余额（如存货），以及评估存在重大错报风险的账户余额。

重要的组成部分和账户余额	索引号
1. 重要的组成部分	
××子公司	
2. 重要的账户余额	
应收票据/存货/长期股权投资/固定资产/无形资产/应付账款/长、短期借款	ZC/ZI/ZM/ZO/ZU/FD/FA/FK
营业收入/营业成本/销售费用/管理费用/营业外收入/所得税费用	SA/SB/SD/SE/SF/SJ/SL

四、人员安排
（一）项目组主要成员的责任

职位	姓名	主要职责
主任会计师	陈凡	听取工作汇报；处理部门经理提出的重大问题请示报告；审阅审计报告
部门经理	徐天星	预审现场检查；审核审计计划；向主任汇报；听取项目经理汇报并审核工作底稿；现场检查；审定会计报表与编制合并报表；完成审计报告
项目负责人	刘建军	带领审计工作；编制审计计划；带领实施实质性程序；向部门经理汇报；参与向主任汇报，确定已审会计报表，编制合并报表；参与完成审计报告
项目成员	田小雨	采购与付款业务及固定资产业务
项目成员	赵大中	存货与仓储业务及销售与收款业务
项目成员	张于成	工薪业务及筹资与投资业务

（二）与项目质量控制复核人员的沟通（如适用）

复核的范围：

沟通内容	负责沟通的项目组成员	计划沟通时间
风险评估、对审计计划的讨论	徐天星、刘建军	
对财务报表的复核	陈凡、徐天星	

项目4　熟悉财务报表审计工作过程

线上测试

扫描封底二维码　获取答题权限

在线自测4.2.1

子任务4.2.2　评价审计过程中识别出的错报

任务引例

山东墨龙业绩"重大错报"连年亏损遭退市警示

2017年4月6日，山东墨龙石油机械股份有限公司（以下简称"山东墨龙"，002490.SZ）2016年年报出炉，业绩亏损6.12亿元。由于连续两年亏损，山东墨龙股票名称自4月7日起变为*ST墨龙，并发布退市风险警示。

在年报中，山东墨龙承认，公司在2016年前三季度的业绩报告中存在"重大错报"。此前，2016年10月26日，山东墨龙发布业绩预告称盈利600万～1 200万元。但短短3个月后，山东墨龙又发布业绩预告修正公告，预亏逾4.8亿元。在业绩变脸的同时，公司董事长张恩荣和总经理、副董事长张云三父子两人"精准"减持套现约3.6亿元未及时公告，现已遭证监会立案调查。值得注意的是，在此期间权益受损的投资者可以起诉索赔损失。

（资料来源：http://www.redsh.com/ppnews/20170417/165551.shtml）

引例思考：什么是错报？

任务分析

考虑审计过程中识别出的错报时，注册会计师需要：①明确错报的定义；②理解错报的分类；③与被审计单位管理层或治理层沟通已识别的错报。

知识准备

一、错报的定义

错报，是指某一财务报表项目的金额、分类或列报，与按照适用的财务报告编制基础应当列示的金额、分类或列报之间存在的差异；或根据注册会计师的判断，为使财务报表在所有重大方面实现公允反映，需要对金额、分类或列报做出的必要调整。错报可能是由于错误或舞弊导

微课视频4-3
错报的定义及分类

145

致的。错报可能由下列事项导致。

(1) 搜集或处理用以编制财务报表的数据时出现错误。

(2) 遗漏某项金额或披露，包括不充分或不完整的披露，以及为满足特定财务报告编制基础的披露目标而被要求做出的披露（如适用）。

(3) 由于疏忽或明显误解有关事实导致做出不正确的会计估计。

(4) 注册会计师认为管理层对会计估计做出不合理的判断或对会计政策做出不恰当的选择和运用。

(5) 信息的分类、汇总或分解不恰当。

二、累积识别的错报

注册会计师可能将低于某一金额的错报界定为明显微小的错报，对这类错报不需要累积。这些明显微小的错报，无论单独或者汇总起来，无论从规模、性质或其发生的环境来看都是明显微不足道的；同时，明显微小的错报的金额的数量级比确定的重要性的数量级更小。如果不确定一个或多个错报是否明显微小，就不能认为这些错报是明显微小的。

为了帮助注册会计师评价审计过程中累积的错报的影响以及与管理层和治理层沟通错报事项，将错报区分为事实错报、判断错报和推断错报可能是有用的。

(1) 事实错报。事实错报是毋庸置疑的错报。这类错报产生于被审计单位搜集和处理的数据，对事实的忽略或误解，或故意舞弊行为。例如，注册会计师在实施细节测试时发现最近购入存货的实际价值为 15 000 元，但账面记录的金额却为 10 000 元，因此，存货和应付账款分别被低估了 5 000 元，这里被低估的 5 000 元就是已识别的对事实的具体错报。

(2) 判断错报。由于注册会计师认为管理层对会计估计做出不合理的判断或不恰当地选择和运用会计政策而导致的差异。这类错报产生了以下两种情况。

1) 管理层与注册会计师对会计估计值的判断差异，例如，由于包含在财务报表中的管理层做出的估计值超出了注册会计师确定的一个合理范围，导致出现判断差异。

2) 管理层与注册会计师对选择和运用会计政策的判断差异，由于注册会计师认为管理层选用会计政策造成错报，而管理层却认为选用会计政策适当，导致出现判断差异。

(3) 推断错报。注册会计师对总体存在的错报做出的最佳估计数，涉及根据在审计样本中识别的错报来推断总体的错报。推断错报通常是指通过测试样本估计的总体的错报减去在测试中发现的已经识别的具体错报。例如，应收账款年末余额为 2 000 万元，注册会计师抽查 10% 样本发现金额有 100 万元的高估，高估部分为账面金额的 20%，据此注册会计师推断总体的错报金额为 400 万元（即 2 000×20%），那么上述 100 万元就是已识别的具体错报，其余 300 万元即推断误差。

三、对审计过程中识别的错报的评价

错报可能不会孤立发生，一项错报的发生还可能表明存在其他错报。例如，注册会计师识别由于内部控制失效而导致的错报,或被审计单位广泛运用不恰当的假设或评估方法而导致的错报,均可能表明还存在其他错报。

抽样风险和非抽样风险可能导致某些错报未被发现。审计过程中累积错报的汇总数接近计划审计工作时确定的重要性水平,则表明存在比可接受的低风险水平更大的风险,即可能未被发现的错报连同审计过程中累积错报的汇总数,可能超过重要性水平。

注册会计师可能要求管理层检查某类交易、账户余额或披露,以使管理层了解注册会计师识别的错报的产生原因,并要求管理层采取措施以确定这些交易、账户余额或披露实际发生错报的金额,以及对财务报表做出适当的调整。例如,在用从审计样本中识别的错报推断总体错报时,注册会计师可能提这些要求。

引例解析

错报,是指某一财务报表项目的金额、分类或列报,与按照适用的财务报告编制基础应当列示的金额、分类或列报之间存在的差异;或根据注册会计师的判断,为使财务报表在所有重大方面实现公允反映,需要对金额、分类或列报做出的必要调整。

线上测试

扫描封底二维码　　　在线自测4.2.2　　　获取答题权限

子任务 4.2.3　考虑重要性

任务引例

ABC 会计师事务所审计项目团队,在制定总体审计策略时,需要确定甲公司 2020 年度财务报表整体的重要性水平。

引例思考:ABC 会计师事务所审计项目团队是怎样确定甲公司财务报表整体重要性水平的?

任务分析

在计划审计工作时,注册会计师应当在了解被审计单位及其环境的基础上,确定一个财务报表层次的重要性水平,以发现在金额上重大的错报。必要时,注册会计师还应当评估特定类别交易、账户余额及披露认定层次的重要性,以便确定进一步审计程序的性质、时间和范围,将审计风险降至可接受的低水平。

在考虑重要性时,注册会计师应当:①理解重要性的含义;②能确定计划和实际执行的重要性水平;③能在审计过程中修改重要性。

知识准备

一、重要性的含义

通常而言,重要性概念可从以下方面进行理解。

(1)如果合理预期错报(包括漏报)单独或汇总起来可能影响财务报表使用者依据财务报表做出的经济决策,则通常认为错报是重大的。

(2)对重要性的判断是根据具体环境做出的,并受错报的金额或者性质的影响,或者受到两者共同作用的影响。

(3)判断某事项对财务报表使用者是否重大,是在考虑财务报表使用者整体共同的财务信息需求的基础上做出的。由于不同财务报表使用者对财务信息的需求可能差异很大,因此不考虑错报对个别财务报表使用者可能产生的影响。

在审计开始时,就必须对重大错报的规模和性质做出一个判断,包括确定财务报表整体的重要性和特定交易类别、账户余额和披露的重要性水平。当错报金额高于整体重要性水平时,就很可能被合理预期将对使用者根据财务报表做出的经济决策产生影响。

注册会计师使用整体重要性水平(将财务报表作为整体)的目的有:①决定风险评估程序的性质、时间安排和范围;②识别和评估重大错报风险;③确定进一步审计程序的性质、时间安排和范围。

在整个业务过程中,随着审计工作的进展,注册会计师应当根据获得的新信息更新重要性。

在形成审计结论阶段,要使用整体重要性水平和为了特定交易类别、账户余额和披露而确定的较低金额的重要性水平来评价已识别的错报对财务报表的影响和对审计报告中审计意见的影响。

二、重要性水平的确定

在计划审计工作时,注册会计师应当确定一个合理的重要性水平,以发现在金额上重大的错报。注册会计师在确定计划的重要性水平时,需要考虑对被审计单位及其环境的了解、审计的目标、财务报表各项目的性质及其相互关系、财务报表项目的金额及其波动幅度。

微课视频 4-4
财务报表整体重要性水平的确定

(一)财务报表整体的重要性水平

由于财务报表审计的目标是注册会计师通过执行审计工作对财务报表发表审计意见,因此,注册会计师应当考虑财务报表整体的重要性。只有这样,才能得出财务报表是否公允反映的结论。注册会计师在制定总体审计策略时,应当确定财务报表整体的重要性。

确定多大错报会影响财务报表使用者所做决策，是注册会计师运用职业判断的结果。很多注册会计师根据所在会计师事务所的惯例及自己的经验，考虑重要性。

注册会计师在运用职业判断确定重要性水平时，通常先选择一个基准，再乘以某一百分比作为财务报表整体的重要性。

▶ 1. 选择适当的基准

在选择基准时，需要考虑的因素包括以下几方面。

（1）财务报表的要素（如资产、负债、所有者权益、收入和费用）。

（2）是否存在特定会计主体的财务报表使用者特别关注的项目（如为了评价财务业绩，使用者可能更关注利润、收入或净资产）。

（3）被审计单位的性质、所处的生命周期阶段及所处行业和经济环境。

（4）被审计单位的所有权结构和融资方式（例如，如果被审计单位仅通过债务而非权益进行融资，财务报表使用者可能更关注资产及资产的索偿权，而非被审计单位的收益）。

（5）基准的相对波动性。

适当的基准取决于被审计单位的具体情况，包括各类报告收益（如税前利润、营业收入、毛利和费用总额），以及所有者权益或净资产。

注册会计师为被审计单位选择的基准在各年度中通常会保持稳定，但是并非必须保持一贯不变。注册会计师可以根据经济形势、行业状况和被审计单位具体情况的变化对采用的基准做出调整。

表 4-3 举例说明了一些实务中较常用的基准。

表 4-3　常用的基准

被审计单位的情况	可能选择的基准
1. 企业的盈利水平保持稳定（或者企业进入经营成熟期）	经常性业务的税前利润
2. 企业近年来经营状况大幅度波动，盈利和亏损交替发生，或者由正常盈利变为微利或微亏，或者本年度税前利润因情况变化而出现意外增加或减少	过去 3～5 年经常性业务的平均税前利润或亏损（取绝对值），或其他基准，例如毛利、营业收入、总资产等
3. 企业为新设企业，处于开办期，尚未开始经营，目前正在建造厂房及购买机器设备（或者企业处于新设立阶段）	总资产
4. 企业处于新兴行业，目前侧重于抢占市场份额、扩大企业知名度和影响力（或者企业处于成长期）	营业收入
5. 开放式基金，致力优化投资组合、提高基金净值、为基金持有人创造投资价值	净资产
6. 国际企业集团设立的研发中心，主要为集团下属各企业提供研发服务，并以成本加成的方式向相关企业收取费用	成本与营业费用总额
7. 公益性质的基金会	捐赠收入或捐赠支出总额

▶ 2. 为选定的基准确定百分比

为选定的基准确定百分比需要运用职业判断。百分比和选定的基准之间存在一定的联系，如经常性业务的税前利润对应的百分比通常比营业收入对应的百分比要高。例如，对以盈利为目的的制造行业实体，注册会计师可能认为经常性业务的税前利润的5%是适当的；而对非营利组织，注册会计师可能认为总收入或费用总额的1%是适当的。百分比无论是高一些还是低一些，只要符合具体情况，都是适当的。

在确定百分比时，需要考虑的因素包括：①被审计单位是否为上市公司或公众利益实体；②财务报表使用者的范围；③被审计单位是否由集团内部关联方提供融资或是否由大额对外融资（如债券或银行贷款）；④财务报表使用者是否对基准数据特别敏感（如有特殊目的财务报表的使用者）。

注册会计师在确定重要性水平时，无须考虑与具体项目计量相关的固有不确定性。

（二）特定类别交易、账户余额或披露的重要性水平

根据被审计单位的特定情况，下列因素可能表明存在一个或多个特定类别的交易、账户余额或披露，其发生的错报金额虽然低于财务报表整体的重要性，但合理预期将影响财务报表使用者依据财务报表做出的经济决策。

（1）法律法规或适用的财务报告编制基础是否影响财务报表使用者对特定项目（如关联方交易、管理层和治理层的薪酬）计量或披露的预期。

（2）与被审计单位所处行业相关的关键性披露（如制药企业的研究与开发成本）。

（3）财务报表使用者是否特别关注财务报表中单独披露的业务的特定方面（如新收购的业务）。

在根据被审计单位的特定情况考虑是否存在上述交易、账户余额或披露时，了解治理层和管理层的看法和预期通常是有用的。

（三）实际执行的重要性水平

实际执行的重要性水平，是指注册会计师确定的低于财务报表整体重要性的一个或多个金额，旨在将未更正和未发现错报的汇总数超过财务报表整体重要性的可能性降至适当的低水平。如果适用，实际执行的重要性水平还指注册会计师确定的低于特定类别交易、账户余额或披露的重要性水平的一个或多个金额，旨在将这些交易、账户余额或披露中未更正与未发现错报的汇总数超过这些交易、账户余额或披露的重要性水平的可能性降至适当的低水平。

确定实际执行的重要性并非简单机械的计算，而是需要注册会计师运用职业判断，并考虑下列因素的影响。

（1）对被审计单位的了解（这些了解在实施风险评估程序的过程中得到更新）。

（2）前期审计工作中识别的错报的性质和范围。

（3）根据前期识别的错报对本期错报做出的预期。

通常而言，实际执行的重要性通常为财务报表整体重要性的50%～75%。

如果存在下列情况，注册会计师可能考虑选择较低的百分比来确定实际执行的重要性水平：①首次接受委托的审计项目或者以前年度审计调整较多的连续审计项目；②项目总体风险较高（如处于高风险行业、管理层能力欠缺、面临较大市场竞争压力或业绩压力

等);③存在或预期存在值得关注的内部控制缺陷。

如果存在下列情况,注册会计师可能考虑选择较高的百分比来确定实际执行的重要性水平:①以前年度审计调整较少的连续审计项目;②项目总体风险为低到中等(如处于非高风险行业、管理层有足够能力、面临较低的市场竞争压力和业绩压力等);③以前期间的审计经验表明内部控制运行有效。

实际执行的重要性在审计中的作用主要体现在以下两个方面:①注册会计师在计划审计工作时可以根据实际执行的重要性确定需要对哪些类型的交易、账户余额和披露实施进一步审计程序,即通常选取金额超过实际执行的重要性的财务报表项目,因为这些财务报表项目有可能导致财务报表出现重大错报。②运用实际执行的重要性确定进一步审计程序的性质、时间安排和范围。例如,在实施实质性分析程序时,注册会计师确定的已记录金额与预期值之间的可接受差异额通常不超过实际执行的重要性;在运用审计抽样实施细节测试时,注册会计师可以将可容忍错报的金额设定为等于或低于实际执行的重要性。

(四)审计过程中修改重要性

由于存在下列原因,注册会计师可能需要修改财务报表整体的重要性和特定类别的交易、账户余额或披露的重要性水平(如适用)。

(1) 审计过程中情况发生重大变化(如决定处置被审计单位的一个重要组成部分)。

(2) 获取新信息。

(3) 通过实施进一步审计程序,注册会计师对被审计单位及其经营的了解发生变化。

例如,注册会计师在审计过程中发现,实际财务成果与最初确定财务报表整体的重要性时使用的预期本期财务成果相比存在很大差异,则需要修改重要性。

引例解析

按照《中国注册会计师审计准则第1221号——计划和执行审计工作时的重要性》,注册会计师通常先选择一个基准,再乘以某一百分比作为财务报表整体的重要性水平。确定重要性需要运用职业判断。

ABC会计师事务所审计项目团队,通过编制如表4-4所示的审计工作底稿,确定了甲公司2020年度财务报表整体的重要性水平。

表4-4 数量方面重要性水平初步确定表

被审计单位:	广东科丽机械股份有限公司	索引号:	BE
项目:	数量方面重要性水平初步确定表	财务报表截止日/期间:	2020.12.31
编制:	刘建军	复核:	徐天星
日期:	2021.2.8	日期:	2021.2.8

1. 确定方法:

总资产×1.5%,或者净资产×7.5%

2. 使用本方法的理由:

(1) 总资产和净利润近几年的总体增长趋势平稳;

(2) 总资产规模或净利润额一般,不会超大也不会很小。

3. 资产负债表层次的重要性水平：

2020 年广东科丽机械股份有限公司未审计资产负债表中资产总额为 262 165 391.61 元，资产负债表层次的重要性水平＝262 165 391.61×0.015＝3 932 480.87 元

4. 利润表层次的重要性水平：

2020 年广东科丽机械股份有限公司未审计利润表中净利润总额为 14 641 701.11 元，利润表层次的重要性水平＝14 641 701.11×0.075＝1 098 127.58 元

5. 报表层次重要性水平：

由于资产负债表层次的重要性水平大于利润表层次的重要性水平，因此报表层次的重要性水平为利润表层次的重要性水平 1 098 127.58 元。

线上测试

在线自测4.2.3

子任务 4.2.4 考虑审计风险

任务引例

A 注册会计师在评估 W 公司的应收账款审计时，面临的可接受的审计风险和应收账款存在认定的重大错报风险水平，可能出现的 4 种情况如表 4-5 所示。

表 4-5　W 公司审计风险情况

风险类别	情况一	情况二	情况三	情况四
可接受的审计风险	4%	4%	2%	2%
重大错报风险	100%	50%	100%	80%

引例思考：(1) 计算上述 4 种情况下的可接受检查风险水平分别是多少。

(2) 哪种情况下注册会计师需要获取的审计证据最多，为什么？

任务分析

审计业务是一种保证程度高的鉴证业务，可接受的审计风险应当足够低，以使注册会计师能够合理保证所审计的财务报表不含有重大错报。因此，在执行审计业务时，注册会计师应当考虑审计风险，理解审计风险的含义，运用审计风险模型有效地控制审计风险。

知识准备

一、审计风险的含义

审计风险，是指当财务报表存在重大错报时，注册会计师发表不恰当审计意见的可能性。审计业务是一种保证程度高的鉴证业务，可接受的审计风险应当足够低，以使注册会计师能够合理保证所审计财务报表不含有重大错报。审计风险取决于重大错报风险和检查风险。

微课视频 4-7 审计风险的定义

二、重大错报风险

重大错报风险是指财务报表在审计前存在重大错报的可能性。重大错报风险与被审计单位的风险相关，且独立于财务报表的审计而存在。在设计审计程序以确定财务报表整体是否存在重大错报时，注册会计师应当从财务报表层次和各类交易、账户余额和披露认定层次考虑重大错报风险。

微课视频 4-8 重大错报风险

（一）两个层次的重大错报风险

财务报表层次重大错报风险与财务报表整体存在广泛联系，可能影响多项认定。此类风险通常与控制环境有关，但也可能与其他因素有关，如经济萧条。此类风险难以界定某类交易、账户余额和披露的具体认定；相反，此类风险增大了认定层次发生重大错报的可能性，与注册会计师考虑由舞弊引起的风险尤其相关。

注册会计师同时考虑各类交易、账户余额和披露认定层次的重大错报风险，考虑的结果直接有助于注册会计师确定认定层次上实施的进一步审计程序的性质、时间安排和范围。注册会计师在各类交易、账户余额和披露认定层次获取审计证据，以便能够在审计工作完成时，以可接受的低审计风险水平对财务报表整体发表审计意见。

（二）固有风险和控制风险

认定层次的重大错报风险又可进一步细分为固有风险和控制风险。

固有风险是指在考虑相关的内部控制之前，某类交易、账户余额或披露的某一认定易于发生错报（该错报单独或连同其他错报可能是重大的）的可能性。某些类别的交易、账户余额和披露及其认定，固有风险较高。例如，复杂的计算比简单的计算更可能出错；受重大计量不确定性影响的会计估计发生错报的可能性较大。产生经营风险的外部因素也可能影响固有风险，比如，技术进步可能导致某项产品陈旧，进而导致存货易于发生高估错报（计价认定）。被审计单位及其环境中的某些因素还可能与多个甚至所有类别的交易、账户余额和披露有关，进而影响多个认定的固有风险。这些因素包括维持经营的流动资金匮乏、被审计单位处于夕阳行业等。

控制风险是指某类交易、账户余额或披露的某一认定发生错报，该错报单独或连同其他错报是重大的，但没有被内部控制及时防止或发现并纠正的可能性。控制风险取决于与财务报表编制有关的内部控制的设计和运行的有效性。由于控制的固有局限性，某种程度的控制风险始终存在。

需要特别说明的是，由于固有风险和控制风险不可分割地交织在一起，有时无法单独进行评估，实务中通常不再单独提到固有风险和控制风险，而只是将这两者合并称为"重大错报风险"。但这并不意味着，注册会计师不可以单独对固有风险和控制风险进行评估。相反，注册会计师既可以对两者进行单独评估，也可以对两者进行合并评估。具体采用的评估方法取决于会计师事务所偏好的审计技术和方法及实务上的考虑。

三、检查风险

检查风险是指如果存在某一错报，该错报单独或连同其他错报可能是重大的，注册会计师为将审计风险降至可接受的低水平而实施程序后没有发现这种错报的风险。

检查风险取决于审计程序设计的合理性和执行的有效性。由于注册会计师通常并不对所有的交易、账户余额和列报进行检查，以及其他原因，检查风险不可能降低为零。其他原因包括注册会计师可能选择了不恰当的审计程序、审计过程执行不当，或者错误理解了审计结论。这些其他因素可以通过适当计划、在项目组成员之间进行恰当的职责分配、保持职业怀疑态度，以及监督、指导和复核项目组成员所执行的审计工作得以解决。

四、检查风险与重大错报风险的反向关系

在既定的审计风险水平下，可接受的检查风险水平与认定层次重大错报风险的评估结果呈反向关系。评估的重大错报风险越高，可接受的检查风险越低；评估的重大错报风险越低，可接受的检查风险越高。这两种风险的关系可以用图 4-2 表示。检查风险与重大错报风险的反向关系用数学模型表示如下：

审计风险＝重大错报风险×检查风险

这个模型也就是审计风险模型。假设针对某一认定，注册会计师将可接受的审计风险水平设定为 5%，注册会计师实施风险评估程序后将重大错报风险评估为 25%，则根据这一模型，可接受的检查风险为 20%。当然，在实务中，注册会计师不一定用绝对数量表达这些风险水平，而选用"高""中""低"等文字进行定性描述。

注册会计师应当合理设计审计程序的性质、时间安排和范围，并有效执行审计程序，以控制检查风险。上例中，注册会计师根据确定的可接受检查风险（20%），设计审计程序的性质、时间安排和范围。审计计划在很大程度上围绕确定审计程序的性质、时间安排和范围而展开。

五、重要性水平与审计风险、审计证据数量之间的关系

重要性与审计风险之间存在反向关系。重要性水平越高，注册会计师面临的审计风险就越低；重要性水平越低，注册会计师面临的审计风险就越高。注册会计师面临的审计风险就越高，就越要求注册会计师搜集更多、更有效的审计证据，以将检查风险降至可接受

的低水平,进而将其审计后的审计风险降至可接受的低水平。因此,重要性水平与审计证据数量之间也存在反向变动关系。重要性水平、审计证据数量与审计风险之间的关系如表 4-6、表 4-7 和表 4-8 所示。

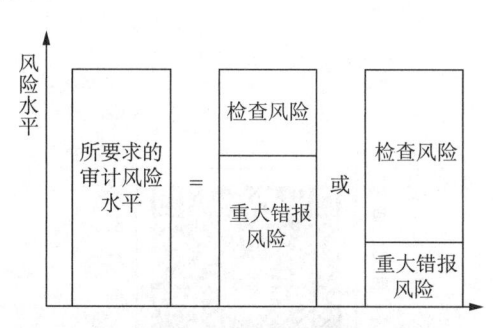

图 4-2 检查风险与重大错报风险的反向关系

表 4-6 重要性水平、审计证据数量与审计风险之间的关系

重要性水平	审计证据数量	估计的审计风险	实际审计风险(对审计工作的影响)
∞	0	0	后怕(效果)→法院
0	∞	∞	后悔(效率)→医院
越高(越低)	越少(越多)	越低(越高)	—

表 4-7 重要性水平、审计风险与审计证据数量之间的关系

重要性水平	重大错报的门槛(标准)	可接受的审计风险水平=重大错报风险评估水平×可接受的检查风险水平			拟实施的审计程序	审计证据数量
		重大错报风险评估水平	可接受的审计风险水平	可接受的检查风险水平		
↑(越高)	↑(越高)	↓(越低)	≡(既定)	↑(越高)	↓(越少)	↓(越少)

表 4-8 重要性水平、审计风险与审计证据数量之间的关系

重要性水平	对审计结果的要求	可接受的审计风险水平=重大错报风险评估水平×可接受的检查风险水平			拟实施的审计程序	审计证据数量
		可接受的审计风险水平	重大错报风险评估水平	可接受的检查风险水平		
↑(越高)	↓(越低)	↑(越高)	≡(既定)	↑(越高)	↓(越少)	↓(越少)

引例解析

(1) 根据审计风险模式,可接受的检查风险水平=可接受的审计风险÷重大错报风险

情况一:可接受的检查风险水平=4%÷100%=4%

情况二:可接受的检查风险水平=4%÷50%=8%

情况三:可接受的检查风险水平=2%÷100%=2%

情况四：可接受的检查风险水平＝2%÷80%＝5%

（2）在第三种情况下需要注册会计师获取最多的审计证据。因为可接受的检查风险水平与审计证据的数量成反比关系，即可接受的检查风险水平越低，所需要获取的审计证据越多，反之亦然。

线上测试

扫描封底二维码　自测　获取答题权限

在线自测4.2.4

任务4.3　识别与评估重大错报风险

子任务4.3.1　初识重大错报风险的识别与评估

任务引例

ABC会计师事务所的注册会计师徐天星和刘建军负责对甲公司2020年度财务报表进行审计，在制定总体审计策略和具体审计计划后，注册会计师徐天星和刘建军拟对甲公司2020年度财务报表中的重大错报风险进行识别与评估。

引例思考：注册会计师徐天星和刘建军在对甲公司2020年度财务报表的重大错报风险进行识别与评估时，通常需要实施哪些风险评估程序？

任务分析

在了解被审计单位及其环境前，注册会计师应当初步认识重大错报风险的识别与评估，为此，需要：①理解风险评估的含义；②明确风险评估的总体要求；③熟悉风险评估的程序。

知识准备

一、重大错报风险识别与评估的含义

重大错报风险的识别与评估是指注册会计师通过实施风险识别与评估程序，以识别和评估被审计单位财务报表层次与认定层次重大错报风险的过程。其中，重大错报风险的识别是指找出财务报表层次和认定层次的重大错报风险；重大错报风险的评估是指对重大错

报发生的可能性和后果严重程度进行评估。

二、重大错报风险识别与评估的总体要求

根据审计风险准则的相关规定,注册会计师应当了解被审计单位及其环境,以充分识别和评估财务报表重大错报风险,设计和实施进一步审计程序。

三、重大错报风险识别与评估的程序和信息来源

注册会计师在了解被审计单位及其环境的基础上,对被审计单位财务报表的重大错报风险进行识别和评估而实施的程序称为"风险评估程序"。注册会计师应当依据实施下列程序所获取的信息,以识别与评估重大错报风险。

微课视频 4-9
风险评估程序

(一)询问被审计单位管理层和被审计单位内部其他人员

注册会计师首先应该考虑向管理层和财务负责人询问下列事项,以获得有助于识别与评估重大错报风险的大部分信息。

(1)管理层所关注的主要问题,如新的竞争对手、主要客户和供应商的流失、新的税收法规的实施以及经营目标或战略的变化等。

(2)被审计单位最近的财务状况、经营成果和现金流量。

(3)可能影响财务报告的交易和事项,或者目前发生的重大会计处理问题,如重大的购并事宜等。

(4)被审计单位发生的其他重要变化,如所有权结构、组织结构的变化,以及内部控制的变化等。

除此之外,注册会计师还可以通过询问被审计单位内部的其他不同层级的人员获取信息,为识别重大错报风险提供不同的视角。例如:

(1)直接询问治理层,可能有助于注册会计师了解编制财务报表的环境;

(2)直接询问内部审计人员,可能有助于获取有关针对被审计单位内部控制的内部审计程序及其影响;

(3)询问参与生成、处理或记录复杂或异常交易的员工,可能有助于注册会计师评价被审计单位选择和运用某些会计政策的恰当性;

(4)直接询问内部法律顾问,可能有助于注册会计师了解诸如诉讼、遵守法律法规的情况、影响被审计单位的舞弊或舞弊嫌疑、产品保证、售后责任、与业务合作伙伴的安排(如合营企业)和合同条款的含义等信息;

(5)直接询问营销或销售人员,可能有助于注册会计师了解被审计单位营销策略的变化、销售趋势或与客户的合同安排。

(二)实施分析程序

在重大错报风险的识别与评估中实施分析程序的主要目的在于,识别那些可能表明财务报表存在重大错报风险的异常交易或事项,以及对财务报表和审计产生影响的金额、比率和趋势。

在实施分析程序时，注册会计师应当预期可能存在的合理关系，并与被审计单位记录的金额、依据记录金额计算的比率或趋势相比较；如果发现异常或未预期到的关系，注册会计师应当在识别重大错报风险时考虑这些比较结果。

如果使用了高度汇总的数据，实施分析程序的结果可能仅初步显示财务报表存在重大错报，将分析程序的结果与识别重大错报风险时获取的其他信息一并考虑，可以帮助注册会计师了解并评价分析程序的结果。例如，被审计单位存在很多产品系列，各个产品系列的毛利率存在一定差异。对总体毛利率实施分析程序的结果可能仅初步显示销售成本存在重大错报，注册会计师需要实施更详细的分析程序。例如，对每一产品系列进行毛利率分析，或者将总体毛利率分析的结果连同其他信息一并考虑。

(三) 观察

(1) 观察被审计单位的经营活动。例如，观察被审计单位人员正在从事的生产活动和内部控制活动，可以增加注册会计师对被审计单位人员如何进行生产经营活动及实施内部控制的了解。

(2) 实地察看被审计单位的生产经营场所和厂房设备。通过现场访问和实地察看被审计单位的生产经营场所和厂房设备，可以帮助注册会计师了解被审计单位的性质及其经营活动。在实地察看被审计单位的厂房和办公场所的过程中，注册会计师有机会与被审计单位的管理层和担任不同职责的员工进行交流，可以增强注册会计师对被审计单位的经营活动及其重大影响因素的了解。

(四) 检查

(1) 检查文件、记录和内部控制手册。例如，检查被审计单位的经营计划、策略、章程，与其他单位签订的合同、协议，各业务流程操作指引和内部控制手册等，了解被审计单位组织结构和内部控制制度的建立健全情况。

(2) 阅读由管理层和治理层编制的报告。例如，阅读被审计单位年度和中期财务报告，股东大会、董事会会议、高级管理层会议的会议记录或纪要，管理层的讨论和分析资料，经营计划和战略，对重要经营环节和外部因素的评价，被审计单位内部管理报告以及其他特殊目的报告(如新投资项目的可行性分析报告)等，了解自上一期审计结束至本期审计期间被审计单位发生的重大事项。

(3) 追踪交易在财务报告信息系统中的处理过程(穿行测试)。这是注册会计师了解被审计单位业务流程及其相关控制时经常使用的审计程序。通过追踪某笔或某几笔交易在业务流程中如何生成、记录、处理和报告，以及相关内部控制如何执行，注册会计师可以确定被审计单位的交易流程和相关控制是否与之前通过其他程序所获得的了解一致，并确定相关控制是否得到执行。

四、其他审计程序和信息来源

(一) 其他审计程序

除了采用上述程序从被审计单位内部获取信息以外，如果根据职业判断认为从被审计单位外部获取的信息有助于识别重大错报风险,则注册会计师应当实施其他审计程序以获取这些信息。例如,询问被审计单位聘请的外部法律顾问、专业评估师、投资顾问和财务顾问等;阅读外部信息也可能有助于注册会计师了解被审计单位及其环境。外部信息包括证券分析师、银行、评级机构出具的有关被审计单位及其所处行业的经济或市场环境等状况的报告,贸易与经济方面的期刊,法规或金融出版物,以及政府部门或民间组织发布的行业报告和统计数据等外部信息。

(二)其他信息来源

(1)业务承接阶段的信息。注册会计师应当考虑在客户接受或保持过程中获取的信息,以及向被审计单位提供其他服务(如执行中期财务报表审阅业务)所获得的经验是否有助于识别重大错报风险。通常,对新的审计业务,注册会计师应在业务承接阶段对被审计单位及其环境有一个初步的了解,以确定是否承接该业务;而对连续审计业务,也应在每年的续约过程中对上年审计作总体评价,并更新对被审计单位的了解和风险评估结果,以确定是否续约。

(2)前期审计的信息。对于连续审计业务,如果拟利用以往与被审计单位交往的经验和以前审计中实施审计程序获取的信息,注册会计师应当确定被审计单位及其环境自以前审计后是否已发生变化,进而可能影响这些信息对本期审计中的相关性。例如,通过前期审计获取的有关被审计单位组织结构、生产经营活动和内部控制的审计证据,以及有关以往的错报和错报是否得到及时更正的信息,可以帮助注册会计师评估本期财务报表的重大错报风险。

(三)重大错报风险识别与评估程序的使用

需要注意的是,注册会计师无须在了解被审计单位及其环境的每个方面都实施以上所有的风险评估程序。例如,在了解内部控制时通常不用分析程序。但是,对被审计单位及其环境获取了解的整个过程中,注册会计师通常会实施上述所有的风险评估程序。

五、项目组内部的讨论

项目组内部的讨论在所有业务阶段都非常必要,可以保证所有事项都得到恰当的考虑。通过安排具有较多经验的成员(如项目合伙人)参与项目组内部的讨论,其他成员可以分享其见解和以往获取的被审计单位的经验。

(一)讨论的要求

审计风险准则要求项目合伙人和项目组其他关键成员应当讨论被审计单位财务报表存在重大错报的可能性,以及如何根据被审计单位的具体情况运用适用的财务报告编制基础。项目合伙人应当确定向未参与讨论的项目组成员通报哪些事项。

(二)讨论的目标

项目组内部的讨论为项目组成员提供了交流信息和分享见解的机会。项目组讨论可以使成员更好地了解在各自分工负责的领域中,由于舞弊或错误导致财务报表重大错报的可能性，并了解各自实施审计程序的结果如何影响审计的其他方面，包括对确定进一步审计程序的性质、时间安排和范围的影响。

（三）讨论的内容

项目组应当讨论被审计单位面临的经营风险、财务报表容易发生错报的领域以及发生错报的方式，特别是由于舞弊导致重大错报的可能性。讨论的内容和范围受项目组成员的职位、经验和所需要的信息的影响。

（四）参与讨论的人员

注册会计师应当运用职业判断确定项目组内部参与讨论的成员。项目组的关键成员应当参与讨论，如果项目组需要拥有信息技术或其他特殊技能的专家，这些专家也应参与讨论。参与讨论人员的范围受项目组成员的职责经验和信息需要的影响。例如，在跨地区审计中，每个重要地区项目组的关键成员应该参加讨论，但不要求所有成员每次都参加项目组的讨论。

（五）讨论的时间

项目组应当根据审计的具体情况，在整个审计过程中持续交换有关财务报表发生重大错报可能性的信息。

（六）讨论的方式

项目组在讨论时应当强调在整个审计过程中保持职业怀疑，警惕可能发生重大错报的迹象，并对这些迹象进行严格追踪。

引例解析

（1）询问甲公司管理层和甲公司内部其他人员。

（2）实施分析程序，以识别那些可能表明财务报表存在重大错报风险的异常交易或事项，以及对财务报表和审计产生影响的金额、比率和趋势。

（3）观察甲公司的经营活动；实地察看甲公司的生产经营场所和厂房设备。

（4）检查甲公司的文件、记录和内部控制手册；阅读甲公司管理层和治理层编制的报告；追踪交易在甲公司财务报告信息系统中的处理过程(穿行测试)。

线上测试

在线自测4.3.1

子任务 4.3.2　了解被审计单位及其环境

任务引例

ABC 会计师事务所的注册会计师徐天星和刘建军负责对甲公司 2020 年度财务报表进行审计，在制定总体审计策略和具体审计计划后，注册会计师徐天星和刘建军拟对甲公司 2020 年度财务报表中的重大错报风险进行识别与评估。按照相关审计准则规定，在识别和评估甲公司 2020 年度财务报表中的重大错报风险时，必须了解甲公司及其环境的相关信息。

引例思考：需要了解甲公司及其环境哪些方面的相关信息？

任务分析

在了解被审计单位及其环境时，注册会计师应当：①明确了解被审计单位及其环境的总体要求；②熟知被审计单位及其环境的内容；③理解被审计单位及其环境的内容与重大错报风险的联系。

知识准备

一、基本规定

（一）总体要求

了解被审计单位及其环境是一个连续和动态地搜集、更新分析信息的过程，贯穿整个审计过程的始终。了解被审计单位及其环境是必要的审计程序，特别是能为注册会计师在下列关键环节做出职业判断提供重要基础：①确定重要性水平，并随着审计工作的进程评估对重要性水平的判断是否仍然适当；②考虑会计政策的选择和运用是否恰当，以及财务报表的披露（包括披露，下同）是否适当；③识别需要特别考虑的领域，包括关联方交易、管理层运用持续经营假设的合理性，或交易是否具有合理的商业目的等；④确定在实施分析程序时所使用的预期值；⑤设计和实施进一步审计程序，以将审计风险降至可接受的低水平；⑥评价所获取审计证据的充分性和适当性。

（二）确定了解被审计单位及其环境的程度

注册会计师应当运用职业判断确定需要了解被审计单位及其环境的程度。评价对被审计单位及其环境了解的程度是否恰当，关键是看注册会计师对被审计单位及其环境的了解是否足以识别和评估财务报表重大错报风险。如果了解被审计单位及其环境获得的信息足以识别和评估财务报表重大错报风险，设计和实施进一步审计程序，那么了解的程度就是恰当的。当然，要求注册会计师对被审计单位及其环境了解的程度，要低于管理层为经营管理企业而对被审计单位及其环境需要了解的程度。

（三）了解被审计单位及其环境的内容

注册会计师应当从下列方面了解被审计单位及其环境：①行业状况、法律环境与监管环境以及其他外部因素；②被审计单位的性质；③被审计单位对会计政策的选择和运用；④被审计单位的目标、战略以及可能导致重大错报风险的相关经营风险；⑤被审计单位财务业绩的衡量和评价；⑥被审计单位的内部控制。

上述第(1)项是被审计单位的外部环境，第(2)项至第(4)项以及第(6)项是被审计单位的内部因素，第(5)项则既有外部因素也有内部因素。

微课视频 4-10
了解被审计单位
及其环境

（四）了解被审计单位及其环境的特别考虑

被审计单位及其环境的各个方面可能会互相影响。例如，被审计单位的行业状况、法律环境与监管环境以及其他外部因素可能影响被审计单位的目标、战略及相关经营风险，而被审计单位的性质、目标、战略及相关经营风险可能影响被审计单位对会计政策的选择和运用，以及内部控制的设计和执行。因此，注册会计师在对被审计单位及其环境的各个方面进行了解和评估时，应当考虑各因素之间的相互关系。

注册会计师针对上述 6 个方面实施的重大错报风险识别与评估程序的性质、时间安排和范围取决于审计业务的具体情况，如被审计单位的规模和复杂程度，以及注册会计师的相关审计经验，包括以前对被审计单位提供审计和相关服务的经验和对类似行业、类似企业的审计经验。

识别被审计单位及其环境在上述各方面与以前期间相比发生的重大变化，对于充分了解被审计单位及其环境、识别和评估重大错报风险尤为重要。

二、行业状况、法律环境与监管环境及其他外部因素

（一）行业状况

了解行业状况有助于注册会计师识别与被审计单位所处行业有关的重大错报风险。注册会计师应当了解被审计单位的行业状况，主要包括：①所处行业的市场供求与竞争，包括市场需求、生产能力和价格竞争；②生产经营的季节性和周期性；③与被审计单位产品相关的生产技术；④能源供应与成本；⑤行业的关键指标和统计数据。

（二）法律环境及监管环境

了解法律环境及监管环境的主要原因在于：①某些法律法规或监管要求可能对被审计单位经营活动有重大影响，如不遵守将导致停业等严重后果；②某些法律法规或监管要求（如环保法规等）规定了被审计单位某些方面的责任和义务；③某些法律法规或监管要求决定了被审计单位需要遵循的行业惯例和核算要求。

注册会计师应当了解被审计单位所处的法律环境及监管环境，主要包括：①会计原则和行业特定惯例；②受管制行业的法规框架；③对被审计单位经营活动产生重大影响的法律法规，包括直接的监管活动；④税收政策（关于企业所得税和其他税种的政策）；⑤目前对被审计单位开展经营活动产生影响的政府政策，包括货币政策（如外汇管制）、财政政策、财政刺激政策（如政府援助项目）、关税或贸易限制政策等；⑥影响行业和被审计单位经营活动的环保要求。

（三）其他外部因素

注册会计师应当了解影响被审计单位经营的其他外部因素，主要包括总体经济情况、利率、融资的可获得性、通货膨胀水平及币值变动等。

（四）了解的重点和程度

注册会计师对行业状况、法律环境与监管环境以及其他外部因素了解的范围和程度会因被审计单位所处行业、规模及其他因素（如在市场中的地位）的不同而不同。例如，对从事计算机硬件制造的被审计单位，注册会计师可能更关心市场和竞争及技术进步的情况；对金融机构，注册会计师可能更关心宏观经济走势及货币、财政等方面的宏观经济政策；对化工等产生污染的行业，注册会计师可能更关心相关环保法规。注册会计师应当考虑将了解的重点放在对被审计单位的经营活动可能产生重要影响的关键外部因素以及与前期相比发生的重大变化上。

注册会计师应当考虑被审计单位所在行业的业务性质或监管程度是否可能导致特定的重大错报风险，考虑项目组是否配备了具有相关知识和经验的成员。

例如，建筑行业长期合同涉及收入和成本的重大估计，可能导致重大错报风险；银行监管机构对商业银行的资本充足率有专门规定，不能满足这一监管要求的商业银行可能有操纵财务报表的动机和压力。

三、被审计单位的性质

了解被审计单位的性质有助于注册会计师理解预期在财务报表中反映的各类交易、账户余额及披露。注册会计师主要从下列方面了解被审计单位的性质。

（一）所有权结构

对被审计单位所有权结构的了解有助于注册会计师识别关联方之间的关系并了解被审计单位的决策过程。注册会计师应当了解所有权结构以及所有者与其他人员或实体之间的关系，考虑关联方之间的关系是否已经得到识别，以及关联方之间的交易是否得到恰当核算。例如，注册会计师应当了解被审计单位是属于国有企业、外商投资企业、民营企业，还是属于其他类型的企业，还应当了解其直接控股母公司、间接控股母公司、最终控股母公司和其他股东的构成，以及所有者与其他人员或实体（如控股母公司控制的其他企业）之间的关系。

（二）治理结构

良好的治理结构可以对被审计单位的经营和财务运作实施有效的监督，从而降低财务报表发生重大错报的风险。注册会计师应当了解被审计单位的治理结构，例如，董事会的构成情况、董事会内部是否有独立董事；治理结构中是否设有审计委员会或监事会及其运作情况。注册会计师应当考虑治理层是否能够在独立于管理层的情况下对被审计单位事务做出客观判断。

（三）组织结构

注册会计师应当了解被审计单位的组织结构，考虑复杂组织结构可能导致的重大错报风险，包括财务报表合并、商誉减值以及长期股权投资核算等问题。

（四）经营活动

了解被审计单位的经营活动有助于注册会计师识别预期在财务报表中反映的主要交易类别、重要账户余额和列报。注册会计师应当了解被审计单位的经营活动。主要包括以下方面。

(1) 主营业务的性质，如主营业务是制造业还是商品批发与零售。

(2) 与生产产品或提供劳务相关的市场信息，如主要客户和合同、付款条件、利润率、市场份额、竞争者、出口、定价政策、产品声誉、质量保证、营销策略和目标等。

(3) 业务的开展情况，如业务分部的设立情况、产品和服务的交付、衰退或扩展的经营活动的详情等。

(4) 联盟、合营与外包情况。

(5) 从事电子商务的情况。

(6) 地区分布与行业细分。

(7) 生产设施、仓库和办公室的地理位置，存货存放地点和数量。

(8) 关键客户。

(9) 货物和服务的重要供应商。

(10) 劳动用工安排。

(11) 研究与开发活动及其支出。

(12) 关联方交易。

（五）投资活动

了解被审计单位的投资活动有助于注册会计师关注被审计单位在经营策略和方向上的重大变化。注册会计师应当了解被审计单位的投资活动。主要包括：①近期拟实施或已实施的并购活动与资产处置情况；②证券投资、委托贷款的发生与处置；③资本性投资活动，包括固定资产和无形资产投资、重大的资本承诺等；④不纳入合并范围的投资，如联营、合营或其他投资。

（六）筹资活动

了解被审计单位的筹资活动有助于注册会计师评估被审计单位在融资方面的压力，并进一步考虑被审计单位在可预见未来的持续经营能力。注册会计师应当了解被审计单位的筹资活动，主要包括：①债务结构和相关条款；②主要子公司和联营企业的重要融资安排；③实际受益方及关联方；④衍生金融工具的使用。

四、被审计单位对会计政策的选择和运用

在了解被审计单位对会计政策的选择和运用是否适当及披露是否恰当时，注册会计师应当关注以下重要事项。

(1) 重大和异常交易的会计处理方法。

(2) 在缺乏权威性标准或共识、有争议的或新兴领域采用重要会计政策产生的影响。

（3）会计政策的变更。

（4）新颁布的财务报告准则、法律法规，以及被审计单位何时采用、如何采用这些规定。

（5）是否按照适用的会计准则和相关会计制度的规定恰当进行了列报，并披露了重要事项。

此外，注册会计师还应对下列被审计单位与会计政策运用相关的情况予以关注：①是否采用激进的会计政策、方法、估计和判断；②财会人员是否拥有足够的运用会计准则的知识、经验和能力；③是否拥有足够的资源支持会计政策的运用，如人力资源及培训、信息技术的采用、数据和信息的采集等。

五、被审计单位的目标、战略及相关经营风险

（一）目标、战略与经营风险

目标是企业经营活动的指针。企业管理层或治理层一般会根据企业经营面临的外部环境和内部各种因素，制订合理可行的经营目标。

战略是管理层为实现经营目标采用的方法。为了实现某一既定的经营目标，企业可能有多个可行战略。例如，如果目标是在某一特定期间内进入一个新的市场，那么可行的战略可能包括收购该市场内的现有企业、与该市场内的其他企业合资经营或自行开发进入该市场。随着外部环境的变化，企业应对目标和战略做出相应的调整。

经营风险是指可能对被审计单位实现目标和战略产生不利影响的重要状况、事项、情况、作为（或不作为）而导致的风险，或由于制订不恰当的目标和战略而导致的风险。不同的企业可能面临不同的经营风险，这取决于企业经营的性质、所处行业、外部监管环境、企业的规模和复杂程度。管理层有责任识别和应对这些风险。

不能随环境的变化而做出相应的调整固然可能产生经营风险，但是，在调整的过程中也可能导致经营风险。例如，为应对消费者需求的变化，企业开发了新产品。但是，开发的新产品可能会产生开发失败的风险；即使开发成功，市场需求可能不如预期，从而导致产品营销风险；产品的缺陷还可能导致企业遭受声誉风险和承担产品赔偿责任的风险。

注册会计师应当了解被审计单位是否存在与以下方面有关的目标和战略，并考虑相应的经营风险。

（1）行业发展及其可能导致的被审计单位不具备足以应对行业变化的人力资源和业务专长等风险。

（2）开发新产品或提供新服务及其可能导致的被审计单位产品责任增加等风险。

（3）业务扩张及其可能导致的被审计单位对市场需求的估计不准确等风险。

（4）新颁布的会计法规及其可能导致的被审计单位执行法规不当或不完整，或会计处理成本增加等风险。

（5）监管要求及其可能导致的被审计单位法律责任增加等风险。

（6）本期及未来的融资条件及其可能导致的被审计单位由于无法满足融资条件而失去融资机会等风险。

(7) 信息技术的运用及其可能导致的被审计单位信息系统与业务流程难以融合等风险。

(8) 实施战略的影响，特别是由此产生的需要运用新的会计要求的影响。

（二）经营风险对重大错报风险的影响

经营风险与财务报表重大错报风险是既有联系又相互区别的两个概念，前者比后者范围更广，多数经营风险最终都会产生财务后果，从而影响财务报表，因此，注册会计师了解被审计单位的经营风险有助于其识别财务报表重大错报风险。但是，并非所有的经营风险都与财务报表相关，所以，注册会计师没有责任识别或评估对财务报表没有影响的经营风险。

经营风险可能对各类交易、账户余额及披露的认定层次或财务报表层次产生直接影响。例如，企业合并导致银行客户群减少，使银行信贷风险集中，由此产生的经营风险可能增加与贷款计价认定有关的重大错报风险。同样的风险，尤其是在经济紧缩时，可能具有更长期的后果，注册会计师在评估持续经营假设的适当性时需要考虑这一问题。注册会计师应当根据被审计单位的具体情况考虑经营风险是否可能导致财务报表发生重大错报。

（三）目标、战略、经营风险和重大错报风险之间的相互联系

目标、战略、经营风险和重大错报风险之间的相互联系可举一例予以说明。例如，企业当前的目标是在某一特定期间内进入某一新的海外市场，企业选择的战略是在当地成立合资公司。从该战略本身来看，是可以实现这一目标的。但是，成立合资公司可能会带来很多的经营风险，例如，企业如何与当地合资方在经营活动、企业文化等各方面协调，如何在合资公司中获得控制权或共同控制权，当地市场情况是否会发生变化，当地对合资公司的税收和外汇管理方面的政策是否稳定，合资公司的利润是否可以汇回，是否存在汇率风险等。这些经营风险反映到财务报表中，可能会因对合资公司是属于子公司、合营企业或联营企业的判断问题，投资核算问题，包括是否存在减值问题、对当地税收规定的理解，以及外币折算等问题而导致财务报表出现重大错报风险。

（四）被审计单位的风险评估过程

管理层通常制定识别和应对经营风险的策略，注册会计师应当了解被审计单位的风险评估过程。此类风险评估过程是被审计单位内部控制的组成部分。

六、被审计单位财务业绩的衡量和评价

▶ 1. 被审计单位财务业绩衡量和评价的主体

被审计单位管理层经常会衡量和评价关键业绩指标（包括财务和非财务的）、预算及差异分析、分部信息和分支机构、部门或其他层次的业绩报告以及与竞争对手的业绩比较。此外，外部机构也会衡量和评价被审计单位的财务业绩，如分析师的报告和信用评级机构的报告。

▶ 2. 了解的主要方面

在了解被审计单位的财务业绩衡量和评价情况时，注册会计师应当关注下列信

息：①关键业绩指标（财务或非财务的）、关键比率、趋势和经营统计数据；②同期财务业绩比较分析；③预测、预算和差异分析，分部信息与分部、部门或其他不同层次的业绩报告；④员工业绩考核与激励性报酬政策；⑤被审计单位与竞争对手的业绩比较。

▶ 3. 关注内部财务业绩衡量的结果

注册会计师应当关注被审计单位内部财务业绩衡量所显示的未预期到的结果或趋势、管理层的调查结果和纠正措施，以及相关信息是否显示财务报表可能存在重大错报。

▶ 4. 考虑财务业绩衡量指标的可靠性

如果拟利用被审计单位内部信息系统生成的财务业绩衡量指标，注册会计师应当考虑相关信息是否可靠，以及利用这些信息是否足以实现审计目标。

引例解析

注册会计师应当从下列方面了解甲公司及其环境：①行业状况、法律环境与监管环境以及其他外部因素；②甲公司的性质；③甲公司对会计政策的选择和运用；④甲公司的目标、战略以及可能导致重大错报风险的相关经营风险；⑤甲公司财务业绩的衡量和评价；⑥甲公司的内部控制。

线上测试

在线自测4.3.2

子任务4.3.3　了解被审计单位的内部控制

任务引例

ABC会计师事务所的注册会计师徐天星和刘建军负责对甲公司2020年度财务报表进行审计，在制定总体审计策略和具体审计计划后，注册会计师徐天星和刘建军拟对甲公司2020年度财务报表中的重大错报风险进行识别与评估。按照相关审计准则规定，在识别和评估甲公司2020年度财务报表中的重大错报风险时，必须了解甲公司内部控制的相关信息。

引例思考：在了解被审计单位内部控制的相关信息时，需要从哪些层面了解被审计单位的内部控制？

任务分析

在了解被审计单位的内部控制时,注册会计师应当:①理解内部控制的含义及与审计相关的控制;②熟知内部控制的要素;③理解对被审计单位内部控制的了解;④能从整体层面、业务流程层面和财务报告流程层面了解被审计单位的内部控制。

知识准备

一、内部控制的含义

内部控制是被审计单位为了合理保证财务报告的可靠性、经营的效率和效果以及对法律法规的遵守,由治理层、管理层和其他人员设计与执行的政策及程序。

微课视频 4-11
内部控制的含义

可以从以下几方面理解内部控制。

(1)内部控制的目标是合理保证:①财务报告的可靠性,这一目标与管理层履行财务报告编制责任密切相关;②经营的效率和效果,即经济有效地使用企业资源,以最优方式实现企业的目标;③遵守适用的法律法规的要求,即在法律法规的框架下从事经营活动。

(2)设计和实施内部控制的责任主体是治理层、管理层和其他人员,组织中的每一个人都对内部控制负有责任。

(3)实现内部控制目标的手段是设计和执行控制政策及程序。

二、内部控制的要素

内部控制包括下列要素:①控制环境;②风险评估过程;③与财务报告相关的信息系统与沟通;④控制活动;⑤对控制的监督。

被审计单位可能并不一定采用上述分类方式来设计和执行内部控制。对内部控制要素的分类提供了了解内部控制的框架,但无论对内部控制要素如何进行分类,注册会计师都应当重点考虑,被审计单位的某项控制是否能够以及如何防止或发现并纠正各类交易、账户余额和披露存在的重大错报。也就是说,在了解和评价内部控制时,采用的具体分析框架及控制要素的分类可能并不唯一,重要的是控制能否实现控制目标。

三、内部控制的局限性

内部控制无论如何有效,都只能为被审计单位实现财务报告目标提供合理保证。内部控制实现目标的可能性受其固有限制的影响,这些限制包括以下方面。

(1)在决策时人为判断可能出现错误和因人为失误而导致内部控制失效。例如,控制的设计和修改可能存在失误。同样地,控制的运行可能无效,例如,由于负责复核信息的人员不了解复核的目的或没有采用适当的措施,内部控制生成的信息(如例外报告)没有得到有效使用。

（2）控制可能由于两个或更多的人员进行串通或管理层凌驾于内部控制之上而被规避。例如，管理层可能与客户签订"背后协议"，修改标准的销售合同条款和条件，从而导致不适当的收入确认。再如，软件中的编辑控制旨在识别和报告超过赊销信用额度的交易，但这一控制可能被凌驾或不能得到执行。

（3）行使控制职能的人员素质不适应岗位要求而对内控功能正常发挥的影响。

（4）实施内部控制的成本效益问题。当实施某项控制成本大于控制效果而发生损失时，就没有必要设置该控制环节或控制措施。

（5）一般内部控制可能不适用于不经常发生或未预计到的业务。

知识链接
企业内部控制

四、对内部控制了解的广度

注册会计师审计的目标是对财务报表是否不存在重大错报发表审计意见，尽管要求注册会计师在财务报表审计中考虑与审计相关的内部控制，但目的并非对被审计单位内部控制的有效性发表意见。因此，注册会计师需要了解和评价的内部控制只是与财务报表审计相关的内部控制，并非被审计单位所有的内部控制。

五、对内部控制了解的深度

对内部控制了解的深度，是指在了解被审计单位及其环境时对内部控制了解的程度，包括评价控制的设计，并确定其是否得到执行，但不包括对控制是否得到一贯执行的测试。

评价控制的设计是指考虑一项控制单独或连同其他控制是否能够有效防止或发现并纠正重大错报。如果控制设计不当，则可能表明存在值得关注的内部控制缺陷。

确定控制是否得到执行是指确定某项控制是否存在且被审计单位是否正在使用。设计合理的控制如果得不到执行，则意味着内部控制可能存在缺陷。

确定一项设计不合理的控制是否得到执行，没有什么意义，因此，在了解内部控制时需要首先评价控制的设计是否合理。

六、了解内部控制时使用的审计程序

注册会计师通常实施下列审计程序，以获取有关控制设计和执行的审计证据。

（1）询问被审计单位人员。

（2）观察特定控制的运用。

（3）检查文件和报告。

（4）追踪交易在财务报告信息系统中的处理过程（穿行测试）。

需要强调的是，询问本身并不足以评价控制的设计以及确定其是否得到执行，注册会计师应当将询问与其他风险评估程序结合使用。

七、在整体层面了解被审计单位的内部控制

(一) 概述

内部控制的某些要素（如控制环境）更多地对被审计单位整体层面产生影响，而其他要素（如信息系统与沟通、控制活动）则可能更多地与特定业务流程相关。在实务中，注册会计师应当从被审计单位整体层面和业务流程层面分别了解与评价被审计单位的内部控制。

整体层面的控制（包括对管理层凌驾于内部控制之上的控制）和信息技术一般控制通常在所有业务活动中普遍存在。

整体层面的控制对内部控制在所有业务流程中得到严格的设计和执行具有重要影响。整体层面的控制较差甚至可能使最好的业务流程层面控制失效。例如，被审计单位可能有一个有效的采购系统，但如果会计人员不胜任，则仍然会发生大量错误，且其中一些错误可能导致财务报表存在重大错报。而且，管理层凌驾于内部控制之上（它们经常在企业整体层面出现）也是不好的公司行为中的普遍问题。

(二) 控制环境

▶ 1. 含义

控制环境包括治理职能和管理职能，以及治理层和管理层对内部控制及其重要性的态度、认识和措施。

▶ 2. 作用

控制环境设定了被审计单位的内部控制基调，影响员工对内部控制的认识和态度。良好的控制环境是实施有效内部控制的基础。

微课视频 4-12 控制环境

▶ 3. 构成要素

被审计单位控制环境的构成要素主要有：①对诚信和道德价值观念的沟通与落实；②对胜任能力的重视；③治理层的参与程度；④管理层的理念和经营风格；⑤组织结构及职权与责任的分配；⑥人力资源政策与实务。

▶ 4. 审计要求

注册会计师应当在评价控制环境各个要素的设计及其是否得到执行的基础上，对上述控制环境的构成要素获取足够的了解，并考虑内部控制的实质及其综合效果，以了解管理层和治理层对内部控制及其重要性的态度、认识以及所采取的措施。

▶ 5. 了解控制环境的审计程序

在确定构成控制环境的要素是否得到执行时，通过询问管理层和员工，注册会计师可能了解管理层如何就业务规程和道德价值观念与员工进行沟通；通过观察和检查，注册会计师可能了解管理层是否建立了正式的行为守则，在日常工作中行为守则是否得到遵守，以及管理层如何处理违反行为守则的情形。

▶ 6. 对重大错报风险评估的影响

控制环境对重大错报风险的评估具有广泛影响，注册会计师应当考虑控制环境的总体

优势是否为内部控制的其他要素提供了适当的基础,并且未被控制环境中存在的缺陷所削弱。

注册会计师在识别与评估重大错报风险时,存在令人满意的控制环境是一个积极的因素。虽然令人满意的控制环境并不能绝对防止舞弊,但有助于降低发生舞弊的风险。

需要强调的是,控制环境本身并不能防止或发现并纠正各类交易、账户余额、披露认定层次的重大错报,注册会计师在识别与评估重大错报风险时应当将控制环境连同其他内部控制要素产生的影响一并考虑。

(三)被审计单位的风险评估过程

▶ 1. 可能产生风险的事项和情形

任何经济组织在经营活动中都会面临各种各样的风险,风险对其生存和竞争能力产生影响。可能产生风险的事项和情形包括:①监管及经营环境的变化;②新员工的加入;③新信息系统的使用或对原系统进行升级;④业务快速发展;⑤新技术;⑥新生产型号、产品和业务活动;⑦企业重组;⑧发展海外经营;⑨新的会计准则。

▶ 2. 风险评估过程的含义

很多风险并被经济组织控制,但管理层应当确定可以承受的风险水平,识别这些风险并采取一定的应对措施。风险评估过程是指识别、评估和管理影响被审计单位实现经营目标能力的各种风险。而针对财务报告目标的风险评估过程则包括:①识别与财务报告相关的经营风险;②评估风险的重大性;③评估风险发生的可能性;④采取措施管理这些风险。

▶ 3. 对风险评估过程的了解

(1)要求。在评价被审计单位风险评估过程的设计和执行时,注册会计师应当确定管理层如何识别与财务报告相关的经营风险,如何估计该风险的重要性,如何评估风险发生的可能性,以及如何采取措施管理这些风险。

(2)方式。注册会计师不仅可以对被审计单位整体层面的风险评估过程直接进行了解和评估,也可以通过了解被审计单位及其环境的其他方面信息,评价被审计单位风险评估过程的有效性。

▶ 4. 被审计单位风险评估过程对审计的影响

注册会计师应当询问管理层识别的经营风险,并考虑这些风险是否可能导致重大错报。

在审计过程中,如果发现与财务报表有关的风险因素,那么注册会计师可通过向管理层询问和检查有关文件来确定被审计单位的风险评估过程是否也发现了该风险。在审计过程中,如果能识别管理层未能识别的重大错报风险,注册会计师则应当考虑被审计单位的风险评估过程为何没有识别这些风险,以及评估过程是否适合具体环境。

(四)信息系统与沟通

▶ 1. 与财务报告相关的信息系统的含义、要求、作用与职能

(1)含义。与财务报告相关的信息系统,包括用以生成、记录、处理,以及报告交

易、事项和情况，对相关资产、负债和所有者权益履行经营管理责任的程序与记录。

（2）要求。与财务报告相关的信息系统应当与业务流程相适应。业务流程是指被审计单位开发、采购、生产、销售、发送产品和提供服务、保证遵守法律法规、记录信息等一系列活动。

（3）作用。与财务报告相关的信息系统所生成信息的质量，对管理层能否做出恰当的经营管理决策以及编制可靠的财务报告具有重大影响。

（4）职能。与财务报告相关的信息系统通常包括以下职能：①识别与记录所有的有效交易；②及时、详细地描述交易，以便在财务报告中对交易做出恰当分类；③恰当计量交易，以便在财务报告中对交易的金额做出准确记录；④恰当确定交易生成的会计期间；⑤在财务报表中恰当列报交易。

▶ 2. 对与财务报告相关的信息系统的了解

注册会计师应当从下列方面了解与财务报告相关的信息系统：①在被审计单位经营过程中，对财务报表具有重大影响的各类交易；②在信息技术和人工系统中，对交易生成、记录、处理和报告的程序；③与交易生成、记录、处理和报告有关的会计记录，以及支持性信息和财务报表中的特定项目；④信息系统如何获取除各类交易之外的对财务报表具有重大影响的事项和情况；⑤被审计单位编制财务报告的过程，包括做出的重大会计估计和披露。

在了解与财务报告相关的信息系统时，注册会计师应当特别关注由于管理层凌驾于账户记录控制之上，或规避控制行为而产生的重大错报风险，并考虑被审计单位如何纠正不正确的交易处理。

▶ 3. 与财务报告相关的沟通的含义

与财务报告相关的沟通包括使员工了解各自在与财务报告有关的内部控制方面的角色和职责，员工之间的工作联系，以及向适当级别的管理层报告例外事项的方式。

公开的沟通渠道有助于确保例外情况得到报告和处理。沟通可以采用政策手册、会计和财务报告手册及备忘录等形式进行，也可以通过发送电子邮件、口头沟通和管理层的行动来进行。

▶ 4. 对与财务报告相关的沟通的了解

注册会计师应当了解：被审计单位内部如何对财务报告的岗位职责，以及与财务报告相关的重大事项进行沟通；被审计单位管理层与治理层（特别是审计委员会）之间的沟通；被审计单位与外部（包括与监管部门）的沟通。

（五）控制活动

▶ 1. 控制活动的含义

控制活动是指有助于确保管理层的指令得以执行的政策和程序，包括与授权、业绩评价、信息处理、实物控制和职责分离等相关的活动。

▶ 2. 控制活动的内容

（1）授权。授权的目的在于保证交易在管理层授权范围内进行。授权包括一般授权和特别授权。一般授权是指管理层制定的要求组织内部遵守的普遍适用于某类交易或活动的政策。特别授权是指管理层针对特定类别的交易或活动逐一设置的授权,如重大资本支出和股票发行等。特别授权也可能用于超过一般授权限制的常规交易。例如,因某些特别原因,同意对某个不符合一般信用条件的客户赊销商品。

(2) 业绩评价。与业绩评价有关的控制活动主要包括被审计单位分析评价实际业绩与预算(或预测、前期业绩)的差异,综合分析财务数据与经营数据的内在关系,将内部数据与外部信息来源相比较,评价职能部门、分支机构或项目活动的业绩,以及对发现的异常差异或关系采取必要的调查与纠正措施。

(3) 信息处理。与信息处理有关的控制活动可以是人工的、自动化的,或是基于自动流程的人工控制。信息处理控制分为两类,即信息技术一般控制和应用控制。

信息技术一般控制是指与多个应用系统有关的政策和程序,有助于保证信息系统持续恰当地运行(包括信息的完整性和数据的安全性),支持应用控制作用的有效发挥,通常包括数据中心和网络运行控制,系统软件的购置、修改及维护控制,接触或访问权限控制,应用系统的购置、开发及维护控制。例如,程序改变的控制、限制接触程序和数据的控制、与新版应用软件包实施有关的控制等都属于信息技术一般控制。

信息技术应用控制是指主要在业务流程层面运行的人工或自动化程序,与用于生成、记录、处理、报告交易或其他财务数据的程序相关,通常包括检查数据计算的准确性,审核账户和试算平衡表,设置对输入数据和数字序号的自动检查,以及对例外报告进行人工干预。

(4) 实物控制。实物控制主要包括了解对资产和记录采取适当的安全保护措施,对访问计算机程序和数据文件设置授权,以及定期盘点并将盘点记录与会计记录相核对。例如,现金、有价证券和存货的定期盘点控制。实物控制的效果影响资产的安全,从而对财务报表的可靠性及审计产生影响。

(5) 职责分离。职责分离主要包括如何将交易授权、交易记录以及资产保管等职责分配给不同员工,以防范同一员工在履行多项职责时可能发生的舞弊或错误。当信息技术运用于信息系统时,职责分离可以通过设置安全控制来实现。

▶ 3. 对控制活动的了解

(1) 对象。注册会计师对被审计单位整体层面的控制活动进行的了解和评估,主要是针对被审计单位重大错报可能发生领域的一般控制活动,特别是信息技术一般控制。

(2) 重点。在了解控制活动时,注册会计师应当重点考虑一项控制活动单独或连同其他控制活动,是否能够以及如何防止或发现并纠正各类交易、账户余额、披露存在的重大错报。

(六) 对控制的监督

▶ 1. 含义

对控制的监督是指被审计单位评价内部控制在一段时间内运行有效性的过程。对控制的监督涉及及时评价控制的有效性并采取必要的补救措施。例如,管理层对是否定期编制银行存款余额调节表进行复核,内部审计人员评价销售人员是否遵守公司关于销售合同条款的政策，法律部门定期监控公司的道德规范和商务行为准则是否得以遵循等。监督对控制的有效运行十分重要。

2. 方法

（1）持续的监督活动。持续的监督活动通常贯穿被审计单位日常重复的活动中，包括常规管理和监督工作。例如，管理层在履行其日常管理活动时，取得内部控制持续发挥功能的信息。当业务报告、财务报告与他们获取的信息有较大差异时，注册会计师会对有重大差异的报告提出疑问，并做必要的追踪调查和处理。

（2）单独的评价活动。被审计单位可能使用内部审计人员或具有类似职能的人员对内部控制的设计和执行进行专门的评价，以找出内部控制的优点和不足，并提出改进建议。被审计单位也可能利用与外部有关各方沟通或交流所获取的信息监督相关的控制活动。

（3）持续的监督活动与单独的评价活动相结合。

3. 了解被审计单位对控制的监督

注册会计师在对被审计单位整体层面的监督进行了解和评估时，考虑的主要因素可能包括：①被审计单位是否定期评价内部控制；②被审计单位人员在履行正常职责时，能够在多大程度上获得内部控制是否有效运行的证据；③与外部的沟通能够在多大程度上证实内部产生的信息或者指出存在的问题；④管理层是否采纳内部审计人员和注册会计师有关内部控制的建议；⑤管理层是否及时纠正控制运行中的偏差；⑥管理层根据监管机构的报告及建议是否及时采取纠正措施；⑦是否存在协助管理层监督内部控制的职能部门（如内部审计部门）。

八、在业务流程层面了解和评价内部控制

内部控制的某些要素（如信息系统与沟通、控制活动）更多地与特定业务流程相关，在实务中，注册会计师应当从业务流程层面分别了解和评价被审计单位的内部控制。

在初步计划审计工作时，注册会计师需要确定在被审计单位财务报表中可能存在重大错报风险的重大账户及其相关认定。为实现此目的，通常采取下列步骤：①确定被审计单位的重要业务流程和重要交易类别；②了解重要交易流程，并记录获得的了解；③确定可能发生错报的环节；④识别和了解相关控制；⑤执行穿行测试，证实对交易流程和相关控制的了解；⑥进行初步评价和风险评估。

（一）确定重要业务流程和重要交易类别

业务流程是指被审计单位开发、采购、生产、销售、发送产品和提供服务、保证遵守法律法规、记录信息等一系列活动。在实务中，将被审计单位的整个经营活动划分为几个重要的业务循环，有助于注册会计师更有效地了解和评估重要业务流程及相关控制。通常，对制造业企业，可以划分为销售与收款循环、采购与付款循环、生产与存货循环、人力资源与工薪循环、投资与筹资循环等。

重要交易类别是指可能对被审计单位财务报表产生重大影响的各类交易。重要交易类别应与相关账户及其认定相联系，例如，对于一般制造业企业，销售和收款都是重要交易

类别，销售收入和应收账款通常是重大账户。

（二）了解重要交易流程，并进行记录

了解重要交易流程是确定在哪个环节或哪些环节可能发生错报的基础。重要交易流程是指每一类重要交易在信息技术或人工系统中生成、记录、处理及在财务报表中报告的程序。例如，销售交易流程包括接受客户订单、批准赊销信用、发货、开具销售发票、生成记账凭证、更新销售收入和应收账款记录等活动。

（三）确定可能发生错报的环节

注册会计师需要了解错报可能在交易流程的哪些环节发生，即确认和了解被审计单位应在哪些环节设置控制，以防止或发现并纠正各重要交易流程可能发生的错报。

注册会计师通过设计一系列的问题（针对控制目标是否实现），确认某类交易流程中需要加以控制的环节。

（四）识别和了解相关控制

▶ 1. 识别和了解相关控制的条件

通过对被审计单位整体层面内部控制各要素和重要业务流程的了解，注册会计师可以确定是否有必要进一步了解业务流程层面的控制。如果认为仅通过实质性程序无法将认定层次的检查风险降至可接受的水平，或者针对特别风险，则注册会计师应当了解和评估相关的控制活动。如果注册会计师之前的了解可能表明被审计单位在业务流程层面针对某些重要交易流程所设计的控制是无效的，或者注册会计师并不打算依赖控制，这时注册会计师就没有必要进一步了解在业务流程层面的控制。

▶ 2. 控制的类型

通常将业务流程中的控制划分为预防性控制和检查性控制。业务流程中对重要交易类别的有效控制通常同时包括预防性控制和检查性控制。预防性控制通常用于正常业务流程的每一项交易，以防止错报的发生。检查性控制的目的是发现流程中可能发生的错报。检查性控制通常并不适用于业务流程中的所有交易，而适用于一般业务流程以外的已经处理或部分处理的某类交易，可能一年只运行几次，如每月将应收账款明细账与总账比较，也可能每周运行，甚至一天运行几次。

▶ 3. 识别和了解相关控制的内容

如果注册会计师计划对业务流程层面的有关控制进行进一步的了解和评价，那么针对业务流程中容易发生错报的环节，注册会计师应当确定：①被审计单位是否建立了有效的控制，防止或发现并纠正这些错报；②被审计单位是否遗漏了必要的控制；③是否识别了可以最有效测试的控制。

▶ 4. 注意事项

（1）如果多项控制活动能够实现同一控制目标，注册会计师不必了解与该控制目标相关的每项控制活动。

（2）如果在之后的穿行测试和评价中，注册会计师发现已识别的控制实际并未得到执行，则应当重新针对该项控制目标识别是否存在其他的控制。

(五)执行穿行测试,证实对交易流程和相关控制的了解

▶ 1. 目的与作用

为了解各类重要交易在业务流程中发生、处理和记录的过程,注册会计师通常会执行穿行测试。执行穿行测试可获得下列方面的证据:①确认对业务流程的了解;②确认对重要交易的了解是完整的,即在交易流程中所有与财务报表认定相关的可能发生错报的环节都已识别;③确认所获取的有关流程中的预防性控制和检查性控制信息的准确性;④评估控制设计的有效性;⑤确认控制是否得到执行;⑥确认之前所做的书面记录的准确性。

▶ 2. 要求

如果不打算信赖控制,注册会计师仍需要执行穿行测试以确认以前对业务流程及可能发生错报环节的了解的准确性和完整性。

(六)初步评价和风险评估

▶ 1. 对控制的初步评价

在识别和了解控制后,根据执行上述程序及获取的审计证据,注册会计师需要评价控制设计的合理性并确定其是否得到执行。注册会计师对控制的评价结论可能是:①设计合理并得到执行,即所设计的控制单独或连同其他控制能够防止或发现并纠正重大错报,并得到执行;②设计合理但并未执行,即控制本身的设计是合理的,但没有得到执行;③设计不合理,即控制本身的设计就是无效的或缺乏必要的控制。

▶ 2. 风险评估须考虑的因素

注册会计师对控制的评价,进而对重大错报风险的评估,须考虑以下因素。

(1)账户特征及已识别的重大错报风险。如果已识别的重大错报风险水平为高,相关的控制应有较高的敏感度,即在错报率较低的情况下也能防止或发现并纠正错报;如果已发现的重大错报风险水平为低,相关的控制就无须具有像重大错报风险较高时那样的敏感性。

(2)对被审计单位整体层面控制的评价。注册会计师应将在整体层面获得的了解和结论,同在业务流程层面获得的有关重大交易流程及其控制的证据结合起来考虑。

引例解析

一方面,在整体层面了解甲公司的内部控制;另一方面,在业务流程层面了解甲公司的内部控制。

线上测试

在线自测4.3.3

子任务 4.3.4　实施审计程序以识别与评估重大错报风险

任务引例

ABC会计师事务所的注册会计师徐天星和刘建军负责对甲公司2020年度财务报表进行审计，在制定总体审计策略和具体审计计划后，注册会计师徐天星和刘建军拟对甲公司2020年度财务报表中的重大错报风险进行识别、评估与应对。甲公司从事小型机电产品的生产和销售，主要原材料均在国内采购，产品主要自营出口到美国。

资料一：注册会计师徐天星和刘建军在工作底稿中记录了所了解的甲公司情况及其环境，部分内容摘录如下。

（1）甲公司产品以美元定价，人民币对美元汇率由2020年年初的6.9∶1升值到2020年6月的6.7∶1，之后基本保持稳定。甲公司产品销售自2017年年初至2020年9月基本稳定。自2020年10月起，受金融危机影响，甲公司的出口订单和销售收入均出现较大幅度减少，2020年第4季度与前3个季度相比，主要产品平均销售量下降了约7%，但甲公司2020年未审计财务报表，却依然完成了65 000万元收入和7 300万元毛利的经营目标。

2019年年初至2020年8月，甲公司主要原材料采购价格基本稳定。2020年9月至10月，主要原材料价格平均下跌了约5%。

（2）甲公司预计主要原材料采购价格在2020年年底前很可能止跌回升，因此在2020年9月至10月进行大量采购，以满足2021年2月底前的生产需求，但在2020年10月之后，相关原材料市场价格实际上继续下跌。

（3）2020年7月，由于发生重大施工安全事故，甲公司2020年1月开工建设的X生产线被有关部门勒令停建整顿。2020年年末，有关部门同意甲公司重新开工，但受宏观经济影响，X生产线拟生产产品的市场前景不佳，甲公司董事会决定暂不启动X生产线的建设，并于2020年年末按期向银行归还了1年期年利率为7%的1 000万元专项借款。

（4）2020年12月，甲公司决定淘汰一批账面价值为98万元的旧检验设备，并与受让方签订了不可撤销的转让协议，转让价格为15万元。2021年1月，甲公司向受让方移交该批检验设备，并收讫转让款。

（5）甲公司在2019年年末以每股12元购入100万股乙公司股票，购入时并没有明确的持有意图。2020年年末，乙公司因期货交易发生巨额亏损而濒临破产，股价出现大幅下跌，由年初的每股12元跌至年末的每股2元。

（6）根据甲公司与丙银行签订的贷款框架协议，丙银行自2020年1月至2021年1月向甲公司提供累计金额不超过20 000万元的流动资金贷款额度。2021年1月，丙银行终止与甲公司的贷款协议。甲公司正在寻求维持日常经营活动所需的资金来源，但尚未取得实质性进展。

资料二：注册会计师徐天星和刘建军在审计工作底稿中记录了所获取的甲公司财务数据，部分内容摘录如表4-9、表4-10和表4-11所示。

审计基础

表4-9　利润表相关项目金额　　　　　　　　　　　　单位：人民币万元

项目	2020年（未审计）	2019年（已审计）
营业收入	65 030	55 320
营业成本	57 720	48 180
资产减值损失	958	901
其中：应收账款	220	190
存货	673	657
固定资产	65	54

表4-10　资产负债表相关项目余额　　　　　　　　　　单位：人民币万元

项目	2020年12月31日（未审计）	2019年12月31日（已审计）
存货账面余额	15 752	6 073
减：存货跌价准备	600	530
存货账面价值	15 152	5 543
可供出售金融资产		
乙公司股票公允价值	200	1 200
可供出售金融资产账面价值	200	1 200

表4-11　资产负债表相关项目余额及其增减变化　　　　单位：人民币万元

项目	2020年年初数（未审计）	本年增加（未审数）	本年减少（未审数）	2020年年末数（未审数）
在建工程——X生产线	0	962	0	962
减：在建工程价值准备	0	0	0	0
在建工程账面价值	0	962	0	962
其中：利息资本化	0	70	0	70
固定资产原价	14 282	500	290	14 492
其中：房屋建筑物	5 370	340	217	5 493
机器设备	8 912	160	73	8 999
减：累计折旧	6 398	1 071	191	7 278
其中：房屋建筑物	2 933	170	126	2 977
机器设备	3 465	901	65	4 301
减：固定资产减值准备	183	65	70	178
固定资产账面价值	7 701			7 036
资本公积（可供出售金融资产公允价值变动）	0	0	1 000	−1 000

引例思考：针对资料一第（1）～（6）项，结合资料二，假定不考虑其他条件，逐项判断资料一所列事项是否可能表明存在重大错报风险。如果认为存在，简要说明理由。如果存在重大错报风险，分别说明该风险属于财务报表层次还是认定层次，如果认为属于认定层次，指出相关事项主要与哪些账户（仅限于：营业收入、营业成本、资产减值损失、存货、可供出售金融资产、在建工程、固定资产、累计折旧和资本公积）的哪些认定相关。

任务分析

在实施审计程序以评估重大错报风险时，注册会计师应当：①熟知评估重大错报风险的审计程序；②能识别两个层次的重大错报风险；③理解控制环境和控制活动对风险评估的影响。

知识准备

一、识别与评估重大错报风险的审计程序

在识别和评估重大错报风险时，注册会计师应当实施以下审计程序。

（1）在了解被审计单位及其环境（包括与风险相关的控制）的整个过程中，结合对财务报表中各类交易、账户余额和披露的考虑，识别风险。例如，被审计单位因相关环境法规的实施需要更新设备，可能面临原有设备闲置或贬值的风险；宏观经济的低迷可能预示应收账款的回收存在问题；竞争者开发的新产品上市，可能导致被审计单位的主要产品在短期内过时，预示将出现存货跌价和长期资产（如固定资产等）的减值。

（2）结合对拟测试的相关控制的考虑，将识别的风险与认定层次可能发生错报的领域相联系。例如，销售困难使产品的市场价格下降，可能导致年末存货成本高于其可变现净值而需要计提存货跌价准备，这显示存货的计价和分摊认定可能发生错报。

（3）评估识别的错报风险的层次。①如果识别的错报风险与财务报表整体广泛相关，进而影响多项认定，则属于财务报表层次的重大错报风险。比如，管理层缺乏诚信或承受异常的压力可能引发舞弊风险，这些风险与财务报表整体相关。②如果识别的错报风险与特定的某类交易、账户余额、披露的认定相关，则属于认定层次的重大错报风险。例如，被审计单位存在重大的关联方交易，该事项表明关联方及关联方交易的披露认定可能存在重大错报风险。

（4）考虑发生错报的可能性（包括发生多项错报的可能性），以及潜在错报是否重大。

注册会计师应当利用实施风险评估程序获取的信息，包括在评价控制设计和确定其是否得到执行时获取的审计证据，作为支持风险评估结果的审计证据。

二、控制环境对评估财务报表层次重大错报风险的影响

财务报表层次的重大错报风险很可能源于薄弱的控制环境。薄弱的控制环境带来的风险可能对财务报表产生广泛影响，难以限于某类交易、账户余额和披露，注册会计师应当

采取总体应对措施。例如，被审计单位治理层、管理层对内部控制的重要性缺乏认识，没有建立必要的制度和程序；或管理层经营理念偏于激进，又缺乏实现激进目标的人力资源等。这些缺陷源于薄弱的控制环境，可能对财务报表产生广泛影响，需要注册会计师采取总体应对措施。

三、控制活动对评估认定层次重大错报风险的影响

在评估重大错报风险时，注册会计师应当将所了解的控制活动与特定认定相联系。有效的控制活动会减少错报发生的可能性，而控制活动不当或缺乏控制活动，错报就会又可能变成现实。

控制活动可能与某一认定直接相关，也可能与某一认定间接相关。关系越间接，控制活动在防止或发现并纠正认定中错报的作用越小。

注册会计师应当将控制活动和其他要素综合考虑，因为有时单个控制活动本身并不足以控制重大错报风险。

四、考虑财务报表的可审计性

如果通过对内部控制的了解发现以下情况，并对财务报表局部或整体的可审计性产生疑问，则注册会计师应当考虑出具保留意见或无法表示意见的审计报告：①被审计单位会计记录的状况和可靠性存在重大问题，不能获取充分、适当的审计证据以发表无保留意见；②对管理层的诚信存在严重疑虑，必要时，注册会计师应当考虑解除业务约定。

五、需要特别考虑的重大错报风险

▶ 1. 特别风险的含义

特别风险，是指注册会计师识别和评估的、根据判断认为需要特别考虑的重大错报风险。

▶ 2. 识别特别风险时应考虑的事项

在判断哪些风险是特别风险时，注册会计师应当至少考虑下列事项：①风险是否属于舞弊风险；②风险是否与近期经济环境、会计处理方法或其他方面的重大变化相关，因而需要特别关注；③交易的复杂程度；④风险是否涉及重大的关联方交易；⑤财务信息计量的主观程度，特别是计量结果是否具有高度不确定性；⑥风险是否涉及异常或超出正常经营过程的重大交易。

在判断哪些风险是特别风险时，注册会计师不应考虑识别的控制对相关风险的抵消效果。

▶ 3. 非常规交易和判断事项导致的特别风险

特别风险通常与重大的非常规交易和判断事项有关。非常规交易是指由于金额或性质异常而不经常发生的交易，例如，企业购并、债务重组、重大或有事项等。由于非常规交

易具有下列特征，与重大非常规交易相关的特别风险可能导致更高的重大错报风险：①管理层更多地干预会计处理；②数据搜集和处理进行更多的人工干预；③复杂的计算或会计处理方法；④非常规交易的性质可能使被审计单位难以对由此产生的特别风险实施有效控制。

判断事项通常包括做出的会计估计（具有计量的重大不确定性），如资产减值准备金额的估计、需要运用复杂估值技术确定的公允价值计量等。由于下列原因，与重大判断事项相关的特别风险可能导致更高的重大错报风险：①对涉及会计估计、收入确认等方面的会计原则存在不同的理解；②所要求的判断可能是主观和复杂的，或需要对未来事项做出假设。

▶ 4. 考虑与特别风险相关的控制

对于特别风险，注册会计师应当评价相关控制的设计情况，并确定其是否已经得到执行。由于与重大非常规交易或判断事项相关的特别风险很少受到日常控制的约束，注册会计师应当了解被审计单位是否针对该特别风险设计和实施了控制。

如果管理层未能实施控制以恰当应对特别风险，注册会计师应当认为内部控制存在重大缺陷，并考虑其对风险评估的影响。

六、仅通过实质性程序无法应对的重大错报风险

▶ 1. 含义

仅通过实质性程序无法应对的重大错报风险，是指仅通过实质性程序获取的审计证据无法将认定层次的重大错报风险降至可接受的低水平的重大错报风险。

▶ 2. 表现

在被审计单位对日常交易采用高度自动化处理的情况下，审计证据可能仅以电子形式存在，其充分性和适当性通常取决于自动化信息系统相关控制的有效性，此时存在仅通过实施实质性程序并不能获取充分、适当审计证据的可能性。

▶ 3. 应对

如果认为仅通过实质性程序获取的审计证据无法将认定层次的重大错报风险降至可接受的低水平，注册会计师应当考虑依赖的相关控制的有效性，并对其进行了解、评估和测试。

七、对风险评估的修正

注册会计师对认定层次重大错报风险的评估，可能随着审计过程中不断获取审计证据而做出相应的变化。如果通过实施进一步审计程序获取的审计证据与初始评估获取的审计证据相矛盾，注册会计师应当修正风险评估结果，并相应修改原计划实施的进一步审计程序。

因此，评估重大错报风险与了解被审计单位及其环境一样，也是一个连续和动态地搜集、更新和分析信息的过程，贯穿整个审计过程的始终。

引例解析

根据本学习任务的任务引例，识别分析甲公司财务报表层次与认定层次重大错报风险。

事项(1)存在认定层次重大错报风险。人民币升值将导致出口贸易减少，且销售价格出现大幅下降，但是营业收入较2019年增长17.55%，存在虚增营业收入的风险；主要原材料的价格平均下降5%，且销售数量下降，但是营业成本较2019年增长19.8%，存在虚增营业成本的风险。该事项与营业收入、营业成本的发生、准确性认定相关，也与存货的完整性、计价和分摊认定相关。

事项(2)存在认定层次重大错报风险。甲公司预计原材料价格会在年底回升，于2020年9—10月进行了大量的采购，但是在2020年10月之后，原材料市场价格持续下跌，且产成品的销售价格也出现了大幅度下降，甲公司计提的存货资产减值损失金额跟上年持平，存在资产减值损失少计的风险；存货跌价准备余额比上年增加70万元，本期发生的存货跌价损失高达673万元，可能存在存货跌价准备计提金额错误的风险。该事项与资产减值损失的完整性、计价和分摊认定相关，也与存货的计价和分摊认定相关。

事项(3)存在认定层次重大错报风险。在建工程因故停建，且暂不启动X生产线的建设，拟生产产品的市场前景不佳，可收回金额可能低于账面价值，但是甲公司在建工程减值准备却为零，存在少计提减值准备的风险；在建工程非正常间断超过3个月，应暂停借款费用资本化，但是利息资本化金额为70万元(1 000×7%)，存在多记借款资本化金额的风险。该事项与资产减值损失的完整性认定相关，也与在建工程的计价和分摊认定相关。

事项(4)存在认定层次重大错报风险。甲公司决定淘汰一批旧设备，且签订不可撤销的转让协议，应该计提相应的减值83万元(98万元－15万元)，但甲公司仅对于固定资产全体计提了65万元的减值，存在少计减值的风险。该事项与固定资产的计价和分摊认定相关，也与资产减值损失的完整性、计价和分摊认定相关。

事项(5)存在认定层次重大错报风险。可供出售的金融资产期末出现大幅下跌，应该计提相应的资产减值损失，但是甲公司计入了资本公积中。该事件与资产减值损失的完整性认定相关，也与资本公积的存在认定有关。

事项(6)存在财务报表层次重大错报风险。大额贷款到期，且没有取得另外的维持日常经营所需资金，造成整体层面出现重大错报风险的局面。

线上测试

在线自测4.3.4

任务 4.4 应对重大错报风险

子任务 4.4.1 针对评估的重大错报风险确定应对方案

任务引例

ABC 会计师事务所的注册会计师徐天星和刘建军负责对甲公司 2020 年度财务报表进行审计，在完成了对甲公司 2020 年度财务报表中的重大错报风险的识别和评估后，拟对识别和评估的重大错报风险予以应对。

引例思考：

(1) 针对甲公司 2020 年度财务报表中财务报表层次的重大错报风险，注册会计师徐天星和刘建军应采取哪些措施予以应对？

(2) 针对甲公司 2020 年度财务报表中认定层次的重大错报风险，注册会计师徐天星和刘建军应采取什么程序予以应对？

任务分析

针对评估的重大错报风险确定应对方案时，注册会计师应当：(1) 明确针对财务报表层次重大错报风险的总体应对措施；(2) 明确针对认定层次重大错报风险的进一步审计程序的含义、要求、性质、时间安排和范围。

知识准备

一、针对财务报表层次重大错报风险的总体应对措施

(一) 财务报表层次重大错报风险与总体应对措施

注册会计师针对评估的财务报表层次重大错报风险确定下列总体应对措施。

(1) 向项目组强调保持职业怀疑的必要性。职业怀疑是指注册会计师执行审计业务的一种态度，包括采取质疑的思维方式，对可能表明由于舞弊或错误导致错报的迹象保持警觉，以及对审计证据进行审慎评价。

(2) 分派更有经验或具有特殊技能的注册会计师，或利用专家的工作。比如，被审计单位有衍生金融工具业务，应该指派熟悉金融业的注册会计师去审；对被审计单位发生的资产减值，可以考虑利用资产评估专家的工作。

(3) 提供更多的督导。项目组内经验较丰富的人员、项目负责人，要对其他成员提供更详细、更经常、更及时的指导和监督并加强项目质量复核。

(4) 在选择进一步审计程序时融入更多的不可预见的因素。被审计单位人员，尤其是管理层，如果熟悉注册会计师的审计套路，就可能采取种种规避手段，掩盖财务报告

中的舞弊行为。因此，在设计拟实施审计程序的性质、时间安排和范围时，为了避免既定思维对审计方案的限制，避免对审计效果的人为干涉，从而使得针对重大错报风险的进一步审计程序更加有效，注册会计师要考虑使某些程序不被审计单位管理层预见或事先了解。

（5）对拟实施审计程序的性质、时间和范围做出总体修改。如果被审计单位的控制环境存在缺陷，注册会计师在对拟实施审计程序的性质、时间安排和范围做出总体修改时应当考虑：①在期末而非期中实施更多的审计程序（时间安排），因为控制环境的缺陷通常会削弱期中获得的审计证据的可信赖程度；②通过实施实质性程序获取更广泛的审计证据（性质）；③增加拟纳入审计范围的经营地点的数量（范围）。

（二）增加审计程序不可预见性的方法

▶ 1. 增加审计程序不可预见性的思路

注册会计师可以通过以下方法提高审计程序的不可预见性。

（1）对某些以前未测试的低于设定的重要性水平或风险较小的账户余额和认定实施实质性程序。注册会计师可以关注以前未曾关注过的审计领域，尽管这些领域可能重要程度比较低。如果这些领域有可能被用于掩盖舞弊行为，注册会计师就要针对这些领域实施一些具有不可预见性的测试。

（2）调整实施审计程序的时间，使其超出被审计单位的预期。比如，如果注册会计师在以前年度的大多数审计工作都围绕12月或在年底前后进行，那么被审计单位就会了解注册会计师这一审计习惯，由此可能会把一些不适当的会计调整放在年度的9月、10月或11月等，以避免引起注册会计师的注意。因此，注册会计师可以考虑调整实施审计程序时测试项目的时间，从测试12月的项目调整到测试9月、10月或11月的项目。

（3）采取不同的审计抽样方法，使当年抽取的测试样本与以前有所不同。

（4）选取不同的地点实施审计程序，或预先不告知被审计单位所选定的测试地点。例如，在存货监盘程序中，注册会计师可以到未事先通知被审计单位的盘点现场进行监盘，使被审计单位没有机会事先安排，进而隐藏一些不想让注册会计师知道的情况。

▶ 2. 增加审计程序不可预见性的实施要点

（1）注册会计师需要与被审计单位的高层管理人员事先沟通，要求实施具有不可预见性的审计程序，但不能告知其具体内容。注册会计师可以在签订审计业务约定书时明确提出这一要求。

（2）虽然对于不可预见性程度没有量化的规定，但审计项目团队可根据对舞弊风险的评估等确定具有不可预见性的审计程序。审计项目团队可以汇总那些具有不可预见性的审计程序，并记录在审计工作底稿中。

（3）项目合伙人需要安排项目组成员有效地实施具有不可预见性的审计程序，但同时要避免使项目组成员处于困难境地。

二、针对认定层次重大错报风险的进一步审计程序

(一) 进一步审计程序的含义和要求

▶ 1. 进一步审计程序的含义

进一步审计程序相对于风险评估程序而言,是指注册会计师针对评估的各类交易、账户余额和披露认定层次重大错报风险实施的审计程序,包括控制测试和实质性程序。

▶ 2. 设计进一步审计程序时的考虑因素

在设计进一步审计程序时,注册会计师应当考虑下列因素:①风险的重要性;②重大错报发生的可能性;③涉及的各类交易、账户余额和披露的特征;④被审计单位采用的特定控制的性质;⑤注册会计师是否拟获取审计证据,以确定内部控制在防止或发现并纠正重大错报方面的有效性。

(二) 进一步审计程序的总体审计方案

▶ 1. 进一步审计程序的总体审计方案的含义

进一步审计程序的总体审计方案是指进一步审计程序中的控制测试和实质性程序进行不同的组合而形成的审计方案。

▶ 2. 进一步审计程序的总体审计方案的种类

进一步审计程序的总体审计方案包括实质性方案和综合性方案。①实质性方案是指注册会计师实施的进一步审计程序以实质性程序为主;②综合性方案是指注册会计师在实施进一步审计程序时,将控制测试与实质性程序结合使用。

▶ 3. 进一步审计程序的总体审计方案的选择

注册会计师评估的财务报表层次重大错报风险以及采取的总体应对措施,对拟实施进一步审计程序的总体审计方案具有重大影响。

当评估的财务报表层次重大错报风险属于高风险水平(并相应采取更强调审计程序不可预见性以及重视调整审计程序的性质、时间和范围等总体应对措施)时,拟实施进一步审计程序的总体审计方案往往更倾向于实质性方案。

(三) 进一步审计程序的性质

▶ 1. 含义

进一步审计程序的性质是指进一步审计程序的目的和类型。其中,进一步审计程序的目的包括通过实施控制测试以确定内部控制运行的有效性,通过实施实质性程序以发现认定层次的重大错报;进一步审计程序的类型包括检查、观察、询问、函证、重新计算、重新执行和分析程序。

▶ 2. 设计进一步审计程序的性质时应考虑的因素

在设计进一步审计程序的性质时,注册会计师应当考虑的主要因素有:①认定层次重大错报风险的评估结果;②认定层次重大错报风险产生的原因,包括考虑各类交易、账户余额和披露的具体特征以及内部控制。

(四)进一步审计程序的时间

▶ 1. 含义

进一步审计程序的时间是指注册会计师何时实施进一步审计程序,或审计证据适用的期间或时点。有关进一步审计程序的时间的选择问题,涉及2个层面:第一个层面是注册会计师选择在何时实施进一步审计程序的问题;第二个层面是选择获取什么期间或时点的审计证据的问题。

▶ 2. 选择进一步审计程序的时间时应考虑的主要因素

在选择进一步审计程序的时间时,注册会计师应当考虑的主要因素包括:①控制环境;②何时能得到相关信息;③错报风险的性质(评估的认定层次重大错报风险);④审计证据适用的期间或时点。

当评估的重大错报风险较高时,注册会计师应当考虑在期末或接近期末实施实质性程序;或采用不通知的方式,或在管理层不能预见的时间实施审计程序。

(五)进一步审计程序的范围

▶ 1. 含义

进一步审计程序的范围是指实施进一步审计程序的数量,包括抽取的样本量,对某项控制活动的观察次数等。

▶ 2. 确定进一步审计程序的范围时应考虑的主要因素

在确定进一步审计程序的范围时,注册会计师应当考虑的因素有:①确定的重要性水平;②评估的认定层次重大错报风险;③计划获取的保证程度。

确定的重要性水平越低,或者评估的认定层次重大错报风险越高,或者计划获取的保证程度越高,注册会计师实施的进一步审计程序的范围就越广。

引例解析

(1)针对甲公司2020年度财务报表中财务报表层次的重大错报风险,注册会计师徐天星和刘建军应采取以下的总体应对措施:①向项目组强调保持职业怀疑的必要性;②分派更有经验或具有特殊技能的注册会计师,或利用专家的工作;③提供更多的督导;④在选择进一步审计程序时融入更多的不可预见的因素;⑤对拟实施审计程序的性质、时间和范围做出总体修改。

(2)针对甲公司2020年度财务报表中认定层次的重大错报风险,注册会计师徐天星和刘建军应当实施包括控制测试和实质性程序的进一步审计程序。

线上测试

在线自测4.4.1

子任务 4.4.2　实施控制测试

任务引例

ABC 会计师事务所的注册会计师徐天星和刘建军负责对甲公司 2020 年度财务报表进行审计。在实施综合性方案对甲公司 2020 年度财务报表中认定层次的重大错报风险进行应对时，注册会计师徐天星、刘建军在审计工作底稿中记录了实施的控制测试，部分内容摘录如下。

（1）甲公司将经批准的客户订单价格信息录入信息系统形成价格清单，生产部员工在信息系统中填写销售单价时只能选择价格清单中的销售单价。销售单价的变动须由销售部经理批准，并由其在系统中更新价格清单。注册会计师徐天星和刘建军认为该内控设计合理，予以信赖。

（2）甲公司仓库管理员将领料单、领用数量、规格等信息输入计算机系统，经仓储经理复核并以电子签名方式确认后，系统自动更新材料明细台账。注册会计师刘建军拟询问仓储经理以测试该控制运行的有效性。

（3）甲公司为防止收到采购的商品未被记录，安排采购员复核和追踪未完成订购单报告。注册会计师徐天星和刘建军通过观察外勤审计期间采购员对未完成订购单报告的复核情况，未发现异常，得出该控制在整个报表涵盖期间运行有效的结论。

引例思考：针对注册会计师刘建军在审计工作底稿中记录的上述已实施的控制测试程序，指出该程序是否恰当。如不恰当，简要说明理由。

任务分析

为了评价关于控制防止或发现并纠正认定层次重大错报的有效性，注册会计师应当选择为相关认定提供证据的控制进行测试。在实施控制测试时，注册会计师应当：①理解控制测试的含义；②明确控制测试的要求；③理解控制测试与了解内部控制的关系；④熟知控制测试的性质、时间和范围。

知识准备

一、控制测试的含义

（一）控制测试的含义

控制测试是指用于评价内部控制在防止或发现并纠正认定层次重大错报方面的运行有效性而实施的审计程序。

（二）控制测试与了解内部控制的区别和联系

控制测试与了解内部控制的区别和联系，如表 4-12 所示。

表 4-12　了解内部控制与控制测试的区别和联系

区别/联系	了解内部控制	控制测试
目的不同	①评价控制的设计是否合理(有没有) ②确定控制是否得到执行(用不用)	测试控制运行的有效性(好不好)
重点不同	控制是否得到执行	控制运行的有效性
过程不同	实施风险评估程序时	实施进一步审计程序时
证据质量(适当性)不同	①某项设计合理的控制是否存在(有没有) ②被审计单位是否正在使用(用不用)	从以下3个方面确定控制在各个不同时点能否按既定设计得以一贯执行：①控制在所审计期间的相关时点是如何运行的；②控制是否得到一贯执行；③控制由谁或以何种方式执行运行
证据数量(充分性)不同	①只需抽取少量的交易进行检查 ②观察某几个时点	①需要抽取足够数量的交易进行检查 ②对多个不同时点进行观察
性质不同	①询问被审计单位人员 ②观察特定控制的运用 ③检查文件和报告 ④穿行测试	①询问被审计单位适当员工以获取与内部控制运行情况相关的信息；②观察未留下书面记录的控制的运行情况；③检查留下书面记录的控制的运行情况；④重新执行
要求不同	必要程序	必要时或决定测试时
联系	了解内部控制时可能获取有关控制运行有效性的审计证据，因此，为了提高审计效率，可以考虑在评价控制设计和获取其得到执行的审计证据的同时测试控制运行的有效性。此外，在通常情况下，对内部控制的了解并不足以测试控制运行的有效性，但是了解某些自动控制是否得到执行，也可能实现对控制运行有效性的测试目标	
举例说明	某被审计单位针对销售收入、销售费用的业绩评价控制如下：财务经理每月审核销售收入和销售费用，并与预算数和上年数比较，对于差异额超过5%的项目进行分析并编制分析报告；销售经理审阅该报告并采取适当跟进措施。注册会计师抽查了近3个月的分析报告，看到上述管理人员在报告上签字确认，证明该控制已得到执行(这是了解内部控制)。然而，注册会计师在与销售经理的讨论中发现他对分析报告中明显异常的数据并不了解原因，也无法做出合理解释，从而显示该控制并未得到有效运行(这是控制测试)	

二、控制测试的要求

控制测试并非在任何情况下都需要实施。当存在下列情形之一时，注册会计师应当实施控制测试：①在评估认定层次重大错报风险时，预期控制的运行是有效的；②仅实施实质性程序并不能够提供认定层次充分、适当的审计证据。前者主要出于成本效益的考虑，而后者则是一种非此即彼的选择。

需要说明的是，如果被审计单位在所审计期间内的不同时期使用了不同的控制，注册会计师应当考虑不同时期不同控制运行的有效性。

三、控制测试的性质

（一）含义

控制测试的性质是指控制测试所使用的审计程序的类型及其组合。

（二）要求

注册会计师应当选择适当类型的审计程序以获取有关控制运行有效性的保证。计划的保证水平越高，对有关控制运行有效性的审计证据的可靠性要求越高。

（三）类型

控制测试采用审计程序，包括询问、观察、检查和重新执行。

（1）询问。注册会计师可以向被审计单位适当员工询问，获取与内部控制运行情况相关的信息。在询问过程中，注册会计师应当保持职业怀疑。虽然询问是一种有用的手段，然而询问本身并不足以测试控制运行的有效性，注册会计师应将询问与其他审计程序结合使用，以获取有关控制运行有效性的审计证据。

（2）观察。观察是测试不留下书面记录的控制（如职责分离）的运行情况的有效方法。例如，观察存货盘点控制的执行情况。观察也可运用于实物控制。在通常情况下，注册会计师通过观察直接获取的证据比间接获取的证据更可靠。但是，注册会计师还要考虑其观察到的控制在注册会计师不在场时可能未被执行的情况，即观察提供的证据仅限于观察发生的时点，本身也不足以测试控制运行的有效性。

（3）检查。对运行情况留有书面证据的控制，检查非常适用。书面说明、复核时留下的记号，或其他记录在偏差报告中的标志都可以被当作控制运行情况的证据。

（4）重新执行。例如，为了合理保证计价认定的准确性，被审计单位的一项控制是由复核人员核对销售发票上的价格与统一价格单上的价格是否一致。但是，要检查复核人员有没有认真执行核对，仅仅检查复核人员是否在相关文件上签字是不够的，注册会计师还需要自己选取一部分销售发票进行核对，这就是重新执行程序。如果需要进行大量的重新执行，注册会计师就要考虑通过实施控制测试以缩小实质性程序的范围是否有效率。

四、控制测试的时间

（一）控制测试的时间的含义

控制测试的时间包括两层含义：一是何时实施控制测试；二是测试所针对的控制适用的时点或期间。

（二）控制测试的时间的确定

注册会计师应当根据控制测试的目的确定控制测试的时间，并确定拟信赖的相关控制的时点或期间。

（1）如果需要测试控制在特定时点的运行有效性（如对被审计单位期末存货盘点进行控制测试），注册会计师应当在该时点或之后实施控制测试，以获取该时点控制运行有效性的审计证据。

（2）如果需要获取控制在某一期间有效运行的审计证据，仅获取与时点相关的审计证据是不充分的，注册会计师应当辅以其他控制测试，包括测试被审计单位对控制的监督。

在实务中，为了测试控制在某一期间（本期或本年）的运行有效性，可以考虑在本期期末实施控制测试；或者在本期期中实施控制测试并针对剩余期间（期中至期末）实施控制测试，以获取该控制在该期间运行有效性的审计证据。

（三）期中实施控制测试

由于期中实施控制测试具有更积极的作用，因此，注册会计师最有可能在期中实施控制测试。

通过期中实施控制测试，如果已获取有关控制在期中运行有效性的审计证据，并拟利用该证据，注册会计师应当实施以下审计程序：①获取这些控制在剩余期间变化情况的审计证据；②确定针对剩余期间还须获取的补充审计证据。

（四）利用以前审计获取的审计证据

如果是拟信赖的以前审计获取的有关控制运行有效性的审计证据，则注册会计师首先要确定这些控制自上次测试后是否已经发生变化。

（1）如果拟信赖的控制自上次测试后未发生变化，且不属于旨在减轻特别风险的控制，且该控制在最近两年被测试过，且每年或每次审计从中选取足够数量的控制予以测试，注册会计师可以考虑利用以前审计获取的有关控制运行有效性的审计证据。

（2）如果控制已发生变化，注册会计师应当在本期审计中对该控制实施控制测试。

（3）对于旨在减轻特别风险的控制，不论该控制在本期是否发生变化，注册会计师都不应依赖以前审计获取的证据，而应在本期审计中测试这些控制的运行有效性。

（4）本次测试与上次测试的时间间隔不得超过两年。在一般情况下，重大错报风险越高，或对控制的拟依赖程度越高，时间间隔就越短。

（5）如果拟信赖的以前审计获取的有关控制运行有效性的审计证据，注册会计师应当在每次审计时从中选取足够数量的控制，测试其运行有效性，即不应将所有拟信赖控制的测试集中于某一次审计，而在之后的两次审计中不进行任何测试。

五、控制测试的范围

（一）含义

控制测试的范围主要是指某项控制活动的测试次数。注册会计师应当设计控制测试，以获取控制在整个拟信赖的期间有效运行的充分、适当的审计证据。

（二）确定控制测试范围的一般考虑因素

在确定控制测试的范围时，注册会计师应该考虑以下因素：①对控制的信赖程度（正向）；②在拟信赖期间，被审计单位执行控制的频率（正向）；③在所审计期间，注册会计师拟信赖控制运行有效性的时间长度（正向）；④控制的预期偏差（正向）；⑤通过测试与认定相关的其他控制获取的审计证据的范围（反向）；⑥拟获取的有关认定层次控制运行有效性的审计证据的相关性和可靠性（正向）。

（三）对自动化控制的测试范围的特别考虑

除非系统（包括系统使用的表格、文档或其他永久性数据）发生变动，注册会计师通常不需要增加自动化控制的测试范围。

六、控制测试的结论

注册会计师实施控制测试后，最终得出的结论是下列情况之一。

（1）控制运行有效，可以信赖。

（2）控制运行无效，不可信赖。

注册会计师应根据控制测试的结果，确定其对实质性程序的性质、时间安排与范围影响。

引例解析

逐项指出所列程序是否恰当，并说明理由。

程序（1）不恰当。价格清单的变动由销售部门经理批注，并由其在系统中更新价格清单，不相容职务未分离，该项内部控制存在设计缺陷，不应信赖该内部控制。

程序（2）不恰当。仅仅通过询问，不足以为控制测试提供充分、适当的审计证据，注册会计师必须结合其他测试手段。

程序（3）不恰当。观察程序所提供的审计证据仅限于观察发生的时点，而且被观察人员的行为可能因为被观察而受到影响，不能仅因此得出该控制在整个报表涵盖期间运行有效的结论。

线上测试

扫描封底二维码 获取答题权限

在线自测4.4.2

子任务 4.4.3　实施实质性程序

任务引例

ABC会计师事务所的注册会计师徐天星和刘建军负责对甲公司2020年度财务报表进行审计。在实施综合性方案对甲公司2020年度财务报表中认定层次的重大错报风险进行应对时，注册会计师刘建军在审计工作底稿中记录了实施的实质性程序，部分内容摘录如下。

(1) 计算本年重要产品的毛利率，与上年比较，检查是否存在异常，各年之间是否存在较大波动，查明原因。

(2) 获取产品销售价格目录，检查售价是否符合价格政策。

(3) 抽取本年一定数量的发运凭证，检查存货出库日期、品名、数量等是否与销售发票、销售合同、记账凭证等一致。

(4) 抽取本年一定数量的营业收入记账凭证，检查入账日期、品名、数量、单价、金额等是否与销售发票、发运凭证、销售合同等一致。

(5) 独立测算主要存货项目的年末可变现净值，将测算结果与甲公司的计算结果进行比较，分析差异原因。

(6) 将存货跌价准备本年计提数与资产减值损失相应明细项目的发生额核对是否相符。

(7) 获取暂时闲置固定资产的相关证明文件，并观察其实际状况，检查是否已按规定计提折旧。

(8) 获取持有待售固定资产的相关证明文件，检查对期预计净残值的调整是否恰当，会计处理是否正确。

(9) 查阅资本支出预算、公司相关会议决议等，检查本年增加的在建工程是否全部得到记录。

(10) 向相关金融机构函证可供出售金融资产年末数量。

引例思考：针对注册会计师刘建军在审计工作底稿中记录的上述已实施的实质性程序，假定不考虑其他条件，逐项指出这些实质性程序与根据子任务4.3.4中任务引例中的资料一（结合资料二）识别的重大错报风险是否直接相关。如果直接相关，指出其对应的是识别的哪一项重大错报风险，并简要说明理由。

任务分析

在实施实质性程序时，注册会计师应当：①理解实质性程序的含义；②明确实质性程序的要求；③熟知实质性程序的性质、时间和范围；④了解实施控制测试与实施实质性程序的相互影响。

知识准备

一、实质性程序的含义

实质性程序是指用于发现认定层次重大错报的审计程序，包括对各类交易、账户余额和披露的细节测试以及实质性分析程序。

微课视频4-14
实质性程序的含义

二、实质性程序的要求

无论评估的重大错报风险结果如何，注册会计师都应当针对所有重大类别的交易、账户余额和披露实施实质性程序。

如果认为评估的认定层次重大错报风险是特别风险，则注册会计师应当针对该风险实施专门的实质性程序。如果针对特别风险仅实施实质性程序，则注册会计师应当使用细节测试，或将细节测试和实质性分析程序结合使用，以获取充分、适当的审计证据。

三、实质性程序的性质

（一）实质性程序的性质的含义

实质性程序的性质，是指实质性程序的类型及其组合。实质性程序的两种基本类型包括细节测试和实质性分析程序。

（二）细节测试

▶ 1. 含义及适用范围

细节测试是对各类交易、账户余额和披露的具体细节进行测试，目的在于直接识别财务报表认定是否存在错报。

细节测试被用于获取与某些认定相关的审计证据，如存在或发生、完整性、准确性、计价等。

▶ 2. 细节测试的方向

在针对存在或发生认定设计细节测试时，注册会计师应当选择包含在财务报表金额中的项目，并获取相关审计证据；在针对完整性认定设计细节测试时，注册会计师应当选择有证据表明应包含在财务报表金额中的项目，并调查这些项目是否确实包括在内。如为应对被审计单位漏记本期应付账款的风险，注册会计师可以检查期后付款记录。

▶ 3. 实质性分析程序

实质性分析程序是指用作实质性程序的分析程序，该程序通过研究数据间关系评价信息，以识别各类交易、账户余额和披露及相关认定是否存在错报。

实质性分析程序通常更适用于在一段时间内存在可预期关系的大量交易。

四、实质性程序的时间

（一）实质性程序的时间选择与控制测试的时间选择的异同

实质性程序的时间选择与控制测试的时间选择的异同如表 4-13 所示。

表 4-13 实质性程序的时间选择与控制测试的时间选择的异同

时间选择	控制测试	实质性程序
共同点	两类程序都面临对期中审计证据和对以前审计获取的审计证据的考虑	
期中测试	获取期中关于控制运行有效性审计证据的做法更具有一种"常态"	目的在于更直接地发现重大错报，期中实施实质性程序时更需要考虑其成本效益的权衡

续表

时间选择	控制测试	实质性程序
利用以前审计获取的审计证据	拟信赖以前审计获取的有关控制运行有效性的审计证据，已经受到了很大的限制	对于以前审计中通过实质性程序获取的审计证据，则采取了更加慎重的态度和更严格的限制

（二）期末实施实质性程序

在绝大多数情况下，注册会计师应在期末或接近期末实施实质性程序，尤其在评估的重大错报风险较高时。

（三）期中实施实质性程序

注册会计师在考虑是否在期中实施实质性程序时应当考虑以下因素。

(1) 控制环境和其他相关的控制。控制环境和其他相关的控制越薄弱，注册会计师就越不宜在期中实施实质性程序。

(2) 实施审计程序所需信息在期中之后的可获得性。如果实施实质性程序所需信息在期中之后可能难以获取（如系统变动导致某类交易记录难以获取），注册会计师应考虑在期中实施实质性程序；但如果实施实质性程序所需信息在期中之后的获取并不存在明显困难，该因素不应成为注册会计师在期中实施实质性程序的重要影响因素。

(3) 实质性程序的目标。如果针对某项认定实施实质性程序的目标就包括获取该认定的期中审计证据（从而与期末比较），注册会计师应在期中实施实质性程序。

(4) 评估的重大错报风险。注册会计师评估的某项认定的重大错报风险越高（如舞弊导致的重大错报风险），针对该认定所需获取的审计证据的相关性和可靠性要求也就越高，注册会计师越应当考虑将实质性程序集中于期末（或接近期末）实施。

(5) 特定类别交易或账户余额以及相关认定的性质。例如，某些交易或账户余额以及相关认定的特殊性质（如收入截止认定、未决诉讼）决定了注册会计师必须在期末（或接近期末）实施实质性程序。

(6) 针对剩余期间，能否通过实施实质性程序或将实质性程序与控制测试相结合，降低期末存在错报而未被发现的风险。如果期中测试与针对剩余期间的测试所需消耗的审计资源总和显著小于期末测试所需消耗的审计资源，可以考虑在期中实施实质性程序。

（四）利用期中审计证据

如果在期中实施了实质性程序，注册会计师应当针对剩余期间实施进一步的实质性程序，或将实质性程序和控制测试结合使用，以将期中测试得出的结论合理延伸至期末。

（五）利用以前审计获取的审计证据

以前审计中实施实质性程序获取的审计证据，通常对本期只有很弱的证据效力，甚至没有证据效力。

只有当以前获取的审计证据及其相关事项未发生重大变动时（例如以前审计通过实质性程序测试过的某项诉讼在本期没有任何实质性进展），而且在本期已实施审计程序并确定这些审计证据具有持续相关性，以前审计获取的审计证据才可用作本期的有效审计证据。

五、实质性程序的范围

(一)确定实质性程序的范围时应考虑的因素

在确定实质性程序的范围时,注册会计师应当考虑评估的认定层次重大错报风险和实施控制测试的结果。

(1)注册会计师评估的认定层次的重大错报风险越高,需要实施实质性程序的范围就越广。

(2)如果对控制测试结果不满意,注册会计师应当考虑扩大实质性程序的范围。

(二)设计细节测试的范围时应考虑的因素

在设计细节测试时,注册会计师除了从样本量的角度考虑测试范围外,还要考虑选样方法的有效性等因素。例如,从总体中选取大额或异常项目,而不是进行代表性抽样或分层抽样(考虑审计抽样风险)。

(三)设计实质性分析程序的范围时应考虑的因素

实质性分析程序的范围有两层含义:第一层含义是对什么层次上的数据进行分析。注册会计师可以选择在高度汇总的财务数据层次进行分析,也可以根据重大错报风险的性质和水平调整分析层次。例如,按照不同产品线、不同季节或月份、不同经营地点或存货存放地点等实施实质性分析程序。第二层含义是需要对什么幅度或性质的偏差展开进一步调查。实施分析程序可能发现偏差,但并非所有的偏差都值得展开进一步调查。可容忍或可接受的偏差(即预期偏差)越大,作为实质性分析程序一部分的进一步调查的范围就越小。

六、控制测试与实质性程序的联系

(一)先后实施控制测试和实质性程序

为应对认定层次重大错报风险,通常先实施控制测试,然后实施实质性程序。此时,控制测试的结果通常会影响实质性程序的安排,而实施实质性程序的结果也会对控制测试的结果产生影响。

▶ 1. 控制测试的结果对实质性程序的影响

(1)如果控制测试的结果显示,控制运行有效可以信赖时,注册会计师在安排实质性程序时,应考虑使用实质性分析程序和细节测试,安排期中实施实质性程序,并适当缩小实质性程序的范围。

(2)如果控制测试的结果显示,控制运行无效不可信赖时,注册会计师在安排实质性程序时,应考虑主要使用细节测试,安排期末实施实质性程序,并适当扩大实质性程序的范围。

▶ 2. 实施实质性程序的结果对控制测试结果的影响

如果通过实施实质性程序未发现某项认定存在错报,这本身并不能说明与该认定有关的控制是有效运行的。

但如果通过实施实质性程序发现某项认定存在错报,注册会计师应当在评价相关控制的运行有效性时予以考虑。

如果实施实质性程序发现被审计单位没有识别的重大错报,通常表明内部控制存在重大缺陷,注册会计师应当就这些缺陷与管理层和治理层进行沟通。

(二)同时实施控制测试和细节测试

控制测试的目的是评价控制是否有效运行;细节测试的目的是发现认定层次的重大错报。尽管两者目的不同,但注册会计师可以考虑针对同一交易同时实施控制测试和细节测试,以实现双重目的。例如,注册会计师通过检查某笔交易的发票可以确定其是否经过适当的授权,也可以获取关于该交易的金额、发生时间等细节证据。当然,如果拟实施双重目的的测试,注册会计师应当仔细设计和评价测试程序。

引例解析

根据本学习任务引例,分析判断所列实质性程序对发现根据资料一识别的认定层次重大错报是否直接相关。

程序(1)不相关。

程序(2)相关。与子任务4.3.4任务引例资料一中事项(1)的重大错报风险相关。检查售价是否符合价格政策,确定记录的销售价格是否与实际相符。

程序(3)相关。与子任务4.3.4任务引例资料一中事项(1)的重大错报风险相关。检查发运凭证并核对相关信息,可以确定存货确实发送给真实的客户,证明交易的真实性。

程序(4)相关。与子任务4.3.4任务引例资料一中事项(1)的重大错报风险相关。从营业收入明细账入手追查到相关原始凭证,可以证明营业收入的发生认定。

程序(5)相关。与子任务4.3.4任务引例资料一中事项(2)的重大错报风险相关。独立测算存货的可变现净值跟存货的账面价值进行比较,可以发现甲公司是否少计资产减值损失。

程序(6)相关。与子任务4.3.4任务引例资料一中事项(2)的重大错报风险相关。对应科目之间的核对,可以确定金额是否准确。

程序(7)不相关。

程序(8)相关。与子任务4.3.4任务引例资料一中事项(4)的重大错报风险相关。检查对预计净残值的调整是否正确,可以得知计提的相应的减值是否充分。

程序(9)不相关。

程序(10)不相关。

线上测试

扫描封底二维码　　获取答题权限

在线自测4.4.3

任务 4.5　出具审计报告

子任务 4.5.1　出具无保留意见的审计报告

任务引例

ABC 会计师事务所审计项目团队按照中国注册会计师审计准则的规定完成了对甲公司 2020 年度财务报表重大错报风险的识别、评估与应对，获取了充分适当的审计证据，发现甲公司 2020 年度财务报表在所有重大方面按照适用的财务报告编制基础编制并且在所有重大方面公允反映了甲公司的财务状况、经营成果和现金流量。

引例思考：按照《中国注册会计师审计准则第 1501 号——对财务报表形成审计意见和出具审计报告》，ABC 会计师事务所审计项目团队应该对甲公司 2020 年度财务报表发表什么审计意见？如何撰写该审计意见的审计报告？

任务分析

任务引例中，当甲公司 2020 年度财务报表在所有重大方面按照适用的财务报告编制基础编制并且在所有重大方面公允反映甲公司的财务状况、经营成果和现金流量时，按照审计准则规定，应当发表无保留意见审计报告。在什么情况下出具无保留意见审计报告？怎样撰写无保留意见审计报告？为了回答这两个问题，需要明确：①出具无保留意见审计报告的条件；②无保留意见审计报告的要素；③无保留意见审计报告的参考格式。

知识准备

一、出具无保留意见审计报告的条件

当同时符合下列条件时，注册会计师应当出具无保留意见审计报告。

（1）按照审计准则的规定，已获取充分、适当的审计证据。
（2）未更正错报单独或汇总起来未构成重大错报。
（3）财务报表在所有重大方面按照适用的财务报告编制基础编制。
（4）财务报表已实现公允反映。
（5）财务报表已恰当提及或说明适用的财务报告编制基础。

二、无保留意见审计报告的要素及其参考格式

无保留意见审计报告应当包括下列要素：①标题；②收件人；③审计意见；④形成审计意见的基础；⑤管理层对财务报表的责任；⑥注册会计师对财务报表审计的责任；⑦按

照相关法律法规的要求报告的事项(如适用)；⑧注册会计师的签名和盖章；⑨会计师事务所的名称、地址和盖章；⑩报告日期。

对非上市实体财务报表出具的无保留意见的审计报告的参考格式如下。

审计报告(标题)

ABC股份有限公司全体股东：(收件人)

一、审计意见

我们审计了ABC股份有限公司(以下简称ABC公司)财务报表，包括20×1年12月31日的资产负债表，20×1年度的利润表、现金流量表、股东权益变动表以及相关财务报表附注。

我们认为，后附的财务报表在所有重大方面按照企业会计准则的规定编制，公允反映了ABC公司20×1年12月31日的财务状况以及20×1年度的经营成果和现金流量。

二、形成审计意见的基础

我们按照中国注册会计师审计准则的规定执行了审计工作。审计报告的"注册会计师对财务报表审计的责任"部分进一步阐述了我们在这些准则下的责任。按照中国注册会计师职业道德守则，我们独立于ABC公司，并履行了职业道德方面的其他责任。我们相信，我们获取的审计证据是充分、适当的，为发表审计意见提供了基础。

三、管理层和治理层对财务报表的责任

ABC公司管理层(以下简称管理层)负责按照企业会计准则的规定编制财务报表，使其实现公允反映，并设计、执行和维护必要的内部控制，以使财务报表不存在由于舞弊或错误导致的重大错报。

在编制财务报表时，管理层负责评估ABC公司的持续经营能力，披露与持续经营相关的事项(如适用)，并运用持续经营假设，除非管理层计划清算ABC公司、终止运营或别无其他现实的选择。

治理层负责监督ABC公司的财务报告过程。

四、注册会计师对财务报表审计的责任

我们的目标是对财务报表整体是否不存在由于舞弊或错误导致的重大错报获取合理保证，并出具包含审计意见的审计报告。合理保证是高水平的保证，但并不能保证按照审计准则执行的审计在某一重大错报存在时总能发现。错报可能由于舞弊或错误导致，如果合理预期错报单独或汇总起来可能影响财务报表使用者依据财务报表做出的经济决策，则通常认为错报是重大的。

在按照审计准则执行审计工作的过程中，我们运用职业判断，并保持职业怀疑。同时，我们也执行以下工作。

(1)识别和评估由于舞弊或错误导致的财务报表重大错报风险，设计和实施审计程序以应对这些风险，并获取充分、适当的审计证据，作为发表审计意见的基础。由于舞弊可能涉及串通、伪造、故意遗漏、虚假陈述或凌驾于内部控制之上，未能发现由于舞弊导致的重大错报的风险高于未能发现由于错误导致的重大错报的风险。

(2)了解与审计相关的内部控制，以设计恰当的审计程序，但目的并非对内部控制的有效性发表意见。

(3) 评价管理层选用会计政策的恰当性和做出会计估计及相关披露的合理性。

(4) 对管理层使用持续经营假设的恰当性得出结论。同时，根据获取的审计证据，就可能导致对 ABC 公司持续经营能力产生重大疑虑的事项或情况是否存在重大不确定性得出结论。如果我们得出结论认为存在重大不确定性，审计准则要求我们在审计报告中提请报表使用者注意财务报表中的相关披露；如果披露不充分，我们应当发表非无保留意见。我们的结论基于截至审计报告日可获得的信息。然而，未来的事项或情况可能导致 ABC 公司不能持续经营。

(5) 评价财务报表的总体列报、结构和内容（包括披露），并评价财务报表是否公允反映相关交易和事项。

我们与治理层就计划的审计范围、时间安排和重大审计发现等事项进行沟通，包括沟通我们在审计中识别的值得关注的内部控制缺陷。

××会计师事务所　　　　　　　　　　中国注册会计师：×××
　（盖章）　　　　　　　　　　　　　　　（签名并盖章）
　　　　　　　　　　　　　　　　　　中国注册会计师：×××
　　　　　　　　　　　　　　　　　　　　（签名并盖章）

中国××市（地址）　　　　　　　　　二○×二年×月×日

(一) 标题

审计报告的标题应当统一规范为"审计报告"。

(二) 收件人

审计报告应当按照审计业务的约定载明收件人。在某些国家或地区，法律法规或业务约定条款可能指定审计报告的致送的对象。注册会计师通常将审计报告致送给财务报表使用者，一般是被审计单位的股东或治理层。

(三) 审计意见

审计意见部分由两部分构成。第一部分指出已审计财务报表，应当包括下列方面。

(1) 指出被审计单位的名称。

(2) 说明财务报表已经审计。

(3) 指出构成整套财务报表的每张财务报表的名称、日期或涵盖期间。

(4) 提及财务报表附注。

(5) 指明构成整套财务报表的每一财务报表的日期或涵盖的期间。

第二部分应当说明注册会计师发表的审计意见。审计意见说明财务报表在所有重大方面按照适用的财务报告编制基础编制，公允反映了财务报表旨在反映的事项。

(四) 形成审计意见的基础

审计报告应当包含标题为"形成审计意见的基础"的部分。该部分提供关于审计意见的重要背景，应当紧接在审计意见部分之后，并包括下列方面。

(1)说明注册会计师按照审计准则的规定执行了审计工作。

(2)提及审计报告中用于描述审计准则规定的注册会计师责任的部分。

(3)声明注册会计师按照与审计相关的职业道德要求独立于被审计单位,并履行了职业道德方面的其他责任。

(4)说明注册会计师是否相信获取的审计证据是充分、适当的,为发表审计意见提供了基础。

(五)管理层对财务报表的责任

审计报告应当包含标题为"管理层对财务报表的责任"的部分,其中应当说明管理层负责下列方面。

(1)按照适用的财务报告编制基础编制财务报表,使其实现公允反映,并设计、执行和维护必要的内部控制,以使财务报表不存在由于舞弊或错误导致的重大错报。

(2)评估被审计单位的持续经营能力和使用持续经营假设是否适当,并披露与持续经营相关的事项(如适用)。对管理层评估责任的说明应当包括描述在任何情况下使用持续经营假设是适当的。

(六)注册会计师对财务报表审计的责任

审计报告应当包含标题为"注册会计师对财务报表审计的责任"的部分,其中应当包括下列内容。

(1)说明注册会计师的目标是对财务报表整体是否不存在由于舞弊或错误导致的重大错报获取合理保证,并出具包含审计意见的审计报告。

(2)说明合理保证是高水平保证,但按照审计准则执行的审计并不能保证一定会发现存在的重大错报;

(3)说明错报可能由于舞弊或错误导致。

(4)说明在按照审计准则执行审计工作的过程中,注册会计师运用职业判断,并保持职业怀疑。

(5)说明已执行的审计工作,对审计工作进行描述。

(七)按照相关法律法规的要求报告的事项(如适用)

除审计准则规定的注册会计师对财务报表出具审计报告的责任外,相关法律法规可能对注册会计师设定了其他报告责任。例如,注册会计师如果在财务报表审计中注意到某些事项,则可能被要求对这些事项予以报告。这些责任是注册会计师按照审计准则对财务报表出具审计报告的责任的补充。

如果注册会计师在对财务报表出具的审计报告中履行其他报告责任,应当在审计报告中将其单独作为一部分,并以"按照相关法律法规的要求报告的事项"为标题。此时,审计报告应当区分为"对财务报表出具的审计报告"和"按照相关法律法规的要求报告的事项"两部分,以便将其同注册会计师的财务报表报告责任明确区分。

(八)注册会计师的签名和盖章

审计报告应当由项目合伙人与另一名负责该项目的注册会计师签名和盖章。在审计报告中指明项目合伙人有助于进一步增强对审计报告使用者的透明度，有利于增强项目合伙人的个人责任感。因此，对上市实体整套通用目的财务报表出具的审计报告应当注明项目合伙人。

（九）会计师事务所的名称、地址和盖章

审计报告应当载明会计师事务所的名称和地址，并加盖会计师事务所公章。

注册会计师在审计报告中载明会计师事务所地址时，标明会计师事务所所在的城市即可。

（十）报告日期

审计报告应当注明报告日期。审计报告日不应早于注册会计师获取充分、适当的审计证据（包括管理层认可对财务报表的责任且已批准财务报表的证据），并在此基础上对财务报表形成审计意见的日期。

在确定审计报告日期时，注册会计师应当确信已获取下列两方面的审计证据：①构成整套财务报表的所有报表（包括相关附注）已编制完成；②被审计单位的董事会、管理层或类似机构已经认可其对财务报表负责。

审计报告日期向审计报告使用者表明，注册会计师已考虑其知悉的、截至审计报告日发生的事项和交易的影响。

在实务中，注册会计师在正式签署审计报告前，通常把审计报告草稿随附管理层已按审计调整建议修改后的财务报表提交给管理层。如果管理层批准并签署已按审计调整建议修改后的财务报表，注册会计师即可签署审计报告。注册会计师签署审计报告的日期通常与管理层签署已审计财务报表的日期为同一天，或晚于管理层签署已审计财务报表的日期。

引例解析

因为甲公司2020年度财务报表在所有重大方面按照适用的财务报告编制基础编制并且在所有重大方面公允反映了甲公司的财务状况、经营成果和现金流量，符合无保留意见审计报告的条件，应出具无保留意见的审计报告。该审计报告的具体格式与前述的无保留意见审计报告参考格式相同。

线上测试

扫描封底二维码 获取答题权限

在线自测4.5.1

子任务 4.5.2　出具非无保留意见的审计报告

任务引例

ABC 会计师事务所审计项目团队按照中国注册会计师审计准则的规定完成了对甲公司 2020 年度财务报表重大错报风险的识别、评估与应对,获取了充分适当的审计证据,发现甲公司 2020 年度财务报表在所有重大方面没有按照适用的财务报告编制基础编制并且在所有重大方面未能公允反映了甲公司的财务状况、经营成果和现金流量。

引例思考:按照《中国注册会计师审计准则第 1502 号——在审计报告中发表非无保留意见》,ABC 会计师事务所审计项目团队应该对甲公司 2020 年度财务报表发表什么审计意见?

任务分析

在任务引例中,甲公司 2020 年度财务报表在所有重大方面没有按照适用的财务报告编制基础编制并且在所有重大方面未能公允反映甲公司的财务状况、经营成果和现金流量时,按照审计准则规定,应当发表否定意见审计报告。否定意见属于非无保留意见审计报告的一种,非无保留意见审计报告包括保留意见审计报告、否定意见审计报告和无法表示意见审计报告。在什么情况下出具不同类型的非无保留意见审计报告?怎样撰写不同类型非无保留意见审计报告?为了回答这两个问题,需要明确:①出具不同类型非无保留意见审计报告的条件;②不同类型非无保留意见审计报告的要素;③不同类型非无保留意见审计报告的参考格式。

知识准备

非无保留意见是指保留意见、否定意见或无法表示意见。

一、发表非无保留意见的情形

当存在下列情形之一时,注册会计师应当在审计报告中发表非无保留意见。

(1)根据获取的审计证据,得出财务报表整体存在重大错报的结论。在得出上述结论时,注册会计师需要评价未更正错报对财务报表的影响。错报是指某一财务报表项目的金额、分类、列报或披露,与按照适用的财务报告编制基础应当列示的金额、分类、列报或披露之间存在的差异。财务报表的重大错报可能源于以下情形。

1)选择的会计政策的恰当性。在选择的会计政策的恰当性方面,当出现下列情形时,财务报表可能存在重大错报:选择的会计政策与适用的财务报告编制基础不一致;财务报表(包括相关附注)没有按照公允列报的方式反映交易和事项。

财务报告编制基础通常包括对会计处理、披露和会计政策变更的要求。如果被审计单位变更了重大会计政策,且没有遵守这些要求,财务报表可能存在重大错报。

2) 对所选择的会计政策的运用。在对所选择的会计政策的运用方面，当出现下列情形时，财务报表可能存在重大错报：管理层没有按照适用的财务报告编制基础的要求一贯运用所选择的会计政策，包括管理层未在不同会计期间或对相似的交易和事项一贯运用所选择的会计政策（运用的一致性）；不当运用所选择的会计政策（如运用中的无意错误）。

3) 财务报表披露的恰当性或充分性。在财务报表披露的恰当性或充分性方面，当出现下列情形时，财务报表可能存在重大错报：财务报表没有包括适用的财务报告编制基础要求的所有披露；财务报表的披露没有按照适用的财务报告编制基础列报；财务报表没有做出必要的披露以实现公允反映。

（2）无法获取充分、适当的审计证据，不能得出财务报表整体不存在重大错报的结论。如果注册会计师能够通过实施替代程序获取充分、适当的审计证据，则无法实施特定的程序并不构成对审计范围的限制。

下列情形可能导致注册会计师无法获取充分、适当的审计证据（也称为审计范围受到限制）。

1) **超出被审计单位控制的情形**。例如：被审计单位的会计记录已被毁坏；重要组成部分的会计记录已被政府有关机构无限期地查封。

2) **与注册会计师工作的性质或时间安排相关的情形**。例如：被审计单位需要使用权益法对联营企业进行核算，注册会计师无法获取有关联营企业财务信息的充分、适当的审计证据以评价是否恰当运用了权益法；注册会计师接受审计委托的时间安排，使注册会计师无法实施存货监盘；注册会计师确定仅实施实质性程序是不充分的，但被审计单位的控制是无效的。

3) **管理层施加限制的情形**。例如：管理层阻止注册会计师实施存货监盘；管理层阻止注册会计师对特定账户余额实施函证。

二、确定非无保留意见的类型

注册会计师确定恰当的非无保留意见类型，取决于下列事项：①导致非无保留意见事项的性质，是财务报表存在重大错报，还是在无法获取充分、适当的审计证据的情况下，财务报表可能存在重大错报；②注册会计师就导致非无保留意见事项对财务报表产生或可能产生影响的广泛性做出的判断。

广泛性是描述错报影响的术语，用以说明错报对财务报表的影响，或者由于无法获取充分、适当的审计证据而未发现的错报（如存在）对财务报表可能产生的影响。根据注册会计师的判断，对财务报表的影响具有广泛性的情形包括：①不限于对财务报表的特定要素、账户或项目产生影响；②虽然仅对财务报表的特定要素、账户或项目产生影响，但这些要素、账户或项目是或可能是财务报表的主要组成部分；③当与披露相关时，产生的影响对财务报表使用者理解财务报表至关重要。

表4-14列示了注册会计师对导致发表非无保留意见事项的性质和这些事项对财务报表产生或可能产生影响的广泛性做出的判断，以及注册会计师的判断对审计意见类型的影响。

表 4-14 审计意见决策表

导致发表非无保留意见事项的性质	这些事项对财务报表产生或可能产生影响的广泛性	
	重大但不具有广泛性	重大且具有广泛性
财务报表存在重大错报	保留意见	否定意见
无法获取充分、适当的审计证据	保留意见	无法表示意见

(一) 发表保留意见

当存在下列情形之一时，注册会计师应当发表保留意见。

(1) 在获取充分、适当的审计证据后，注册会计师认为错报单独或汇总起来对财务报表影响重大，但不具有广泛性。

(2) 注册会计师无法获取充分、适当的审计证据以作为形成审计意见的基础，但认为未发现的错报（如存在）对财务报表可能产生的影响重大，但不具有广泛性。

(二) 发表否定意见

在获取充分、适当的审计证据后，如果认为错报单独或汇总起来对财务报表的影响重大且具有广泛性，注册会计师应当发表否定意见。

(三) 发表无法表示意见

如果无法获取充分、适当的审计证据以作为形成审计意见的基础，但认为未发现的错报（如存在）对财务报表可能产生的影响重大且具有广泛性，注册会计师应当发表无法表示意见。

在极其特殊的情况下，可能存在多个不确定事项。即使注册会计师对每个单独的不确定事项获取了充分、适当的审计证据，但由于不确定事项之间可能存在相互影响，以及可能对财务报表产生累积影响，注册会计师不可能对财务报表形成审计意见。在这种情况下，注册会计师应当发表无法表示意见。

(四) 确定非无保留意见的类型时须注意的事项

(1) 在承接审计业务后，如果注意到管理层对审计范围施加了限制，且认为这些限制可能导致对财务报表发表保留意见或无法表示意见，则注册会计师应当要求管理层消除这些限制。如果管理层拒绝消除限制，除非治理层全部成员参与管理被审计单位，那么注册会计师应当就此事项与治理层沟通，并确定能否实施替代程序以获取充分、适当的审计证据。如果无法获取充分、适当的审计证据，注册会计师应当通过下列方式确定其影响：①如果未发现的错报可能对财务报表产生的影响重大，但不具有广泛性，应当发表保留意见；②如果未发现的错报（如存在）可能对财务报表产生的影响重大且具有广泛性，以至于发表保留意见不足以反映情况的严重性，应当在可行时解除业务约定。如果在出具审计报告之前解除业务约定被禁止或不可行，应当发表无法表示意见。

(2) 如果认为有必要对财务报表整体发表否定意见或无法表示意见，注册会计师不应在同一审计报告中对按照相同财务报告编制基础编制的单一财务报表或者财务报表特定要素、账户或项目发表无保留意见。当然，对经营成果、现金流量（如相关）发表无法表示意见，而对财务状况发表无保留意见，这种情况可能是被允许的。

三、非无保留意见的审计报告的格式和内容

（一）审计意见段

（1）标题。在发表非无保留意见时，注册会计师应当对审计意见段使用恰当的标题，如"保留意见""否定意见"或"无法表示意见"。审计意见段的标题能够使财务报表使用者清楚注册会计师发表了非无保留意见，并能够表明非无保留意见的类型。

（2）发表保留意见。当由于财务报表存在重大错报而发表保留意见时，注册会计师应当根据适用的财务报告编制基础在审计意见段中说明：注册会计师认为，除了形成保留意见的基础部分所述事项产生的影响外，财务报表在所有重大方面按照适用的财务报告编制基础编制，并实现公允反映。

当无法获取充分、适当的审计证据而导致发表保留意见时，注册会计师应当在审计意见段中使用"除……可能产生的影响外"等措辞。

（3）发表否定意见。当发表否定意见时，注册会计师应当根据适用的财务报告编制基础在审计意见段中说明：注册会计师认为，由于形成否定意见的基础部分所述事项的重要性，财务报表没有在所有重大方面按照适用的财务报告编制基础编制，未能实现公允反映。

（4）发表无法表示意见。当由于无法获取充分、适当的审计证据而发表无法表示意见时，注册会计师应当在审计意见段中说明：由于形成无法表示意见的基础部分所述事项的重要性，注册会计师无法获取充分、适当的审计证据为发表审计意见提供基础，因此，注册会计师不对这些财务报表发表审计意见。

（二）导致非无保留意见的事项段

（1）审计报告格式和内容的一致性。如果对财务报表发表非无保留意见，注册会计师应当直接在审计意见段之后增加一个部分，并使用恰当的标题，如"形成保留意见的基础""形成否定意见的基础"或"形成无法表示意见的基础"，说明导致发表非无保留意见的事项。

（2）量化财务影响。如果财务报表中存在与具体金额（包括定量披露）相关的重大错报，注册会计师应当在形成非无保留意见的基础部分说明并量化该错报的财务影响。例如，如果存货被高估，注册会计师就可以在审计报告的导致非无保留意见的事项段中说明该重大错报的财务影响，即量化其对所得税、税前利润、净利润和股东权益的影响。如果无法量化财务影响，则注册会计师应当在导致非无保留意见的基础部分说明这一情况。

（3）存在与叙述性披露相关的重大错报。如果财务报表中存在与叙述性披露相关的重大错报，则注册会计师应当在形成非无保留意见的基础部分解释该错报错在何处。

（4）存在与应披露而未披露信息相关的重大错报。如果财务报表中存在与应披露而未披露信息相关的重大错报，则注册会计师应当：①与治理层讨论未披露信息的情况；②在形成非无保留意见的基础部分描述未披露信息的性质；③如果可行并且已针对未披露信息获取了充分、适当的审计证据，在形成非无保留意见的基础部分包含对未披露信息的披

露，除非法律法规禁止。

（5）无法获取充分、适当的审计证据。如果因无法获取充分、适当的审计证据而导致发表非无保留意见，注册会计师应当在形成非无保留意见的基础部分说明无法获取审计证据的原因。

（6）披露其他事项。即使发表了否定意见或无法表示意见，注册会计师也应当在形成非无保留意见的基础部分说明注意到的、将导致发表非无保留意见的所有其他事项及其影响。

（三）非无保留意见对审计报告要素内容的修改

当发表保留意见或否定意见时，注册会计师应当修改形成非无保留意见的基础部分的描述，以说明：注册会计师相信，注册会计师获取的审计证据是充分、适当的，为发表非无保留意见提供了基础。

当由于无法获取充分、适当的审计证据而发表无法表示意见时：①注册会计师应当修改审计报告的意见段，说明：注册会计师接受委托审计财务报表；注册会计师不对后附的财务报表发表审计意见；由于形成无法表示意见的基础部分所述事项的重要性，注册会计师无法获取充分、适当的审计证据以作为对财务报表发表审计意见的基础。②注册会计师还应当修改无保留意见审计报告中形成审计意见的基础部分，不应提及审计报告中用于描述注册会计师责任的部分，也不应说明注册会计师是否已获取充分、适当的审计证据以作为形成审计意见的基础。③注册会计师应当修改无保留意见审计报告中注册会计师对财务报表审计的责任部分，使之仅包含下列内容：注册会计师的责任是按照中国注册会计师审计准则的规定，对被审计单位财务报表执行审计工作，以出具审计报告，但由于形成无法表示意见的基础部分所述的事项，注册会计师无法获取充分、适当的审计证据以作为发表审计意见的基础，并声明注册会计师在独立性和职业道德方面的其他责任。

四、非无保留意见的审计报告的参考格式

（1）由于财务报表存在重大错报而出具保留意见的审计报告的参考格式如下。
（略）

一、保留意见

我们审计了 ABC 股份有限公司（以下简称 ABC 公司）财务报表，包括 20×1 年 12 月 31 日的资产负债表，20×1 年度的利润表、现金流量表、股东权益变动表以及相关财务报表附注。

我们认为，除"形成保留意见的基础"部分所述事项产生的影响外，后附的财务报表在所有重大方面按照企业会计准则的规定编制，公允反映了 ABC 公司 20×1 年 12 月 31 日的财务状况以及 20×1 年度的经营成果和现金流量。

二、形成保留意见的基础

ABC 公司 20×1 年 12 月 31 日资产负债表中存货的列示金额为×元。ABC 公司管理层（以下简称管理层）根据成本对存货进行计量，而没有根据成本与可变现净值孰低的原则

进行计量，这不符合企业会计准则的规定。ABC公司的会计记录显示，如果管理层以成本与可变现净值孰低来计量存货，存货列示金额将减少×元。相应地，资产减值损失将增加×元，所得税、净利润和股东权益将分别减少×元、×元和×元。

我们按照中国注册会计师审计准则的规定执行了审计工作。审计报告的"注册会计师对财务报表审计的责任"部分进一步阐述了我们在这些准则下的责任。按照中国注册会计师职业道德守则，我们独立于ABC公司，并履行了职业道德方面的其他责任。我们相信，我们获取的审计证据是充分、适当的，为发表保留意见提供了基础。

（略）

（2）由于财务报表存在重大错报而出具否定意见的审计报告的参考格式如下。

（略）

一、否定意见

我们审计了ABC股份有限公司（以下简称ABC公司）的财务报表，包括20×1年12月31日的资产负债表，20×1年度的利润表、现金流量表、股东权益变动表以及相关财务报表附注。

我们认为，由于"形成否定意见的基础"部分所述事项的重要性，后附的财务报表没有在所有重大方面按照××财务报告编制基础的规定编制，未能公允反映ABC公司20×1年12月31日的财务状况以及20×1年度的合并经营成果和合并现金流量。

二、形成否定意见的基础

如财务报表附注×所述，20×1年ABC公司通过非同一控制下的企业合并获得对XYZ公司的控制权，因未能取得购买日XYZ公司某些重要资产和负债的公允价值，故未将XYZ公司纳入合并财务报表的范围。按照××财务报告编制基础的规定，该集团应将这一子公司纳入合并范围，并以暂估金额为基础核算该项收购。如果将XYZ公司纳入合并财务报表的范围，后附的ABC公司合并财务报表的多个报表项目将受到重大影响。但我们无法确定未将XYZ公司纳入合并范围对合并财务报表产生的影响。

我们按照中国注册会计师审计准则的规定执行了审计工作。审计报告的"注册会计师对财务报表审计的责任"部分进一步阐述了我们在这些准则下的责任。按照中国注册会计师职业道德守则，我们独立于ABC公司，并履行了职业道德方面的其他责任。我们相信，我们获取的审计证据是充分、适当的，为发表否定意见提供了基础。

（略）

（3）由于注册会计师无法获取关于一家境外联营公司的充分、适当的审计证据而发表保留意见的审计报告的参考格式如下。

（略）

一、保留意见

我们审计了ABC股份有限公司及其子公司（以下简称ABC集团）合并财务报表，包括20×1年12月31日的合并资产负债表，20×1年度的合并利润表、合并现金流量表、合并股东权益变动表以及相关合并财务报表附注。

我们认为，除"形成保留意见的基础"部分所述事项可能产生的影响外，后附的合并财务报表在所有重大方面按照××财务报告编制基础的规定编制，公允反映了ABC集团20×1年12月31日的合并财务状况以及20×1年度的合并经营成果和合并现金流量。

二、形成保留意见的基础

如财务报表附注×所述，ABC集团于20×1年取得了境外XYZ公司30%的股权，因能够对XYZ公司施加重大影响，故采用权益法核算该项股权投资，于20×1年度确认对XYZ公司的投资收益×元，该项股权投资于20×1年12月31日合并资产负债表上反映的账面价值为×元。由于我们未被允许接触XYZ公司的财务信息、管理层和执行XYZ公司审计的注册会计师，我们无法就该项股权投资的账面价值以及ABC集团确认的20×1年度对XYZ公司的投资收益获取充分、适当的审计证据，也无法确定是否有必要对这些金额进行调整。

我们按照中国注册会计师审计准则的规定执行了审计工作。审计报告的"注册会计师对合并财务报表审计的责任"部分进一步阐述了我们在这些准则下的责任。按照中国注册会计师职业道德守则，我们独立于ABC集团，并履行了职业道德方面的其他责任。我们相信，我们获取的审计证据是充分、适当的，为发表保留意见提供了基础。

（略）

（4）由于无法获取财务报表多个要素的充分、适当的审计证据而出具无法表示意见的审计报告的参考格式如下。

审 计 报 告

ABC股份有限公司全体股东：

一、无法表示意见

我们接受委托，审计ABC股份有限公司（以下简称ABC公司）财务报表，包括20×1年12月31日的资产负债表，20×1年度的利润表、现金流量表、股东权益变动表以及相关财务报表附注。

我们不对后附的ABC公司财务报表发表审计意见。由于"形成无法表示意见的基础"部分所述事项的重要性，我们无法获取充分、适当的审计证据以作为对财务报表发表审计意见的基础。

二、形成无法表示意见的基础

我们于20×2年1月接受委托审计ABC公司财务报表，因而未能对ABC公司20×1年年初金额为×元的存货和年末金额为×元的存货实施监盘程序。此外，我们也无法实施替代审计程序获取充分、适当的审计证据。并且，ABC公司于20×1年9月采用新的应收账款电算化系统，由于存在系统缺陷导致应收账款出现大量错误。截至报告日，ABC公司管理层（以下简称管理层）仍在纠正系统缺陷并更正错误，我们也无法实施替代审计程序，以对截至20×1年12月31日的应收账款总额×元获取充分、适当的审计证据。因此，我们无法确定是否有必要对存货、应收账款以及财务报表其他项目做出调整，也无法确定应调整的金额。

三、管理层和治理层对财务报表的责任

（略）

四、注册会计师对财务报表审计的责任

我们的责任是按照中国注册会计师审计准则的规定，对 ABC 公司的财务报表执行审计工作，以出具审计报告。但由于"形成无法表示意见的基础"部分所述的事项，我们无法获取充分、适当的审计证据以作为发表审计意见的基础。

按照中国注册会计师职业道德守则，我们独立于 ABC 公司，并履行了职业道德方面的其他责任。

（略）

引例解析

因为甲公司 2020 年度财务报表在所有重大方面没有按照适用的财务报告编制基础编制并且在所有重大方面未能公允反映甲公司的财务状况、经营成果和现金流量，这说明甲公司 2020 年度财务报表中不仅有重大错报，而且重大错报的影响广泛，因此需要发表否定意见的审计报告。

线上测试

扫描封底二维码　　获取答题权限

在线自测4.5.2

子任务 4.5.3　出具带关键审计事项段的审计报告

任务引例

ABC 会计师事务所审计项目团队按照中国注册会计师审计准则的规定完成了对甲上市公司 2020 年度财务报表重大错报风险的识别、评估与应对，获取了充分适当的审计证据，发现甲公司 2020 年度财务报表在所有重大方面按照适用的财务报告编制基础编制并且在所有重大方面公允反映了甲公司的财务状况、经营成果和现金流量。但是，按照《中国注册会计师审计准则第 1504 号——在审计报告中沟通关键审计事项》，ABC 会计师事务所审计项目团队需要在审计报告中增加关键审计事项段。

引例思考：什么是关键审计事项？怎样确定关键审计事项？

任务分析

为了回答任务引例中的几个问题，需要明确：①关键审计事项的含义；②在审计报告

中沟通关键审计事项的情形、目的与意义；③确定关键审计事项的步骤；④在审计报告中沟通关键审计事项的要求。

知识准备

一、关键审计事项的含义

关键审计事项，是指注册会计师根据职业判断认为对本期财务报表审计最重要的事项。根据审计准则的规定，注册会计师需要确定关键审计事项，并在对财务报表形成审计意见后，以在审计报告中描述关键审计事项的方式沟通这些事项。

二、在审计报告中沟通关键审计事项

（一）在审计报告中沟通关键审计事项的情形

（1）对上市实体整套通用目的财务报表进行审计。

（2）注册会计师决定或委托方要求在审计报告中沟通关键审计事项的其他情形。

（3）法律法规要求注册会计师在审计报告中沟通关键审计事项。

根据《中国注册会计师审计准则第1502号——在审计报告中发表非无保留意见》的规定，注册会计师在对财务报表发表无法表示意见时，不得在审计报告中沟通关键审计事项，除非法律法规要求沟通。

（二）在审计报告中沟通关键审计事项的目的

沟通关键审计事项，旨在通过提高已执行审计工作的透明度增加审计报告的沟通价值。

（三）在审计报告中沟通关键审计事项的意义

（1）沟通关键审计事项能够为财务报表预期使用者提供额外的信息，以帮助其了解注册会计师根据职业判断认为对本期财务报表审计最重要的事项。

（2）沟通关键审计事项还能够帮助财务报表预期使用者了解被审计单位，以及已审计财务报表中涉及重大管理层判断的领域。

（3）在审计报告中沟通关键审计事项，还能够为财务报表预期使用者就与被审计单位、已审计财务报表或已执行审计工作相关的事项进一步与管理层和治理层沟通提供基础。

三、确定关键审计事项

根据关键审计事项的定义，注册会计师在确定关键审计事项时，需要遵循以下决策框架，如图4-3所示。

（1）以"与治理层沟通的事项"为起点选择关键审计事项。《中国注册会计师审计准则第1151号——与治理层的沟通》要求注册会计师与被审计单位治理层沟通审计过程中的重大发现，包括注册会计师对被审

微课视频 4-17
确定关键审计事项

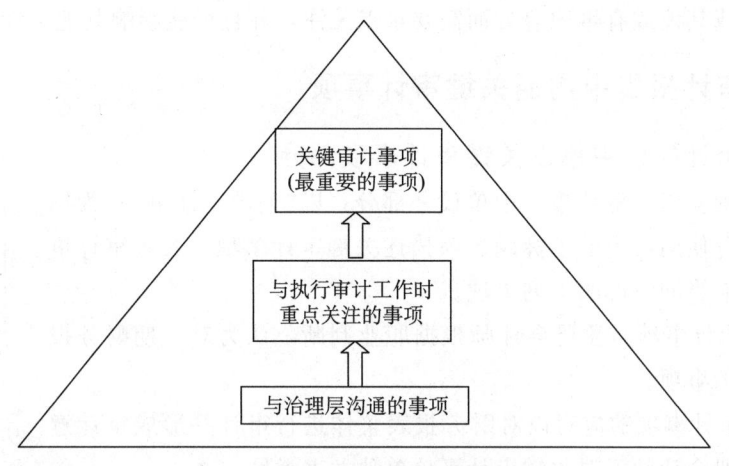

图 4-3 关键审计事项的决策框架

单位的重要会计政策、会计估计和财务报表披露等会计实务的看法，审计过程中遇到的重大困难，已与治理层讨论或需要书面沟通的重大事项等，以便治理层履行其监督财务报告过程的职责。

（2）从"与治理层沟通的事项"中选出"在执行审计工作时重点关注的事项"。注册会计师在从"与治理层沟通的事项"中确定哪些事项属于重点关注过的事项时，需要特别考虑下列方面。

1）评估的重大错报风险较高的领域或识别的特别风险。

2）与财务报表中涉及重大管理层判断（包括被认为具有高度估计不确定性的会计估计）的领域相关的重大审计判断。

3）本期重大交易或事项对审计的影响。

（3）从"在执行审计工作时重点关注的事项"选出"最重要的事项"，从而构成关键审计事项。在确定某一与治理层沟通过的事项的相对重要程度以及该事项是否构成关键审计事项时，下列考虑也可能是相关的。

1）该事项对预期使用者理解财务报表整体的重要程度，尤其是对财务报表的重要性。

2）与该事项相关的会计政策的性质或者与同行业其他实体相比，管理层在选择适当的会计政策时涉及的复杂程度或主观程度。

3）从定性和定量方面考虑，与该事项相关的由于舞弊或错误导致的已更正错报和累积未更正错报（如有）的性质和重要程度。

4）为应对该事项所需要付出的审计努力的性质和程度，包括：为应对该事项而实施审计程序或评价这些审计程序的结果（如有）在多大程度上需要特殊的知识或技能；就该事项在项目组之外进行咨询的性质。

5）在实施审计程序、评价实施审计程序的结果、获取相关和可靠的审计证据以作为发表审计意见的基础时，注册会计师遇到的困难的性质和严重程度，尤其是当注册会计师的判断变得更加主观时。

6）识别与该事项相关的控制缺陷的严重程度。

7）该事项是否涉及多项可区分但又相互关联的审计考虑。例如，长期合同可能在收入确认、诉讼或其他或有事项等方面需要重点关注，并且可能影响其他会计估计。

四、在审计报告中沟通关键审计事项

（一）在审计报告中单设关键审计事项部分

注册会计师应当在审计报告中单设一部分，以"关键审计事项"为标题，并在该部分使用恰当的子标题逐项描述关键审计事项。关键审计事项部分的引言应当同时说明下列事项。

（1）关键审计事项是注册会计师根据职业判断，认为对本期财务报表审计最重要的事项。

（2）关键审计事项的应对以对财务报表整体进行审计并形成审计意见为背景，注册会计师不对关键审计事项单独发表意见。

需要强调指出的是，导致非无保留意见的事项、可能导致对被审计单位持续经营能力产生重大疑虑的事项或情况存在重大不确定性等，虽然符合关键审计事项的定义，但这些事项在审计报告中专门的部分披露，不在关键审计事项部分披露。进一步说，在关键审计事项部分披露的关键审计事项必须是已经得到满意解决的事项，即不存在审计范围受到限制，也不存在注册会计师与被审计单位管理层意见分歧的情况。注册会计师应当按照适用的审计准则的规定报告这些事项，并在关键审计事项部分提及形成保留（否定）意见的基础部分或与持续经营相关的重大不确定部分。

（二）描述单一关键审计事项

为帮助财务报表使用者了解注册会计师确定的关键审计事项，注册会计师应当在审计报告的关键审计事项部分逐项描述关键审计事项，并同时说明下列内容。

（1）该事项被认定为审计中最重要的事项之一，因而被确定为关键审计事项的原因。

（2）该事项在审计中是如何应对的。注册会计师可以描述下列要素：①审计应对措施或审计方案中，与该事项最相关或对评估的重大错报风险最有针对性的方面；②对已实施审计程序的简要概述；③实施审计程序的结果；④对该事项的主要看法。

在描述时，注册会计师还应当分别索引至财务报表的相关披露（如有），以使预期使用者能够进一步了解管理层在编制财务报表时如何应对这些事项。

为使预期使用者能够理解在对财务报表整体进行审计的背景下关键审计事项的重要程度，以及关键审计事项和审计报告其他要素（包括审计意见）之间的关系，注册会计师可能需要注意用于描述关键审计事项的语言，使之：不暗示注册会计师在对财务报表形成审计意见时尚未恰当解决该事项；将该事项与被审计单位的具体情形紧密相扣，避免使用通用或标准化的语言；考虑该事项在相关财务报表披露（如有）中是如何处理的；不包含或暗示对财务报表单一要素单独发表的意见。

在描述关键审计事项时，注册会计师需要避免不恰当地提供与被审计单位相关的原始信息。

五、不在审计报告中沟通关键审计事项的情形

一般而言，在审计报告中沟通关键审计事项，通常有助于提高审计的透明度，是符合公众利益的。然而，在极其罕见的情况下，关键审计事项可能涉及某些"敏感信息"，沟通这些信息可能为被审计单位带来较严重的负面影响。在某些情况下，法律法规也可能禁止公开披露某事项。例如，公开披露某事项可能妨碍相关机构对某项违法行为或疑似违法行为的调查。

因此，除非法律法规禁止公开披露某事项，或在极其罕见的情形下，如果合理预期在审计报告中沟通某事项造成的负面后果超过产生的公众利益方面的益处，注册会计师确定不应在审计报告中沟通该事项，则注册会计师应当在审计报告中逐项描述关键审计事项。

六、就关键审计事项与治理层沟通

治理层在监督财务报告过程中担当重要角色。就关键审计事项与治理层沟通，能够使治理层了解注册会计师就关键审计事项做出的审计决策的基础以及这些事项将如何在审计报告中做出描述，也能够使治理层考虑鉴于这些事项将在审计报告中沟通，做出新的披露或提高披露质量是否有用。因此，注册会计师应当就下列事项与治理层沟通。

微课视频 4-19
就关键审计事项
与治理层沟通

（1）注册会计师确定的关键审计事项。

（2）根据被审计单位和审计业务的具体事实与情况，注册会计师确定不存在需要在审计报告中沟通的关键审计事项（如适用）。

七、参考格式

参考格式 4-1 列示了审计报告中关键审计事项——商誉的减值测试。

【参考格式 4-1】

关键审计事项——商誉的减值测试

相关信息披露详见财务报表附注——××

（一）事项描述

截至 201× 年 12 月 31 日，集团因收购 YYY 公司而确认了 ××× 万元的商誉。贵公司管理层于每年年末对商誉进行减值测试。本年度，YYY 公司产生了经营损失，该商誉出现减值迹象。

报告期末，集团管理层对 YYY 公司的商誉进行了减值测试，以评价是否存在减值。管理层采用现金流预测模型来计算商誉的可收回金额，并将其余商誉的账面价值相比较。该模型所使用的折现率、预计现金流，特别是未来收入增长率关键指标需要做出重大的管理层判断。通过测试，管理层得出商誉没有减值的结论。

（二）实施的审计程序

我们针对管理层减值测试所实施的审计程序包括以下方面。

（1）对管理层的估值方法予以了评估。

（2）基于我们对相关行业的了解，我们质疑了管理层假设的合理性，如收入增长率、折现率等。

（3）检查录入数据与支持证据的一致性，例如，已批准的预算以及考虑这些预算的合理性。

（三）实施审计程序的结果

我们认为，基于目前所获取的信息，管理层在对商誉减值所使用的假设是合理的，相关信息在财务报表附注——××中所做出的披露是适当的。

引例解析

关键审计事项，是指注册会计师根据职业判断认为对本期财务报表审计最重要的事项。

注册会计师在确定关键审计事项时，首先确定"与治理层沟通的事项"，然后从"与治理层沟通的事项"中选出"在执行审计工作时重点关注的事项"，最后，从"在执行审计工作时重点关注的事项"选出"最重要的事项"，从而构成关键审计事项。

线上测试

扫描封底二维码　　获取答题权限

在线自测4.5.3

子任务4.5.4　出具带强调事项段或其他事项段的审计报告

任务引例

ABC会计师事务所审计项目团队按照中国注册会计师审计准则的规定完成了对甲上市公司2020年度财务报表重大错报风险的识别、评估与应对，获取了充分适当的审计证据，发现甲公司2020年度财务报表在所有重大方面按照适用的财务报告编制基础编制并且在所有重大方面公允反映了甲公司的财务状况、经营成果和现金流量。但是，ABC会计师事务所审计项目团队在审计过程中发现以下事项：①已在财务报表中列报或披露，但对使用者理解财务报表至关重要的事项；②未在财务报表中列报或披露，但与使用者理解审计工作、注册会计师的责任或审计报告相关的事项。

引例思考：这些事项是否需要在审计报告中予以反映，如果需要沟通或反映，应怎样沟通或予以反映？

任务分析

按照《中国注册会计师审计准则第1503号——在审计报告中增加强调事项段和其他事项段》，任务引例中的这两个事项分别属于强调事项和其他事项，应分别在审计报告中以强调事项段和其他事项段的方式予以沟通或反映。为了能够撰写强调事项段和其他事项段，需要明确：①强调事项或其他事项的含义；②增加强调事项或其他事项的情形；③撰写强调事项段或其他事项段的具体要求。

知识准备

如果认为必要，注册会计师可以在审计报告中提供补充信息，以提醒使用者关注下列事项。

（1）尽管已在财务报表中列报或披露，但对使用者理解财务报表至关重要的事项。

（2）未在财务报表中列报或披露，但与使用者理解审计工作、注册会计师的责任或审计报告相关的事项。

通常把前述事项（1）称为强调事项，把审计报告中包含强调事项的段落称为强调事项段；把前述事项（2）称为其他事项，把审计报告中包含其他事项的段落称为其他事项段。

如果拟在审计报告中包含强调事项段或其他事项段，则注册会计师应当就该事项和拟使用的措辞与治理层沟通。

一、审计报告的强调事项段

（一）强调事项段的含义

审计报告的强调事项段是指审计报告中含有的一个段落，该段落提及已在财务报表中恰当列报或披露的事项，根据注册会计师的职业判断，该事项对财务报表使用者理解财务报表至关重要。

（二）增加强调事项段的情形

如果认为有必要提醒财务报表使用者关注已在财务报表中列报或披露，且根据职业判断认为对财务报表使用者理解财务报表至关重要的事项，在同时满足下列条件时，注册会计师应当在审计报告中增加强调事项段。

（1）该事项不会导致注册会计师发表非无保留意见。

（2）该事项未被确定为在审计报告中沟通的关键审计事项。

某些审计准则对特定情况下在审计报告中增加强调事项段提出了具体要求。这些情形包括：①法律法规规定的财务报告编制基础不可接受，但其是由法律或法规做出的规定；②提醒财务报表使用者注意财务报表按照特殊目的编制基础编制；③注册会计师在审计报告日后知悉了某些事实（即期后事项），并且出具了新的审计报告或修改了审计报告。

除上述审计准则要求增加强调事项的情形外，注册会计师可能认为需要增加强调事项段的情形举例如下：①异常诉讼或监管行动的未来结果存在不确定性。②提前应用（在允许的情况下）对财务报表有广泛影响的新会计准则。③存在已经或持续对被审计单位财务状况产生重大影响的特大灾难。

需要说明的是，强调事项段应当仅提及已在财务报表中列报或披露的信息。

（三）在审计报告中增加强调事项段时注册会计师应采取的措施

如果在审计报告中增加强调事项段，注册会计师应当采取下列措施。

（1）将强调事项段作为单独的一部分置于审计报告中，并使用包含"强调事项"这一术语的适当标题。

（2）明确提及被强调事项以及相关披露的位置，以便能够在财务报表中找到对该事项的详细描述。

（3）指出审计意见没有因该强调事项而改变。

注册会计师应当在强调事项段中指明，该段内容仅用于提醒财务报表使用者关注，并不影响已发表的审计意见。

带强调事项段的保留意见审计报告的参考格式如下。

……

一、保留意见

（略）

二、形成保留意见的基础

（略）

三、强调事项——火灾的影响

我们提醒财务报表使用者关注，财务报表附注×描述了火灾对ABC公司的生产设备造成的影响。本段内容不影响已发表的审计意见。

……

二、审计报告的其他事项段

（一）其他事项段的含义

其他事项段是指审计报告中含有的一个段落，该段落提及未在财务报表中列报或披露的事项，根据注册会计师的职业判断，该事项与财务报表使用者理解审计工作、注册会计师责任或审计报告相关。

（二）需要增加其他事项段的情形

如果认为有必要沟通虽然未在财务报表中列报或披露，但根据职业判断认为与财务报表使用者理解审计工作、注册会计师的责任或审计报告相关的事项，在同时满足下列条件时，注册会计师应当在审计报告中增加其他事项段。

（1）未被法律法规禁止。

（2）当《中国注册会计师审计准则第1504号——在审计报告中沟通关键审计事项》适用时，该事项未被确定为在审计报告中沟通的关键审计事项。

具体来讲，需要在审计报告中增加其他事项段的情形包括以下方面：①与使用者理解审计工作相关的情形；②与使用者理解注册会计师的责任或审计报告相关的情形；③对两套以上财务报表出具审计报告的情形；④限制审计报告分发和使用的情形。

（三）在审计报告中增加其他事项段时注册会计师采取的措施

如果在审计报告中增加其他事项段，注册会计师应当采取下列措施。

（1）将其他事项段作为单独的一部分置于审计报告中，并使用包含"其他事项"或其他适当标题；

（2）将其他事项段置于关键审计事项部分之后。如果其他事项段的内容与其他报告责任部分相关，这一段落也可以置于审计报告的其他位置。

（四）与治理层的沟通

如果拟在审计报告中增加强调事项段或其他事项段，注册会计师应当就该事项和拟使用的措辞与治理层沟通。

引例解析

（1）对于"已在财务报表中列报或披露，但对使用者理解财务报表至关重要的事项"，按照审计准则规定，属于强调事项，需要在审计报告中增加强调事项段予以反映；

（2）对于"未在财务报表中列报或披露，但与使用者理解审计工作、注册会计师的责任或审计报告相关的事项"，按照审计准则规定，属于其他事项，需要在审计报告中增加其他事项段予以反映。

线上测试

在线自测4.5.4

项目小结

注册会计师在计划审计工作前，需要开展初步业务活动，以决定是否承接该项审计业务。当决定承接该项审计业务后，注册会计师应当与被审计单位就审计业务约定条款达成一致意见，签订或修改审计业务约定书。计划审计工作的主要任务是制定总体审计策略和具体审计计划，并考虑审计重要性、审计风险及其相互关系。

微课视频 4-20
审计流程

注册会计师应当在了解被审计单位及其环境(包括内部控制)的基础上,通过实施观察、检查、询问、分析程序等风险评估程序,识别、评估财务报表层次与认定层次的重大错报风险,并随着审计进程而不断调整。针对评估的财务报表层次重大错报风险,注册会计师应当确定总体应对措施,并针对评估的认定层次重大错报风险设计和实施进一步审计程序,以将审计风险降至可接受的低水平。在选择总体应对措施时应考虑控制环境的影响。进一步审计程序是指注册会计师针对评估的各类交易、账户余额、列报认定层次重大错报风险实施的审计程序,包括控制测试和实质性程序。

审计报告是审计人员完成审计工作后向委托人或授权人提交的最终产品。注册会计师审计报告分为标准审计报告和非标准审计报告。标准审计报告应当包括标题、收件人、审计意见、形成审计意见的基础、管理层对财务报表的责任段、按照相关法律法规的要求报告的事项(如适用)、注册会计师的责任段、按照相关法律法规的要求报告的事项(如适用)、注册会计师的签名和盖章、会计师事务所的名称、地址及盖章和报告日期10大要素。非标准审计报告包括带强调事项段的无保留意见的审计报告、保留意见的审计报告、否定意见的审计报告和无法表示意见的审计报告。不同意见类型审计报告的出具条件、格式与措辞各不相同。

项目实训

实训一

【目的】能拟订适当的审计计划。

【资料】A注册会计师负责对常年审计客户甲公司2020年度财务报表进行审计,撰写了总体审计策略和具体审计计划,部分内容摘录如下。

(1)初步了解2020年度甲公司及其环境未发生重大变化,拟信赖以往审计中对管理层、治理层诚信形成的判断。

(2)因对甲公司内部注册会计师的客观性和专业胜任能力存有疑虑,拟不利用内部审计的工作。

(3)如对计划的重要性水平做出修正,拟通过修改计划实施的实质性程序的性质、时间和范围以降低重大错报风险。

(4)假定甲公司在收入确认方面存在舞弊风险,拟将销售交易及其认定的重大错报风险评估为高水平,不再了解和评估相关控制设计的合理性并确定其是否已得到执行,直接实施细节测试。

【要求】针对上述事项(1)~(4),逐项指出A注册会计师拟订的计划是否存在不当之处。如有不当之处,简要说明理由。

实训二

【目的】确定财务报表层次的重要性水平。

【资料】A和B注册会计师对XYZ股份有限公司2020年度财务报表进行审计,其未经审计的有关财务报表项目名称和金额如表4-15所示。

表 4-15　XYZ 股份有限公司 2020 年度财务报表项目名称和金额　　　　　单位：万元

财务报表项目名称	金额
资产总计	180 000
股东权益合计	88 000
主营业务收入	240 000
利润总额	36 000
净利润	24 120

【要求】如果以资产总额、净资产（股东权益）、主营业务收入和净利润作为判断基础，采用固定比率法，并假定资产总额、净资产、主营业务收入和净利润的固定百分比数值分别为 0.5%、1%、0.5%、5%，请代 A 和 B 注册会计师计算确定 XYZ 股份有限公司 2020 年度财务报表层次的重要性水平（请列示计算过程）。

实训三

【目的】识别与评估重大错报风险。

【资料】W 公司主要从事小型电子消费品的生产和销售，产品销售以 W 公司仓库为交货地点。W 公司日常交易采用自动化信息系统（以下简称系统）和手工控制相结合的方式进行。系统自 2019 年以来没有发生变化。W 公司产品主要销售给国内各主要城市的电子消费品经销商。A 和 B 注册会计师负责审计 W 公司 2020 年度财务报表。

资料一：A 和 B 注册会计师在审计工作底稿中记录了所了解的 W 公司及其环境的情况，部分内容摘录如下。

(1) 在 2019 年度实现销售收入增长 10% 的基础上，W 公司董事会确定的 2020 年销售收入增长目标为 20%。W 公司管理层实行年薪制，总体薪酬水平根据上述目标的完成情况上下浮动。W 公司所处行业 2020 年的平均销售增长率是 12%。

(2) W 公司财务总监已为 W 公司工作超过 6 年，于 2020 年 9 月劳动合同到期后被 W 公司的竞争对手高薪聘请。由于工作压力大，W 公司会计部门人员流动频繁，除会计主管服务期超过 4 年外，其余人员的平均服务期少于 2 年。

(3) W 公司的产品面临快速更新换代的压力，市场竞争激烈。为巩固市场占有率，W 公司于 2020 年 4 月将主要产品（C 产品）的销售下调了 8%~10%。另外，W 公司在 2020 年 8 月推出了 D 产品（C 产品的改良型号），市场表现良好，计划在 2021 年全面扩大产量，并在 2021 年 1 月停止 C 产品的生产。为了加快资金流转，W 公司于 2021 年 1 月针对 C 产品开始实施新一轮的降价促销，平均降价幅度达到 10%。

(4) W 公司销售的产品均由经客户认可的外部运输公司实施运输，运输由 W 公司承担，但运输途中风险仍由客户自行承担。由于受能源价格上涨影响，2020 年的运输单价比上年平均上升了 15%，但运输商同意将运费结算周期从原来的 30 天延长至 60 天。

资料二：A 和 B 注册会计师在审计工作底稿中记录了所获取的 W 公司财务数据，部分内容摘录如表 4-16 所示。

表 4-16　财务报表相关项目金额　　　　　　　　　　　单位：万元

	2020 年		2019 年	
	C 产品	D 产品	C 产品	D 产品
产成品	2 000	1 800	2 500	0
存货跌价准备	0		0	
主营业务收入	18 500	8 000	20 000	0
主营业务成本	17 000	5 600	16 800	0
销售费用——运输费	1 200		1 150	

【要求】针对资料一(1)~(4)项，结合资料二，假定不考虑其他条件，请逐项指出资料一所列事项是否可能表明存在重大错报风险。如果认为存在，请简要说明理由，并分别说明该风险是属于财务报表层次还是认定层次。如果认为属于认定层次，请指出相关事项与何种交易或账户的何种认定相关。

实训四

【目的】撰写内容与措辞符合要求的审计报告。

【资料】某会计师事务所注册会计师 A 与 B 于 2021 年 2 月 12 日对 XYZ 股份有限公司 2020 年度财务报表进行了审计，并于 2021 年 3 月 20 日完成了审计工作，获取了充分、适当的审计证据，2021 年 4 月 5 日审计报告完稿。该审计报告如下所示。

审 计 报 告

XYZ 股份有限公司董事会：

一、审计意见

我们审计了后附的 XYZ 股份有限公司（以下简称 XYZ 公司）财务报表，包括 2020 年 12 月 31 日的资产负债表，2020 年度的利润表、股东权益变动表和现金流量表以及财务报表附注。

我们认为，XYZ 公司财务报来在所有方面按照企业会计准则的规定编制，公允反映了 XYZ 公司 2020 年 12 月 31 日的财务状况以及 2020 年度的经营成果和现金流量。

二、形成审计意见的基础

我们按照中国注册会计师审计准则的规定执行了审计工作。审计报告的"注册会计师对财务报表审计的责任"部分进一步阐述了我们在这些准则下的责任。按照中国注册会计师职业道德守则，我们独立于 ABC 公司，并履行了职业道德方面的其他责任。我们相信，我们获取的审计证据是充分、适当的，为发表审计意见提供了基础。

三、管理层和治理层对财务报表的责任

编制和公允列报财务报表是 XYZ 公司管理层的责任，这种责任包括：(1)按照企业会计准则的规定编制财务报表，并使其实现公允反映；(2)设计、执行和维护必要的内部控制，以使财务报表不存在由于舞弊或错误导致的重大错报。

四、注册会计师对财务报表审计的责任

我们的责任是在执行审计工作的基础上对财务报表发表审计意见。我们按照中国注册会计师审计准则的规定执行了审计工作。中国注册会计师审计准则要求我们遵守中国注册会计师职业道德守则,计划和执行审计工作以对财务报表是否不存在重大错报获取合理保证。

审计工作涉及实施审计程序,以获取有关财务报表金额和披露的审计证据。选择的审计程序取决于注册会计师的判断,包括对由于舞弊或错误导致的财务报表重大错报风险的评估。在进行风险评估时,注册会计师考虑与财务报表编制和公允列报相关的内部控制,以设计恰当的审计程序,但目的并非对内部控制的有效性发表意见。审计工作还包括评价管理层选用会计政策的恰当性和做出会计估计的合理性,以及评价财务报表的总体列报。

我们相信,我们获取的审计证据是充分、适当的,为发表审计意见提供了基础。

××会计师事务所　　　　　　　　　　　　　　中国注册会计师：A(盖章)

二〇二一年三月五日

【要求】请逐项指出审计报告在内容和措辞上存在的问题,并提出相应的改正意见。

项目 5　专项审计与审计管理

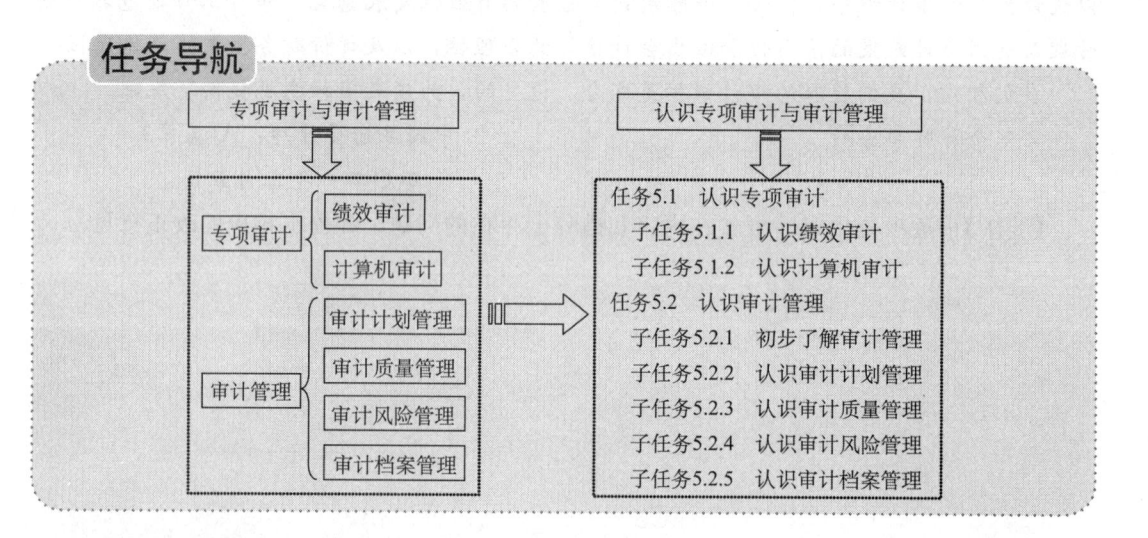

任务导航

专项审计与审计管理 ⇒ 认识专项审计与审计管理

专项审计
- 绩效审计
- 计算机审计

审计管理
- 审计计划管理
- 审计质量管理
- 审计风险管理
- 审计档案管理

任务5.1　认识专项审计
　　子任务5.1.1　认识绩效审计
　　子任务5.1.2　认识计算机审计
任务5.2　认识审计管理
　　子任务5.2.1　初步了解审计管理
　　子任务5.2.2　认识审计计划管理
　　子任务5.2.3　认识审计质量管理
　　子任务5.2.4　认识审计风险管理
　　子任务5.2.5　认识审计档案管理

学习目标

知识目标
- 熟悉绩效审计的含义、特点
- 了解绩效审计程序各个阶段的相关内容
- 了解绩效审计中常用的数据搜集方法和分析方法
- 熟悉计算机审计的含义、基本过程以及计算机对审计的影响
- 了解常见的计算机审计软件
- 掌握审计管理的含义、内容、特征和主客体
- 熟悉审计计划管理的含义、审计计划的种类
- 了解审计计划管理的内容
- 掌握审计质量管理的含义和意义
- 熟悉审计质量管理的内容与方式
- 了解审计质量管理的方法
- 掌握审计风险的含义和种类
- 熟悉审计风险的控制方法
- 了解审计档案管理的含义、职责和内容

能力目标
- 能运用常见的方法搜集与分析绩效审计的相关数据
- 能运用计算机辅助审计工作
- 能使用相关方法初步开展审计管理

任务 5.1　认识专项审计

子任务 5.1.1　认识绩效审计

任务引例

　　深圳市政府绩效审计始于 1998 年财政预算执行审计的延伸审计，当时发现存在财政资金使用效益低下等问题，于是提出对财政资金进行绩效评价，政府绩效审计由此产生，同时也开创了我国政府绩效审计的先河。

　　2001 年 2 月，深圳市颁布了我国首个政府绩效审计法规——《深圳经济特区审计监督条例》(以下简称《条例》)。《条例》明确规定审计机关对政府各部门进行绩效审计，每年向本级政府提出绩效审计报告，并受政府委托，向人大常委会报告绩效审计工作情况。条例界定了绩效审计的概念，提出了绩效审计的原则和要求，提出建立绩效审计年度报告制度，对审计结果的运用做出了明确的要求，在政府绩效审计的职责方面推行行政首长问责制。2007 年 5 月，深圳市第一次修订完善了绩效审计报告的审议规定，2014 年 8 月第二次修订，设置绩效审计监督专章，进一步明确了绩效审计的含义、评价依据、资料要求、具体审计方法等，不断深化对政府绩效审计的要求。

　　在审计结果的对外公告方面，深圳市早在 2005 年就提出了要进一步完善绩效审计公告制度，在最大程度上向社会公开审计公告的具体内容，充分发挥了社会公众的监督作用。自 2008 年以来，深圳市审计局每年的绩效审计报告和绩效整改报告全部面向社会公开，报告内容翔实、仔细、完整、利于理解。

　　我国绩效审计地区差异很大，截至 2014 年，深圳市、青岛市、江苏省颁布了审计监督条例，并且青岛市和江苏省出台了绩效审计指南，对绩效审计有了更细化的要求。其他地区，如浙江、江西、陕西、宁夏等地颁布了一些办法、意见，虽然效力有限，但处在对绩效审计的探索中。

　　引例思考：与传统的财政财务审计和财经法纪审计相比，绩效审计有哪些特点？

任务分析

　　绩效审计是近年来国家审计和内部审计领域越来越普遍开展的审计业务类型。开展绩效审计，对于促进被审计单位改进管理，提高资源的管理和使用效益具有重要意义。深入理解和掌握绩效审计的基本知识，对审计人员来说非常重要。

　　绩效审计的基本知识主要包括：①绩效审计的含义；②绩效审计的特点；③绩效审计的程序；④绩效审计方法。

知识准备

一、绩效审计的含义

目前,国际上对绩效审计有多种不同的称法,如"效益审计""价值为本审计""衡工量值审计""3E审计""经营审计"和"管理审计"等。不同国家和不同审计组织对绩效审计的称谓和定义各不相同。

综合不同国家、不同审计组织对绩效审计的共同认识,结合我国国情及绩效审计的实践情况,可以对我国的绩效审计概念做出如下界定。

绩效审计是指对被审计单位(或项目)资源管理和使用的有效性进行检查和评价的活动。

这里的"有效性"主要包括下列四个方面。

(1)经济性,是指以最低的投入达到目标,简单地说就是投入是否节约。例如,是否以最好的价格购入所需要的原料设备,实际所花费用是否与预算一致,有无浪费等。

(2)效率性,是指产出与投入之间的关系,包括以最小的投入取得一定的产出或者是以一定的投入取得最大的产出,简单地说就是支出是否讲究效率。例如项目运作方式方法是否最为合理,职责分工是否存在不必要的重复,内部机构之间相互协作的状况,是否存在必要的激励机制等。

(3)效果性,是指目标的实现程度,即多大程度上达到了政策目标、经营目标和预期结果,简单地说就是是否达到目标。例如,是否在规定的时间以合理的成本实现了既定目标,公众对提供的服务或产品的满意程度等。

(4)合规性,是指对法律法规的遵循情况,例如项目的运作是否存在违反法律、法规、合同或者协议的行为。

二、绩效审计的特点

绩效审计与财政财务审计和财经法纪审计相比,其差异和特点主要体现在以下几个方面。

(一)审计目标

财政财务审计是对被审计单位的财政财务收支及有关经济活动的真实性和合法性进行的审计。财经法纪审计是对严重违反财经法纪的行为所进行的专案审计。绩效审计是对被审计单位(或审计项目)资源管理和使用的有效性发表审计意见,审计目标具有多样性和灵活性的特点。审计目标的差异决定了审计程序和审计方法的差异。

(二)审计范围和方向

在一般情况下,财政财务审计和财经法纪审计是对历史的财务信息进行的审查和评价。而绩效审计有可能使用对未来情况进行的分析和预测,在多数情况下,绩效审计要对未来提出改进建议。

(三)所依据的评价标准

财政财务审计和财经法纪审计所依据的评价标准是法律、法规、有关准则和制度。绩效审计由于每个项目的具体目标不同，所依据的评价标准也各不相同。

(四) 所运用的审计方法

由于审计目标相对固定，财政财务审计和财经法纪审计所运用的方法相对也比较固定。而绩效审计项目的目标是多样的，审计对象范围也十分广泛，审计项目中为实现审计目标所采用的方法也是无法固定的，几乎社会科学研究的方法，在绩效审计中都有可能用到。

三、绩效审计程序

绩效审计的过程主要包括审计立项、审计准备、审计实施和审计报告与后续跟踪 4 个阶段。绩效审计目标的多样性和灵活性，决定了其审计过程各个阶段的工作内容与财政财务审计相比有很大的不同。

(一) 审计立项阶段

选择和确定绩效审计项目，是开展绩效审计的首要环节。绩效审计项目选择的成功与否，很大程度上决定了审计工作能否更好地发挥作用。

▶ 1. 选择绩效审计项目应考虑的因素

(1) 预计的审计效果。这个因素主要考虑的是开展该绩效审计项目的收益。这些预计的可能的审计效果包括：是否促进该审计事项提高经济性、效率性或效果性；是否改进了被审计单位或项目的服务质量；是否促进了被审计单位或项目更有效地计划、控制和管理；是否进一步明确了经济责任，提高了绩效信息的透明性、准确性，等等。预计的审计效果越大，被选择作为审计项目的机会越大。

(2) 资金规模。这里的资金规模主要是指被审计单位或项目的资金的规模，比如资产数额、总收入或总支出、投资额等。一般来说，资金规模越大，财务的重要性越大，被选择作为绩效审计项目的机会越大。

(3) 管理风险。主要是指被审计单位或项目在管理方面缺乏经济性、效率性和效果性的风险。下列现象表明被审计单位或项目存在的管理风险较大：管理部门没有针对以往审计后提出的控制薄弱环节进行改进；公众或者媒体的批评意见；预计目标没有实现，包括未实现预计的收益，没有满足需求等；频繁的人事变动；大量的资金不足或亏空；项目的变更，如更改投资规模，变更经营的目标等；单位或项目经管人员责任重叠或职责分工不清楚，导致管理上的混乱；单位或项目本身的高度复杂性或不稳定性，比如管理工作分散，多元化的利害关系方，所用的技术尖端、变化快，经营环境竞争激烈；社会各界对单位或项目的某些方面看法不一；一段时间没有接受过监督检查。这里的"监督检查"不仅包括审计组织进行的审计，还包括其他独立的对被审计单位活动进行的监督检查，例如，政府其他监管部门，外部机构等进行的监督、检查和评估。

管理风险越大，开展绩效审计后能够给被审计单位或项目带来的改进越大，因此，被选中作为绩效审计项目的机会越大。

(4) 影响力。主要体现在它所具有的重大的组织影响，对于社会、经济和环境的影响，公众关注的程度。如果审计事项对所在的行业或组织具有典型意义，波及面广，或者对组织或单位实现经营目标具有重要影响，那么，该审计项目影响力很大，否则即缺乏影响力。审计组织对影响力强的审计项目进行审计，审计结果容易受到有关方面的关注。因此，影响力强的审计项目容易被选中作为绩效审计项目。

（5）审计成本和可操作性。审计成本和可操作性主要是指对该项目或领域进行审计的复杂程度和可能存在的风险。确定绩效审计项目的成本和可操作性，主要是通过对备选绩效审计项目进行成本效益分析进行的。如果选择过于复杂或存在较高风险的领域或项目进行审计，如有关审计事项的信息和数据不易获得、责任可能被推诿或混淆、过于敏感、存在安全保密问题、没有统一明确的评价指标或评价标准的项目、审计人员的知识结构不能满足要求等，会导致审计成本增大，使审计项目缺乏成本有效性。审计成本和可操作性强的绩效审计项目，容易被选中作为绩效审计项目。

▶ 2. 选择和确定绩效审计项目的步骤

绩效审计项目的选择和确定一般包含以下几个步骤。

（1）确定可选择的绩效审计项目。

（2）搜集有关备选绩效审计项目的相关信息。

（3）根据搜集的相关信息，对于每个备选项目进行综合考虑，确定效益审计项目的优先次序。

（二）审计准备阶段

就单个绩效审计项目而言，审计准备阶段需要做的主要工作有：初步调查了解审计事项；确定审计目标、范围和重点；确定审计评价标准；设计审计方法体系；编制审计方案。

与财政财务审计不同的是，绩效审计的准备阶段需要确定审计目标和审计标准，审计组织为确定审计目标和审计标准，需要搜集大量的数据和信息。审计目标就是审计项目要达到的目的。审计目标必须清晰、明确，而且必须是易于理解和可以实现的。

确定绩效审计的评价标准是绩效审计的关键问题，因为没有标准，就无法进行评价。绩效审计的评价标准是指理性的人对审计事项的理想预期或认识，或者说是一种规范化的模式。它说明的是组织或活动"应该怎样"。适当的评价标准应该具备可靠性、客观性、相关性、代表性、明确性、可比性、可获得性等特征。通常可以作为绩效审计评价标准的有：有关法律法规和方针政策；国家、行业或地区性的正式标准；专业机构研究或制定的专业标准；公认的或良好的实践标准，如行业或地区平均水平和先进水平；其他国家的标准和经验；被审计单位自行制定的标准，如可行性报告、预算、目标、计划、定额、技术指标、产出能力等；有关利益相关人的评价标准；等等。

利用外部专家的工作是绩效审计中一种常用的搜集恰当审计证据的方法。因为绩效审计范围广泛，任何一个审计组织都无法保证审计人员在所有的审计领域都具有充分的知识和技能，即使在一个审计项目中，都有可能需要利用外部专家的工作。在利用外部专家工作时，审计人员应该对利用外部专家工作结果所形成的审计结论负责。为保证外部专家工作的质量，审计人员必须向外部专家阐明工作的目标，并对外部专家的工作质量进行评价。

（三）审计实施阶段

审计实施阶段的主要工作是搜集充分可靠的审计证据，并对搜集的证据进行分析和归纳整理。

绩效审计的证据种类及所应该具备的质量特征与财政财务审计的证据种类及质量特征没有根本性的差别。

审计人员对审计证据进行整理归纳的直接目的是形成审计结果，使审计结果的表达明确、完整、客观、逻辑清晰、有说服力。审计结果通常包括标准、事实和影响，在发现问题的情况下还包括原因要素。审计人员整理归纳审计证据的结果，就是针对上述4个要素进行回答。当然，不是每一个审计事项都要针对这4个要素确定审计结果，因为审计结果中包括哪些要素完全取决于审计目标。审计结果的确定是审计人员提出可行建议的前提。

(四) 审计报告与后续跟踪阶段

审计报告和后续跟踪阶段的主要工作内容与财政财务审计的工作内容没有大的差别。我国绩效审计报告的内容一般应包括：所审项目的背景和工作目标；审计的总体目标和范围；分领域的具体审计目标；对数据来源和审计方法的说明；对评价标准的说明；重要的审计发现；对每一个具体目标的审计结论；发现的违法违规问题及处理处罚意见；审计建议和被审计单位的反馈意见等。

四、绩效审计方法

由于绩效审计方法和技术多种多样，并且对这些方法和技术的使用也少有限制，所以将它们都概括出来是不现实的。本节只是简要说明最常用的绩效审计技术和方法。

(一) 常用的数据(信息)搜集方法

▶ 1. 审阅

审阅是绩效审计中搜集审计证据的最基本、最直接的方法，是指审计人员通过审查和翻阅被审计单位及其他单位的相关书面文件，获取相关的证据资料。这些书面文件既包括财务资料、统计数据，也包括合同、报告、会议纪要、备忘录、决议等；既有历史的和现实的资料，也可能涉及对未来进行预测的资料。

为了确保审阅的有效性，审计人员在运用该方法搜集审计证据时，应当充分了解审阅的书面文件的性质、存放地点以及可获得性，并对文件内容的相关性、可靠性做出合理判断。

▶ 2. 观察

观察是指审计人员通过实地察看审计项目的进度、资金的使用情况、使用效果以及相关环境等，以增进对审计项目运行情况的了解，获得第一手资料的过程。观察既可以用于对通过其他方法获得的审计证据进行补充，证实审计证据，也可以用于直接搜集相关证据。

观察可以比较准确地获得审计项目如何运行的信息，适用于正在进行中的审计事项。但是，审计人员应当注意实地观察可能会影响项目参与者的行为，因此还应判断观察时和不观察时审计项目的运行情况是否一致。

▶ 3. 访谈

访谈是指通过访谈者与被访谈者之间的交流来获得信息的方法。在获取有关审计事项的背景知识，或者分析造成问题的原因，寻求解决问题的建议时，访谈是一种非常有效的方法。访谈有多种方式，既可以通过电话进行访谈，也可以面对面进行访谈，还可以通过信函的方式进行访谈。这种访谈可以一对一地进行，也可以一对多、多对多地以召开座谈会的形式进行。访谈的对象既可以是被审计单位的管理人员、内部的工作人员、股东或者董事会的人员，也可以是被审计单位以外的相关人员，比如人大代表、对审计事项或被审计单位感兴趣、一直非常关注或者进行研究的人员、一些研究机构、监管机构的人员、社会专家。审计人员可以根据具体情况设计访谈的方式。

结构化访谈是绩效审计中常用的搜集数据（信息）的方法，是指利用数据采集工具（DCI）通过电话或面对面访谈的方式搜集数据（信息）的方法。在进行结构化访谈时，访谈人员以准确的方式向很多个体或代表提出相同的问题，向受访者提供相同的答案选项。相比之下，非结构化访谈则包括很多开放式的问题，这些问题并不是以准确的结构化的方式提出。结构化访谈方法最大的优点是访谈结果量化方便，可做统计分析，它是统计调查的一种。结构化访谈方法的应用范围十分广泛，可以自由选择调查对象，也能问一些比较复杂的问题，并可选择性的对某些特定问题作深入调查。结构化访谈的缺点是：要求访谈人员具有高度熟练技巧和受过专门培训；需要较多的人力、物力和时间；对于敏感性、尖锐性或有关个人隐私的问题，被访者受心理因素和环境因素的影响，可能不会做出正面回答，从而导致访谈结果失真。因此，在进行结构化访谈时，必须事先对访谈人员进行训练，通过训练使访谈人员在访谈前做好心理、技术、物质以及相关知识的准备。

一次成功的访谈需要具备下列条件：经过充分的准备；目标非常明确；提前通知被访谈者访谈的目的、时间、地点和主题；对访谈的主要观点及时进行总结归纳；如果事项非常重要，需要被访谈者进行书面确认；所获得的口头证据需要其他证据进行确证。

▶ 4. 问卷调查

这种方法特别适用于需要通过从大量人员中获取关于某一具体问题或主题的量化信息。问卷调查主要用于搜集那些用其他方式不易获得并且对于证实观点具有重要参考价值的信息。案例研究和其他深入分析的方法通常用作问卷调查的补充工具。审计人员可以使用众多的调查技术，最经常使用的是信函、互联网、电话和访谈。问卷调查通常需要电脑处理，并且需要对所涉及的问题有比较好的了解。尽管设计问卷问题和处理问卷的答复是一项艰苦而耗时的工作，但如果应用得当，问卷调查的效果非常明显。在应用该方法时，经常需要邀请相关专家参与。

▶ 5. 文献研究

所谓文献，是指包含审计人员拟研究对象信息的各种载体。文献资料是间接的、第二手的资料，它在绩效审计中是不可缺少的。

如果绩效审计领域已经有了大量的研究资料，审计人员可以借助系统的文献检索，获得有参考价值的数据信息。文献研究的途径包括下列3个方面。

（1）历史文献资料。即查阅与审计项目有关领域的研究报告、书籍、论文，以往的审计及评估资料等，来搜集相关的背景资料或细节信息，从而加深审计人员对被审计项目的了解。

（2）统计资料。即通过官方或者半官方的统计资料获取数据信息。比如通过随录统计部门、财政部门等的网站，查阅其出版刊物等搜集相关的统计数据，也可以向这些部门、单位中负责统计分析的相关机构或者人员索取。

（3）网络文献。随着信息技术的飞速发展，网络文献日益成为文献研究的重要方面。它具有信息量大、动态性、时效性强等特点。

审计人员无论采取哪种方式进行文献研究、搜集二手审计证据，都应对资料内容的可靠性进行评价。

▶ 6. 准试验法

真正意义上的试验的主要特点是将目标随机分成试验组和控制组，并将控制组与实验组进行比较。控制组是一群未经处理的目标的集合，而试验组是一组受到干预的目标的集合，两者在结果方面形成了鲜明的对比。

准试验是一种研究设计，在该研究设计中，试验组和控制组不是随机形成的。在现实和政治问题上对纯试验方法的使用，促使对准试验方法的使用也随之提高。准试验方法试图尽可能排除外来因素的影响，但不可能像纯试验方法那样全面、科学地剔除外来因素的影响。

准试验设计的两种类型都试图建立接近随机分组的控制或比较组合。方法是将参加试验和不参加试验的对象进行匹配，或对参加对象和未参加对象进行统计调整，以便他们尽量在相关特点上保持平衡。

（二）常用的数据(信息)分析方法

绩效审计中常用的分析方法有定量分析和定性分析两类。

▶ 1. 定量分析的方法

定量分析，也可以称作数据分析，是指对从单位或其他来源获取的资料进行计算、比率分析、趋势和模型分析。常用的定量分析的方法如下。

（1）比率分析。

比率分析是最常用的分析方法，它是通过计算比率来分解、剖析和评价被审计单位效益的一种分析方法。比率作为一种相对数，可以把一些不可比的数据转化为可比的量化指标，从而揭示指标之间的相互关系。比率分析可以是将相关的变量相比，也可以是将部分与整体相比，还可以将一定时期的变化与初始状态相比。

（2）比较分析。

比较分析是将被审计单位若干个有关的可比数据进行比较，找出不同时期同一性质的若干数量差异，从而总结实绩，发现问题，评价被审计单位的活动运行状况。在分析中，可以进行实际(决算)数据与计划(预算)数据的比较分析，也可以将不同分析期的数据进行比较。但需要注意的是，在使用比较分析方法进行分析时，一定要注意数据之间的可比性，即要保证指标在含义、内容、时间、计算口径和计算基础等方面保持一致。数据的可比性是运用比较法的必要条件。

（3）时间序列分析。

时间序列分析是指把观察或记录下来的一组按时间先后顺序排列起来的数据进行分析，找出趋势，并进行比较的方法。常用的时间序列分析包括趋势平均法、指数平滑法、直线趋势法、非直线趋势法等。

(4) 描述性统计分析。

描述性统计分析是用来帮助审计人员理解数据分布情况的一种有效分析方法,经常可以用标明变量的所有数值的图表(柱状图和曲线)来表示。审计人员通过描述性统计分析,可以发现数据分布的集中趋势(众数、中位数、平均数、四分位数等)、离散情况(最小值、最大值等)以及数据的形状(标准偏差、正态分布、平坦分布、双峰式分布等),从而帮助审计人员确定数据的等级、分布和形状(当偏离超过平均值时尤其重要),说明概率分布,以便评价审计风险,还可以评价样本数据是否能代表总体。

(5) 成本效益分析。

成本效益分析是在分析计算成本与效益的基础上,比较成本与效益之间的货币金额关系,目的是确定被审计单位或审计项目的效益是否超过了成本。审计人员在进行绩效审计时,应在全面考虑项目的效益和成本的基础上,计算效益成本的比值。如果效益与成本的比值大于1,说明效益大于成本,比值越大,效益就越大;如果比值小于1,说明效益低于成本,比值越小,资金使用的效益就越低。成本效益分析方法的关键是如何确定项目的效益、成本和贴现率。

在绩效审计中,有时会部分地使用成本效益分析,例如,运用机会成本的概念来衡量成本、效益等;将未来一定时期的效益和成本的现金流按照净现值或回报率进行计算,加总比较成本和效益等。

(6) 回归分析。

回归分析是对有因果关系的两类或多类经济数据之间的关系进行分析,推导出相应的因果模型或回归方程,并以此模型或回归方程来推算一类或多类变量发生变化时,其他变量的变化规律。在实际工作中,审计人员都在自觉或不自觉地运用回归分析方法进行分析。当变量较少、数据较小的时候,审计人员可以根据自己的经验和判断来使用回归分析的基本规律;但当变量比较多,数据比较大时,审计人员利用计算机等工具辅助实施回归分析,就显得十分必要和富有成效。

(7) 成本效果法。

成本效果法是通过分析成本和效果之间的关系,以每单位效果所消耗的成本来评价项目效益。成本效果分析方法的成果是用实物数量来计量的。其比值计算有两种方法:一是成本与效果的比值(成本/效果);二是额外成本与额外效果的比值。如果效果相同,成本低的效果好。

(8) 价值分析。

价值分析是指用成果的功能与成本的比值来衡量所得到的价值(价值=功能/成本),目的在于用最低的成本实现或获取所要具备的必要功能。价值分析方法用项目实现的功能来进行分析,不能用实物或货币来计量。分析时应注意:①是否存在既提高功能,又降低成本的可能;②当功能相同或固定时,可否降低成本;③当成本固定或相同时,功能可否提高;④当成本和功能均提高时,功能的提高是否更多;⑤当成本和功能均降低时,成本的降低是否更大。

(9) 目标评价。

目标评价是指审计人员对被审计单位或审计项目目标的科学性、合理性、可计量性进行评价。如果被审计单位或审计项目的目标不明确或不具体，就会导致损失浪费和效益低下的问题发生。如对财政资金使用的目标不明确，就会产生资金使用的随意性和盲目性，资金使用的效益性就会无人关心。如果被审计单位和审计项目没有目标，审计人员就应自行制订其应达到的目标，或与其主管部门、单位协同确定，以利审计活动的顺利开展。

（10）目标成果法。

目标成果法是指根据实际产出成果评价被审计单位或审计项目的目标是否实现，将产出成果与事先确定的目标或需求进行对比，确定目标的实现程度，看产出与目标的差距或偏离程度，查找工作过程中的缺点、失误和问题，分析原因，挖掘提高效益的潜力。

（11）事前事后法。

事前事后法是将项目或措施实施前后的状况进行对照，以考察项目或措施实施后的结果和影响，进而评价其效果性。事前事后法经常与因果分析法结合使用，以评价项目或措施的实施与效益之间的因果关系，还可以进一步确定各项影响效果的因素或原因。

（12）标杆法。

标杆法是将被审计单位的产品、服务、管理等方面与同类事项中一直领先或做得最好的同类单位或部门相对照，并借鉴其实践经验的一种评价方法。其核心是确定最佳的实践标准。

（13）评分法。

评分法是指预先确定若干评价项目（内容），然后按评价标准评分，最后按评分多少进行评价。它是一种综合效益评价方法，将定性评价和定量评价结合起来，可以克服单纯财务评价的某些缺陷。它还可用于单纯的定性评价。评分法包括加减评分法、连乘评分法、加乘评分法、加权评分法。运用评分法，关键是要建立评价体系或模型。

▶ 2. 定性分析的方法

以下的几种分析方法是绩效审计中常见的定性分析方法。

（1）内容分析法。

内容分析法是指对源于多个渠道、多种目的甚至不连贯或者有交叉和重叠的信息进行梳理，从而归纳总结出一个客观、明确的观点或者陈述内容分析法常用于确定审计的具体目标和了解被审计单位或审计事项，以及对审计事项形成初步的结论。

（2）程序分析法。

通常在绩效审计过程中，审计人员应该按照既定标准和合理的控制模式对管理程序进行检查，并对其进行分析。运用程序分析法，常常要结合运用其他搜集审计证据的方法，例如，审计人员通过运用审阅、观察、访谈等方法了解管理程序的状况，然后进行深入分析其中存在的问题和原因。有的时候，为使程序分析法得到的结果获得佐证，审计人员还可以选择某项业务进行"重做"，测试相关的控制环节是否存在，是否发挥作用，审计人员所了解的程序是否准确。

（3）案例研究。

案例研究是指审计人员选择一些或某一个特定案例进行研究，说明审计事项的一般性问题，或者对审计事项中的复杂问题进行深入的理解和说明。案例研究的结果既可以用来证实已存在的问题，也可验证通过其他方法得出的结论，还可帮助审计人员深入地进行因果分析。案例研究要求对复杂实例及其环境在全面理解的基础上进行详细的描述和分析。首先，案例研究的对象是复杂性问题；其次，案例研究应该尽可能全面地认识案例的进展并解释其原因；再次，案例研究应对运用不同方法获得的不同资料进行广泛深入的描述和分析；最后，案例研究的对象可以是某人、某地、某一活动、某一事件、某个地区、某个组织或部门。审计人员在开展绩效审计项目尤其是问题导向型绩效审计项目时，可以将整个审计项目作为一个案例研究项目或者针对其中的某一审计事项开展案例研究。掌握案例研究方法可以有效地解决问题导向型绩效审计中关于"怎么样""什么事""为什么"之类的问题；通过多案例研究还可以发现一些体制方面的问题，从宏观方面提出审计建议。

根据案例研究的功能，案例研究可分为探索型、描述型和解释型3种类型。探索型案例研究是指在未确定研究问题和研究假设之前，凭借研究者的直觉线索到现场了解情况、搜集资料形成案例，然后再根据案例来确定研究问题和理论假设。描述型案例研究是指通过对一个人物、团体组织、社区的生命历程、焦点事件以及项目实施过程进行深度描述，以经验事实为支撑，形成主要的理论观点或者检验理论假设。解释型案例研究旨在通过特定的案例，对事物背后的因果关系进行分析和解释。按照案例研究中使用案例的个数，案例研究分为单案例研究和多案例研究。针对项目（或方案）的案例研究可以分为项目实施案例研究和项目效果案例研究。

案例研究的关键是案例选择要有代表性，在这一点上，它与抽样的原则是相同的。

（4）逻辑模型法。

逻辑模型（PLM）是绩效审计中最常用的分析工具之一。它阐明了一个项目从授权、投入、活动或过程，到实现预期目标的逻辑流程。通过逻辑模型，审计人员可以快速、全面地了解被审计单位和审计项目，识别有关项目的预期结果和为达到预期结果需要开展的主要工作。在一般情况下，逻辑模型法适用于审计准备阶段对审计事项的了解和分析，但无法帮助审计人员了解被审计单位的职责，也无助于审计人员对舞弊和违法行为的审查。

引例解析

与财政财务审计和财经法纪审计相比，绩效审计有以下几个特点：

1. 审计目标具有多样性和灵活性

绩效审计是对被审计单位（或审计项目）资源管理和使用的有效性发表审计意见，审计目标具有多样性和灵活性的特点。

2. 审计范围和方向的全过程

绩效审计既有对被审计单位（或项目）曾经的资源管理和使用的评价与分析，也有可能使用对未来情况进行的分析和预测，在多数情况下，绩效审计要对未来提出改进建议。

3. 所依据的评价标准的多元化

绩效审计由于每个项目的具体目标不同，所依据的评价标准也各不相同。

4. 所运用的审计方法的多样化

绩效审计项目的目标是多样的，审计对象范围也十分广泛，审计项目中为实现审计目标所采用的方法也是无法固定的，几乎社会科学研究的方法，在绩效审计中都有可能用到。

线上测试

在线自测5.1.1

子任务 5.1.2　认识计算机审计

任务引例

IT 支持下的审计业务模式演变

国外有关计算机审计的研究持续了几十年，但我国计算机审计起步较晚，在政府审计、内部审计、社会审计3大领域中，政府审计在国家信息化战略方针的指导下审计信息化进程发展最广泛、最迅速，也最具代表性。按照金审工程部署重点以及各省市审计信息化发展现状，将其归纳为现场审计作业模式、联网审计模式、数字化平台审计模式和云计算审计模式4种模式。

金审工程一期主要推广了以审计软件为代表的现场作业审计模式，即现场采集和分析被审单位数据的计算机辅助审计方式，该模式在实务界已经得到普遍推广。

金审二期主要推广了联网审计模式，即通过互联网获取被审计单位的经营管理数据，实时或亚实时监督被审计单位的经营合规性，这种模式在政府审计的社保、财政、税收等领域发挥了重要作用，帮助实现了从传统事后审计向实时审计的转变。

金审三期主要推广以全方位立体化的国家审计数据中心和省级地方分中心建设为重点的数字化平台审计模式。该模式以省或市为依托，整合多行业审计数据，将之统一纳入平台管理，实现了数据集中存储，同时构建了跨地区、跨行业、跨部门、跨年度的审计方法体系。

国家审计将来可能主要推广云计算环境下的大数据审计模式，即云审计模式，该模式构建IaaS、PaaS、SaaS相结合的，由审计署统一部署，以省一级审计机关为单位，最终实现省、市、县三级审计机关的硬件资源、软件资源、服务共享的混合服务模式公共服务云审计平台。

资料来源：牛艳芳，薛岩，孟祥雨．云计算环境下的审计业务模式变革研究[J]．南京审计学院学报．2014(4)．

引例思考：计算机审计对传统手工审计有哪些影响？

任务分析

作为在信息技术环境下发展的审计技术方法总称的计算机审计，在国家审计、社会审计和内部审计领域应用得越来越广泛。开展计算机审计，有助于提高审计的准确度和效率，大大降低审计风险。深入理解计算机审计的基本知识，对审计人员来说非常重要。

计算机审计的基本知识主要包括：①计算机审计的含义；②计算机审计的过程；③计算机审计的软件。

知识准备

一、计算机审计的含义

计算机审计的含义非常广泛。从广义上来看，计算机审计是在信息技术环境下发展的审计技术方法的总称；从狭义上来看，计算机审计可以包括对计算机产生的电子数据的审计以及对信息系统本身的审计。电子数据审计是以被审计单位信息系统产生的电子数据为审计对象的审计。信息系统审计是以被审计单位的信息系统本身为审计对象的审计，包括对信息系统内部控制的审计、对信息系统组成部分的审计以及对信息系统生命周期的审计等。

计算机审计是在信息技术迅猛发展的背景下发展起来的，尤其是电算化会计的发展给审计带来了极大的挑战。从被审计单位电算化的发展来看，一些电算化程度比较高的单位，如银行等通过计算机处理数据，动辄产生海量的电子数据，审计人员通过传统的手工审计已经不能满足需要，需要发展对电子数据的审计技术。此外随着被审计单位信息化程度的提高，信息系统本身变得越来越重要。如果存在被审计单位通过修改信息系统程序作弊的情形，则会对信息系统产生的数据真实性、完整性等造成影响。为了保证信息系统本身的合法性、安全性和可靠性，还应该对信息系统本身进行审计。

计算机对审计的影响可以分为两个方面，既有对审计对象客体的影响，又有对审计自身的影响。计算机对审计对象客体的影响体现在审计对象形式的变化方面。在计算机信息处理环境下，审计对象已不再是纸质的凭证、账簿和报表，而表现为存储在计算机中的电子数据，这些电子数据具有无形性、易修改、不留审计线索的特点。信息系统由于成为信息处理的主要方式，其本身的合法性、安全性、可靠性变得越来越重要，因此也成为审计对象重要的组成部分。

计算机对审计自身的影响也非常大。在审计技术方法方面，传统的审计有一套完整的方法体系，如分析、检查、抽样、观察等，在计算机手段出现以后，这些方法仍然存在，但在信息化条件下有所变化，同时也出现了一些专门的计算机审计技术方法，如平行模拟法、测试数据法等。在审计程序方面，加入了电子数据采集和分析的内容。在审计作业模式方面，计算机审计更注重对电子数据和信息系统进行分析评测，带着疑点进行审计，提高了审计的针对性。计算机对审计工具的影响也非常大，这不仅体现在一些先进的审计软件工具方面，而且还体现在审计全过程的管理信息化方面，审计的信息化程度越来越高。

二、计算机审计的过程

计算机审计的基本过程与传统审计是一致的，同样可以分为审计准备阶段、审计实施阶段和审计终结阶段。但是每一个阶段的具体内容有所不同，这些内容的不同源于审计对象形式的变化。在计算机审计的过程中，应注重审计对象形式对审计的影响。不同的审计对象形式，对审计过程的影响也是不一样的。以下我们主要介绍以电子数据为审计对象形式的审计过程。

（一）审计准备阶段

审计前，应在对被审计单位组织机构进行调查的基础上，摸清计算机在组织机构内部的分布和应用的总体情况，然后再根据审计目标和重要性程度确定应该详细调查的子系统。调查的内容包括软硬件配置情况、信息系统的开发情况、系统管理员的设置情况、系统的功能以及系统的数据库情况等。根据对信息系统和审计目标的把握，提出可行的数据需求，确定数据采集的对象和方式。在确定数据需求的基础上，通过可行的技术手段采集所需要的会计和业务的完整数据，掌握被审计单位的整体信息。

应该注意的是，由于被审计单位的数据来源繁杂、数据格式不统一、信息表示代码化，数据在采集和处理过程中可能失真，因此，需要对所采集数据进行清理、转换和验证等一系列操作，以便在保证数据的真实性、完整性、正确性的基础上，获得适合审计需要的数据。

（二）审计实施阶段

审计数据大多以关系型数据库的形式存储，而根据关系数据库模型范式分解的需要，数据往往是存在于不同的数据表中，这对于审计人员进行审计分析非常不方便。为了使数据更符合审计分析的需要，审计人员可以通过对数据表进行连接、投影等操作，生成满足分析的"审计中间表"，为下一步的审计分析打下基础。

处理所得到的审计中间表可以分为基础性中间表和分析性中间表。基础性中间表是为了审计人员查看方便将数据集中在若干张表上形成的中间表。分析性中间表则是带有审计倾向结合审计模型所产生的中间表。对于基础性中间表应进行多角度、多层次的分析，从总体上把握情况，找出薄弱环节，选择审计重点。在此基础上，审计人员应根据财务业务逻辑、数据钩稽关系、法律法规以及审计人员经验等建立分析性中间表和分析模型，对具体的数据进行分析。

在通过审计模型进行数据分析的过程中，有可能直接发现和查实问题，也有可能发现问题的线索。针对不同的情况，在延伸的时候可以采取直接取证或进一步核查的方式取证，验证和查实问题。

（三）审计终结阶段

如果数据分析的结果能够直接查实问题，审计人员应该对电子数据进行直接取证，并对相关原始数据、处理产生的基础数据、中间表等保存妥当，作为审计证据归档。在数据在采集、转换和分析的过程中可能出现"失真"的情况下，最好将数据分析的结果具体化为纸质资料交由被审计单位征求意见，签章确认后作为审计证据归档。对于不能直接查实的问题，应根据线索进行延伸审计，获取相关证明材料。

对于获取的证明材料，应该进行充分论证。其中可以确认的问题，应该进行定性和提出处理意见，并提供相关的定性和处理的法律依据。对所有的证明材料和底稿，审计人员在编制审计报告时，应进行归纳总结，提出自己的审计意见，结合审计方案和重点形成审计报告。

三、计算机审计软件

审计机构在审计活动中广泛应用现代信息技术手段，建立了适合我国国情的多层次的计算机审计软件体系。这些审计软件根据审计适用的专业领域不同，可以划分为通用审计软件和专业审计软件。根据是否采用联网审计技术，可以划分为传统的非联网审计软件和联网审计软件。根据是否覆盖了审计全过程，可以划分为一般审计软件和审计全过程管理的审计软件。

（一）通用审计软件和专业审计软件

通用审计软件在大多数审计领域和行业都能使用，有代表性的是审计署组织开发的"通用审计软件"系列，它适用于各种类型的数据处理，特别适合海量数据处理，兼容目前市面流行的大部分数据库产品。主要功能有数据转换、账表审计、快速编程、项目管理、审计资料等，在银行、保险公司、资产管理公司、医院等审计领域都发挥了重要的作用。专业审计软件则只能在部分审计领域和行业发挥作用。

（二）联网审计软件和非联网审计软件

联网审计是审计机构与被审计单位进行网络互联后，在对被审计单位财政财务收支相关信息系统进行依赖性测试的基础上，以及通过网络实现高效率的数据采集、分析与处理的基础上，对被审计单位财政财务收支的真实、合法、效益进行实时、远程检查监督的行为。在联网审计技术下，可以实现对被审计单位电子数据的高效采集分析和远程实时审计，有助于实现3个转变，即由单一的事后审计向事中事后审计相结合转变，由单一的静态审计向动态静态审计相结合转变，由单一的现场审计向现场远程审计相结合转变。联网审计软件将覆盖中央部门、银行、海关、社保等重要单位和行业。

（三）一般审计软件和审计全过程管理软件

相对于一般审计软件，审计全过程管理软件涉及审计的全过程，它既是开展审计的平台，又是审计管理的平台，将审计项目管理、数据采集处理、审计分析、审计抽样、审计工作底稿编制等审计的全过程融入一个统一的平台，还包括联机操作模式。目前在审计系统广泛使用的AO审计软件就属于审计全过程管理软件。审计全过程管理软件大大提高了审计工作的信息化程度和水平，降低了审计成本，提高了审计效率。

引例解析

相比传统审计，计算机审计具有以下几个优点。

(1) 审计对象的信息都蕴藏在各种管理软件之中。
(2) 审计的准确度比较高。
(3) 审计效率提高,审计时间缩短,审计成本降低。
(4) 信息相互印证,覆盖面广,审计风险降低。

线上测试

扫描封底二维码　获取答题权限

在线自测5.1.2

任务5.2　认识审计管理

子任务5.2.1　初步了解审计管理

任务引例

审计管理是对审计资源进行组织运用的系统性活动,是审计工作发展中一个重要的理论和实践问题。作为现代国家政治制度的重要组成部分,政府审计在国民经济社会建设中发挥了重要作用,并得到了社会广泛认可,政府审计管理的"人、法、技"建设也得到了长足发展。然而,与国家治理的审计需求相比,我国政府审计在发展过程中,仍存在审计任务繁重与审计人员力量不足、审计工作环境日益复杂与审计能力要求不相适应、审计目标内容多样化与审计人员专业知识结构不协调,以及国家治理审计监督系统化要求与审计项目计划安排不对称等矛盾。在某种程度上说,这些审计管理方面的问题,已经成为影响和制约政府审计服务国家治理功能作用发挥的重要因素。以科学的管理理论指导,探索政府审计管理的一般规律,改善政府审计管理的系统性、整体性、协调性,从而有效整合利用审计资源,最大化政府审计资源的治理效率,这些对于深化政府审计管理研究,解决我国当前政府审计中存在的诸多矛盾都具有重要意义。

资料来源:王会金.协同视角下的政府审计管理研究[J].审计与经济研究,2013(6):12-19.

引例思考:审计管理基本内容有哪些?

任务引例

为了对审计管理有一个初步的了解,首先需要:①理解审计管理的含义;②熟悉审计管理的三要素;③熟知审计管理的特征与内容;④明确审计管理的基础工作。

知识准备

一、审计管理的含义

所谓审计管理，是指审计机构为了有效地实现既定的审计目标而进行的计划、决策、组织、指挥、协调和控制活动。它包括审计业务管理、审计行政管理、审计组织管理等。

二、审计管理的要素

审计管理由3个基本要素构成，即管理主体、管理客体和管理依据。审计管理主体一般是指审计组织的决策机构或领导机构。审计管理客体，即审计管理的对象，一般是指审计业务活动及其相关的职能活动，即审计计划的制订、审计项目的实施、审计报告的编制、作出审计处理与处罚、审计资料的归档等审计业务活动，以及与审计业务相关的人力资源、审计质量控制、审计组织业绩管理等一系列活动。审计管理依据是指规范审计行为的审计标准、审计职业道德、审计工作质量控制标准和审计法律法规体系等。

三、审计管理的特征

（一）审计管理要服从审计目标

审计管理是为了完成审计工作任务而进行的管理。审计目标和审计任务不同，执行审计的机构不同，其审计管理内容和方法也就有所不同。随着经济发展对审计需求和审计目标的变化，审计管理也会随之发展变化。

（二）审计管理要注重对审计人员的管理

实施审计业务要靠审计人员，审计业务的质量高低和审计工作效率的高低在很大程度上取决于审计人员的素质高低，所以，提高审计人员的素质，培养其对工作的责任感，发挥审计人员主观能动性，是审计管理中至关重要的内容。

（三）审计管理要贯穿审计业务活动的始终

审计管理不能仅限于审计活动的某一个方面或审计过程的某一个阶段，审计计划、审计组织、审计实施、审计报告，直至审计归档等各项工作，均需要进行严密、科学的管理，只有这样才能保证审计工作的高效和优质。

（四）审计管理的目的是提高审计工作的质量和效率

审计活动与其他工作一样，需要在保证质量的前提下，尽量提高工作效率，降低工作成本。审计管理的内容、范围和方法都应针对审计管理的这一根本目的来加以确定。

四、审计管理的内容

审计管理的内容取决于审计管理的对象，随着审计事业的发展，审计管理的内容会不断充实和增加。当前审计管理的基本内容如下。

（一）审计计划管理

审计计划管理包括审计计划的制订，审计计划执行情况的检查、考核和计划执行结果的评价。制订审计计划，不仅明确了审计目标，也为检查和评价审计活动提供了依据。

（二）审计质量管理

审计结论的公正性、正确性，以及审计的权威性和审计职业的生存、发展，都要受审计工作质量的影响，因此加强审计质量管理至关重要。审计质量管理应该明确管理的内容，制定控制、检查和评价审计工作质量的措施和疗法，以及提高审计工作质量的途径。

（三）审计风险管理

审计风险客观地存在审计工作之中，如果失之管理，可能导致审计组织和审计人员因承担相应责任而产生的物质和精神损失。因此，审计组织应识别在各项工作中的潜在风险，充分估计各种风险及可能导致风险的各种因素，采取有效措施来加以防范和控制，以便将审计风险降至最低水平。

（四）审计档案管理

审计档案是审计活动的历史记录，是审计工作的信息库，也是界定责任、应对审计诉讼的重要证据来源。审计档案的有效利用，有利于审计工作质量的控制、以后审计计划的制订、审计工作经验的总结和交流，以及审计教学和科研。因此，对审计档案的立卷、归档、保管和借阅进行规范管理是非常重要的一项审计管理活动。

五、审计管理的基础工作

审计管理的基础工作是做好审计管理工作的必要条件。审计管理的基础工作一般应包括审计人员的管理、审计方法的开发与管理、审计手段的开发与管理、审计信息管理、审计统计管理、审计法制管理。

（一）审计人员的管理

审计业务的实施主要靠审计人员，审计人员素质的高低对审计工作质量和工作效率具有重要影响。审计机构应根据审计职业发展的需要，预测和研究审计人员的素质结构、知识结构、技能结构的发展趋势，制定审计人员招聘、选用和培养制度，配备一支政治、业务素质较高的审计专业干部队伍。

（二）审计方法的开发和管理

高素质的审计人员应当运用先进、科学的审计方法。方法的落后也会严重影响审计工作质量和工作效率。在审计工作任务日趋繁重、审计资源严重不足的情况下，高效审计方法的开发工作尤其重要。例如，制度基础审计方法的开发与利用可以在不加大审计风险的前提下，大大提高审计工作效率。

（三）审计手段的开发与管理

目前，审计工作面临新形势的严峻考验。一方面，国民经济建设迅速发展，经济信息量急剧增大，加之近几年抗震救灾、扩大内需、地方债务等需要调度全国各级审计力量以及上下协调的审计项目越来越多，审计工作量和难度急剧增加；另一方面，随着以计算机和网络技术为标志的信息技术的飞速发展，特别是 ERP（Enterprise Resource Planning，企业资源计划）系统、互联网、云计算、电子政务和电子商务的广泛深入应用，审计对象的会计电算化和经济管理信息化的程度越来越高，传统的以审查纸质账目为基本手段的审计方式显然不能满足需要。审计部门要提高审计效率和质量，审计工作要适应新形势的发展，以现代技术武装审计系统的审计信息化手段的开发与管理刻不容缓。

（四）审计信息管理

审计信息管理是对审计信息的搜集、加工、处理、传递和存储等各项工作的管理。审计信息是指与审计工作有关的各种情况、资料的汇合，既包括反映审计机构内部管理特征和变化的信息，也包括影响审计机构审计活动的外部情况和资料。审计信息管理在审计管理活动中具有重要地位，它不但影响审计机构内部的决策活动，而且影响利用审计信息进行决策的外部单位。要做到信息准确、畅通，就要做好信息的搜集、加工和处理工作。审计机构应建立健全信息工作制度，加强对审计信息工作的领导，建立审计信息档案，使审计信息真正能够为制订审计工作方针、确定审计工作重点、选择审计对象提供依据，并为有关部门的管理活动提供有效服务。

（五）审计统计管理

审计统计是审计管理的一项重要的基础工作，它是运用科学的方法搜集、整理审计活动中的各种数据资料，以便真实反映审计工作成果和发展变化，探索审计工作规律的重要手段。审计机构应设计科学、简便的审计统计指标体系，建立健全审计统计工作制度，善于利用审计统计资料，为审计决策和管理提供依据。

（六）审计法制管理

审计法制管理是指对审计法律的拟定、审计法规的制定、审计准则的制定、审计法律法规和规范的教育宣传、审计执法工作的检查、法律咨询与服务的管理。审计法制管理既是审计管理的一项重要内容，又是全部审计管理工作的一个重要前提；既是强化审计管理的必要条件，也是实行审计科学管理的依据。应建立健全审计法律法规体系，加强对审计法律法规的学习，积极推进审计法律法规的宣传和普及，大力提高审计工作人员和全社会的法律意识，改善审计执法环境，提高审计执法水平，从而提高审计工作质量。

引例解析

当前审计管理的基本内容有：①审计计划管理；②审计质量管理；③审计风险管理；④审计档案管理。

线上测试

在线自测5.2.1

子任务 5.2.2　认识审计计划管理

任务引例

审计署发布的《审计机关审计项目计划管理办法》于 2002 年 12 月 1 日起施行。2016 年 10 月 20 日,《山东省审计厅审计项目计划管理办法(试行)》的印发实施,标志着山东省各级审计机关审计项目计划统一管理格局初步形成,实现了审计资源的高效配置。2016 年 10 月 25 日,浙江省审计厅出台《浙江省审计项目计划管理办法(试行)》,进一步加强审计项目计划管理和统筹协调,优化审计资源配置,保障审计工作科学、有序和高效运行。

2016 年 6 月 2 日,湖南省衡东县审计局经过多轮讨论研究,出台了《审计项目计划管理制度》(以下简称《制度》)。该《制度》明确:要合理制订审计工作规划,明确审计工作阶段目标和重点;建立和适时更新分类台账,做好审计人力资源评估和经费预算;根据上级审计工作会议精神及县委县政府工作中心,结合群众关心、关注的热点事项,认真制订审计项目计划;对项目实施情况和结果进行跟踪控制,并对单个项目及年度项目的实施情况和结果进行总结评估,让审计工作在计划目标体系的控制下有序推进、有效实施,以整体提高审计项目质量。

引例思考:国家审计机关的年度审计项目计划管理的内容有哪些?

任务分析

为了对审计计划管理有一个初步的了解和认识,首先需要:①理解审计计划管理的含义;②了解审计计划管理的意义;③熟知审计计划管理的种类;④明确审计计划管理的内容。

知识准备

一、审计计划管理的含义

审计计划是指预先拟订的、用一定的质量和数量指标反映的、用以指导和组织全部审计工作的内容和步骤,也是审计机构根据国家一定时期的经济监督工作的重点,对审计人力、物力、财力做出的统筹安排。审计计划管理是审计机构制订审计计划,组织计划实施,并对计划执行情况进行检查、考核的一系列活动。

二、审计计划管理的意义

搞好审计计划管理的重要意义在于以下方面。
(1) 有利于贯彻党和国家的经济工作方针、政策,使审计机构能够紧密配合中心工作开展审计监督活动。

(2)有利于保证年度计划的编制和完成。通过计划的组织实施和控制,可以保证审计人员按时完成各项审计任务,同时也可为编制年度审计计划提供重要依据。

(3)有利于合理利用审计资源。审计机构根据工作任务和现有人力、物力、财力合理安排审计项目的时间和人员,使人员分工协作,提高审计工作效率。

(4)有利于落实审计工作责任制。审计机构依审计工作计划检查和衡量审计人员完成审计项目的进度和质量,促进审计工作责任制的贯彻执行。

三、审计计划的种类

审计计划可以按不同的标志加以分类。按审计计划编制机构划分,可分为国家审计计划、内部审计计划和社会审计计划;按计划期的长短划分,可分为长期审计计划(5年以上的审计计划)、中期审计计划(2~5年的审计计划)、短期审计计划(年度审计计划);按审计计划的作用不同,可分为审计项目计划和审计方案。以下以国家审计为例着重说明审计项目计划和审计方案。

(一)审计项目计划

审计项目计划是审计机关的主要工作计划,其中规定了审计机关年内具体的基本工作任务、时间和审计人员安排,所以该计划是审计机关指导审计业务活动的主要依据,也是检查、评价审计机关工作任务完成情况的依据。

(二)审计方案

审计方案是指审计机关为了顺利完成审计任务,达到预期的审计目标,根据审计项目计划对每一审计项目在实施审计前分别制订的审计项目实施计划,包括审计工作方案和审计实施方案。

(1)审计工作方案是审计机关为了统一组织多个审计组对部门、行业或者专项资金等审计项目实施审计而制订的总体工作计划。

(2)审计实施方案是审计组为了完成审计项目任务,从发送审计通知书到处理审计报告全部过程的工作安排。

四、审计计划管理的内容

以审计机关年度审计项目计划为例,审计计划管理的内容包括审计计划制订工作的管理、审计计划执行过程的控制,以及审计计划执行结果的检查和考核。

(一)审计计划制订工作的管理

对审计计划制订工作的管理是审计计划管理系统的基础环节,它影响和决定了审计计划执行和执行结果检查考核的管理,计划制订不当不但难以保证完成审计工作任务、实现审计目标,而且还会造成审计人力、物力、财力的浪费。

▶ 1. 审计项目计划

审计项目计划,是指审计机关按年度对审计项目和专项审计调查项目预先做出的统一安排。审计项目计划一般包含上级审计机关统一组织项目、授权项目、领导交办项目和自行安排项目等。审计项目可以是对一个单位的审计，也可以是对一个单位的某一种活动（如投资活动）的审计，还可以是对一个跨单位、跨部门的项目的审计。

审计项目计划管理实行统一领导，分级负责制。审计署负责管理审计署统一组织的审计项目计划和署本级审计项目计划，指导全国审计项目计划管理工作。县级以上地方各级审计机关分别负责本地区审计项目计划管理工作。

▶ 2. 审计项目计划制订的工作步骤与项目选择考虑因素

审计机关按照下列步骤制订年度审计项目计划：一是调查审计需求，初步选择审计项目；二是对初选审计项目进行可行性研究，确定备选审计项目及其优先顺序；三是评估审计机关可用的审计资源，确定审计项目，编制年度审计项目计划。

编制项目计划，首先是要调查审计需求，结合审计需求与可利用的审计资源来综合考虑确定年度审计项目。审计机关主要从下列方面调查审计需求，初步选择审计项目：一是国家和地区财政收支、财务收支以及有关经济活动情况；二是政府工作中心；三是本级政府行政首长和相关领导机关对审计工作的要求；四是上级审计机关安排或者授权审计的事项；五是有关部门委托或者提请审计机关审计的事项；六是群众举报、公众关注的事项；七是经分析相关数据认为应当列入审计的事项等。

有些项目是必选项目，审计机关必须将其纳入项目计划。主要包括：法律法规规定每年应当审计的项目；本级政府行政首长和相关领导机关要求审计的项目；上级审计机关安排或者授权的审计项目。

上级审计机关直接审计下级审计机关审计管辖范围内的重大审计事项，应当列入上级审计机关年度审计项目计划，并及时通知下级审计机关。上级审计机关可以依法将其审计管辖范围内的审计事项，授权下级审计机关进行审计。对于上级审计机关审计管辖范围内的审计事项，下级审计机关也可以提出授权申请，报有管辖权的上级审计机关审批，获得授权的审计机关应当将授权的审计事项列入年度审计项目计划。

根据中国政府及其机构与国际组织、外国政府及其机构签订的协议和上级审计机关的要求，审计机关确定对国际组织、外国政府及其机构援助贷款项目进行审计的，应当纳入年度审计项目计划。

审计机关应当将年度审计项目计划报经本级政府行政首长批准并向上一级审计机关报告。

▶ 3. 审计项目计划的内容与形式

审计机关年度审计项目计划的内容主要包括：审计项目名称；审计目标，即实施审计项目预期要完成的任务和结果；审计范围，即审计项目涉及的具体单位、事项和所属期间；审计重点；审计项目团队织和实施单位；审计资源等。

审计机关编制年度审计项目计划可以采取文字、表格或者两者相结合的形式。审计项目计划的内容，包括文字说明和表格两部分。文字说明主要陈述上年度审计项目计划预计完成情况以及计划年度审计工作的指导思想、重点、主要任务和计划编制依据、实施审计计划的主要措施。表格的内容是列示年度审计机关全部审计项目。审计项目可按类别分别列示，如预算执行审计、财务收支审计、效益审计、经济责任审计、专项审计调查等。审计项目计划总表应标明总计划中每一具体审计项目的名称、审计起止时间、审计方式、主要审计内容。

(二) 审计项目计划执行的管理

审计项目计划执行的管理应是对组织和控制计划的落实及对原计划的修改和补充。组织实施审计项目计划应采取相应的措施，如建立计划实施责任制，明确审计机关内部各部门实施计划的责任，使各部门及至每个审计人员，既明确审计机关总审计计划，又明确本部门和本人的审计任务。组织实施审计项目计划还应编制计划执行进度表，以便及时了解各项目执行情况，对计划执行过程中的偏差进行分析和处理。

(1) 审计机关应当将年度审计项目计划下达审计项目团队织和实施单位执行。

(2) 年度审计项目计划一经下达，审计项目团队织和实施单位应当确保完成，不得擅自变更。在年度审计项目计划执行过程中，遇有下列情形之一的，应当按照原审批程序调整：本级政府行政首长和相关领导机关临时交办审计项目的；上级审计机关临时安排或者授权审计项目的；突发重大公共事件需要进行审计的；原定审计项目的被审计单位发生重大变化，导致原计划无法实施的；需要更换审计项目实施单位的；审计目标、审计范围等发生重大变化需要调整的等。

(3) 为了加强对审计计划执行的管理，审计机关实行审计项目计划执行报告制度。审计项目实施单位定期向下达审计项目计划的审计机关报告计划执行情况。报告的主要内容包括：计划执行进度；审计的主要成果；计划执行中存在的主要问题及改进措施与建议等。

(三) 审计项目计划检查和考核的管理

制订审计项目计划是为了执行，执行的结果如何则需要给予检查和考核。审计机关应当定期检查年度审计项目计划的执行情况，评估执行效果。检查和考核的主要内容包括计划编报及计划执行情况报告的及时性、完整性，计划安排的科学性、合理性，计划完成的质量和效果等。

对审计项目计划的检查和考核应按责任制分级进行。首先应由承担审计项目的审计小组自查；然后是审计机构各部门的检查、考核，并做出总结；最后由审计机关负责计划管理的部门加以总考核。

各级的检查和考核的内容有所不同，但检查和考核的主要工作如下。

(1) 确定审计项目计划的执行结果，计划目标及有关指标的完成情况，以及计划完成的质量水平。

(2) 对完成或未完成审计项目计划的原因进行分析，总结经验和教训。

(3) 对审计项目计划编制中存在的缺陷进行分析，并找出改进的措施。

引例解析

国家审计机关的年度审计项目计划管理的内容包括：审计计划制订工作的管理、审计计划执行过程的控制，以及审计计划执行结果的检查和考核。

线上测试

扫描封底二维码 获取答题权限

在线自测5.2.2

子任务 5.2.3 认识审计质量管理

任务引例

犹如产品质量是企业的生命一样，审计质量是审计职业的生命。审计质量的高低，是审计赖以生存和发展的基础，直接影响审计职能作用的发挥。

《审计机关审计项目质量控制办法》为中华人民共和国审计署令第6号，经审计长会议通过，自2004年4月1日起在审计署机关及派出、派驻机构试行，地方审计机关可以根据具体情况确定试行范围。

《审计机关审计项目质量控制办法》的发布和执行不仅为保证审计质量提供了指导，同时也是评价审计质量的重要标准。促进了审计机关加强科学管理，提升其地位和重要性。对审计工作者具有指导作用。有利于促进效益审计。

引例思考：审计质量管理主要采用哪些方法？

任务分析

为了对审计质量管理有一个初步的了解和认识，首先需要：①理解审计质量管理的含义；②了解审计质量管理的意义；③熟知审计质量管理的内容与方式。

知识准备

一、审计质量管理的含义

质量是指产品或工作的优劣程度。审计的产品是审计报告和审计结论。

审计质量有两方面内容：一是作为审计最终成果的审计报告的质量；二是审计工作的质量。审计工作质量是基础，它决定审计报告的质量，而审计工作质量的优劣又要通过审计报告加以反映。人们通常所讲的审计质量，往往是指审计报告的质量，也就是审计结论的质量。

二、审计质量管理的意义

审计质量管理是对审计工作和审计结论质量的控制。审计质量管理是审计管理的核心，加强审计质量管理意义重大。

（一）加强审计质量管理可以提高审计监督的权威性

审计监督的权威性除了要依赖国家法律所赋予的独立性地位之外，更重要的还要取决于审计工作的质量和审计监督的效果。只有审计监督工作的质量高、效果好，其权威性才能得到保证和提高。

（二）加强审计质量管理可以降低审计风险

随着国家各项法律的建立和健全，审计人员在履行审计职责时应负的职业责任越来越被社会各种利益相关人认识，审计人员失职越来越容易引发复议和诉讼，审计人员对此应引起足够的重视。加强审计质量管理，提高审计工作质量，是防范、控制、降低审计风险的最有效手段。

（三）加强审计质量管理，提高审计信息的质量，可为国家宏观经济管理提供可靠的信息

审计报告和其他审计业务文书含有大量的信息，而且信息价值极高。由于审计具有独立性，因而审计信息通常被认为是最真实、最可靠的信息，可以向国家有关方面反馈带有规律性、倾向性、普遍性的经济问题，并提出相应的建议，作为国家宏观经济调控和宏观经济决策的重要参考依据。

三、审计质量管理的内容与方式

《国家审计准则》第6章要求审计机关应当针对审计质量责任、审计职业道德、审计人力资源、审计业务执行、审计质量监控5个要素建立审计质量控制制度。这5个要素是质量管理的主要方面。质量管理可以采取以下方式。

（一）全面管理

审计质量管理的对象既包括审计行为，又包括审计人员。加强对审计人员的管理可从根本上控制审计质量，因为作为审计行为的主体，其素质的高低影响审计行为的优劣，从而进一步影响审计质量。

全面管理的内容主要包括两个方面：一是一般管理；二是业务管理。一般管理是指不直接针对具体审计项目的管理，目的在于为保证审计质量提供先决条件。例如，对审计组织、审计人员独立性的管理，对保证和提高审计人员技能的管理，对有效审计方法开发和利用的管理，对技术咨询、法律咨询及其专家利用的管理，对检查监督工作的管理等。业务管理是指针对具体审计项目的管理，目的在于为保证项目审计的质量。业务管理应当实行全过程管理。

（二）全过程管理

审计工作过程中每一阶段的工作质量都会对最终的审计结果产生影响，因此审计质量管理应贯穿审计工作全过程。很明显，全过程管理应当包括计划阶段管理、实施阶段管理、报告阶段管理和后续阶段的管理。

（三）外部管理和内部管理

外部管理主要是指上级审计机关对下级审计机关的管理。例如，上级审计机关对下级审计机关的业务质量检查。内部管理是指各种审计组织对自身进行的管理。

（四）多层次管理

多层次管理是指多种管理主体对审计业务的综合管理。例如，审计人员在执行业务时的自我管理，审计组组长对审计过程的管理，审计业务部门对审计组工作的管理，综合部门、职能部门对审计过程的管理，审计机关业务会议对审计事项的管理等。

四、审计质量管理的方法

（一）分层次分阶段质量控制法

分层次分阶段质量控制法是按照审计机构的内部层次和工作顺序进行审计质量控制的方法。运用此方法时，审计机构内部的各层次和各阶段的审计人员首先应根据质量管理的责任目标，对本层次和本阶段审计业务活动进行质量控制。同时，各级审计负责人应对审计活动进行定期或不定期的质量检查，做出评价，并就提高审计质量问题加以指导。《国家审计准则》将质量控制体系划分为 5 个层次，对每一个层级的职责和责任做出了明确的规定。通过分层级的控制体系来保证审计质量。

（二）关键点质量控制法

所谓关键点，是指对审计质量具有重大和直接影响的审计业务环节。关键点质量控制法就是对列作关键点的环节和要素采取必要措施，对其进行重点监督和控制，通过确保关键点的审计质量来达到保证整个项目审计质量的目的。运用此法的重点是正确地确定关键点。不同的审计，不同的审计项目，其关键点不尽相同。在一次审计的各个审计阶段，其关键点也不相同。例如，审计准备阶段的关键点之一是编制切实可行的审计实施方案，这就需要对审计实施方案的编制环节设置相应的控制机制和控制措施，如对重要审计实施方案的逐级审批制度等。

（三）质量检查控制法

质量检查控制法就是专职或专门的检查小组（或人员）对正在进行的审计活动或已经结束的审计活动中的重要问题进行有目的的或例行的检查和评价。

审计机关实行审计业务质量检查制度，对其业务部门、派出机构和下级审计机关的审计业务质量进行检查。审计机关可以通过查阅有关文件和审计档案、询问相关人员等方式方法，检查下列事项：一是建立和执行审计质量控制制度的情况；二是审计工作中遵守法律法规和审计准则的情况；三是与审计业务质量有关的其他事项。审计业务质量检查应当重点关注审计结论的恰当性、审计处理处罚意见的合法性和适当性。

内部审计同样要重视质量管理，内部审计机构要制定相关的质量控制措施，以确保其工作符合内部审计准则的要求，确保审计质量。同时，内审职业组织也要开展相应的质量检查和指导。

社会审计组织的审计质量管理，除了通过事务所自身的质量控制体系进行控制外，还应通过注册会计师协会等行业组织对其质量进行监督检查，包括同业检查。此外，事务所接受委托，对国家审计机关监督对象的单位实施审计的，其出具的报告还应接受审计机关的监督检查。

引例解析

审计质量管理的方法有：①分层次分阶段质量控制法；②关键点质量控制法；③质量检查控制法。

线上测试

扫描封底二维码 获取答题权限

在线自测5.2.3

子任务5.2.4　认识审计风险管理

任务引例

中国注册会计师行业的"旧三案"

1992年，深圳特区会计师事务所因对原野公司（深圳原野实业股份有限公司）自成立后的连续5年里出具的71份查账和验资报告大部分存在严重失实，并造成了严重的后果，被中注协责令立即停业整顿乃至撤销，所长马昌时和另一名注册会计师张应琳及保安所注册会计师朱玲被注销注册会计师资格。

1993年，北京中诚会计师事务所在为非法集资从事诈骗的北京市长城机电科技产业公司验资业务过程中玩忽职守，出具虚假验资报告而被国家国有资产管理局撤销其资产评估资格。

1994年，海南新华会计师事务所因为"中水（海南）长城"国际投资集团（海南中水长城国际投资集团）出具虚假验资报告而被撤销。

引例思考：这些审计案例充分说明了从事审计工作需要承担相应的审计风险与责任，审计人员应当采用哪些方法对审计风险进行管理与控制？

任务分析

为了对审计风险管理有一个初步的了解和认识，首先需要：①理解审计风险的含义与特征；②熟悉审计风险的分类；③掌握审计风险控制的主要方法。

知识准备

一、审计风险的含义

广义的审计风险是指审计人员因做出错误审计结论和表达错误审计意见，从而导致审计组织和审计人员承担法律责任和相应经济损失的可能性。无论是国家审计、内部审计，还是社会审计，都有可能发表错误审计意见或做出错误的审计结论，由此承担相应的责任。

二、审计风险的基本特征

虽然由于不同审计组织性质的差别，其风险体现形式和最后承担责任的方式会有所差异，但是其审计风险都具有一些共同的特征。审计风险的基本特征如下。

（一）审计风险是客观存在的，不以审计人员的意志为转移

现代审计大多采用抽样审计方法，即根据总体的样本特征来推断总体特征。然而，样本的特征与总体的特征总会有一定差别，这种差别导致了判断的误差。这种误差虽然可以控制，但是难以完全消除。因此，审计人员只要运用抽样方法就要承担一定程度的做出错误结论的审计风险。即使是详细审计，由于经济业务的繁杂、管理人员的素质等原因，也存在审计结论不一定完全符合审计事项实际情况的可能，因此审计风险总是存在审计活动中。审计风险可以控制，却不能完全消除。

（二）审计活动自始至终存在审计风险

审计人员选择被审计单位不当，制订审计计划和审计方案不周，配备审计人员不能胜任工作，搜集审计证据不充分，编制审计报告有误等都会导致最终的审计风险。因此，对审计风险的控制，需要控制上述各项工作环节的风险。

（三）审计风险具有潜在性

审计责任的存在是导致审计风险的基本原因，如果审计人员在执业中不受职业道德规范和法律法规的约束，不认真履行审计职责，就有可能导致审计风险。审计风险具有潜在性，即审计人员的审计结论虽偏离了审计事项的客观事实，但没造成不良后果，没引发追究审计责任的行为，审计风险只是停留在潜在阶段。但是，这并不说明审计风险是不存在的，一旦造成影响，引发追究行为，潜在风险就会转化为实际风险。需要加以控制的审计风险是由审计人员非故意行为所引发的风险。无论是由于审计人员的计划不周、经验不足、审计方法不当，还是由于审计抽样误差、判断失误，或是由于被审计单位故意提供虚假资料，使审计结论与审计事项事实不符，都不是审计人员故意所为。只有这种审计风险才是审计人员需要加以控制的审计风险。审计人员因某种利益故意做出错误审计结论，从而造成不良后果，不属于审计风险控制范畴，而属于纪律制裁范畴。

（四）审计风险是可以控制的

审计取证模式的发展表明：审计风险虽然存在，但可以加以控制。审计人员可以通过

认识审计风险，分析其存在或产生的原因，采取相应的措施加以预防和控制，只要将审计风险控制在可接受的水平，审计就是成功的。

三、审计风险的分类

影响审计风险的因素很多，因此，从不同的影响因素考虑可将审计风险划分为不同的类型。审计风险可分为固有风险、控制风险和检查风险，前两种风险也可合并称为被审计单位的重大错报风险。

从审计风险管理的角度还可将审计风险分为可控风险和不可控风险。

（一）可控风险

可控风险是指由审计机构或审计人员可控制的因素导致的审计风险，例如，由于审计人员的素质、审计人员的工作态度、审计方法选用、审计机构对审计工作的管理等因素导致的审计风险。因为这些因素均与审计机构和审计人员有关，因此，审计机构可以通过控制它们产生的影响来控制审计风险。

（二）不可控风险

不可控风险是指由审计机构或审计人员不能直接加以控制的不确定性因素引发的审计风险，包括被审计单位内外两种因素，外部因素如国家经济形势的变化，内部因素如被审计单位内部控制健全程度等。显然，这些因素不是审计机构或审计人员能加以控制的。

四、审计风险的控制方法

审计风险管理的目的在于控制审计风险，而控制审计风险的关键在于采取一些行之有效的控制方法。不同的审计风险，应采用不同的控制方法。对可控风险，审计人员可以针对引发风险的原因，采用相应的防范措施。对于不可控风险，审计人员也应充分评估，认真分析评价，以便确定其对审计工作的影响。综合起来，控制审计风险的方法可归纳为以下几点。

（一）自我保护法

对于可以控制的审计风险，审计人员应尽量采取必要的措施加以防范。其主要做法如下。

▶ **1. 提高审计人员的业务水平**

审计人员的业务水平高低直接影响审计风险发生的可能性，因此应当加强对审计人员的职业培训和继续教育，提高审计人员的风险意识和风险分析与控制能力，从而降低审计风险。

▶ **2. 遵守审计准则**

审计人员在执业时一定要严格遵守审计准则，遵守职业道德，保持合理的职业谨慎态度，严格遵守审计程序，避免发生重大疏忽。

▶ **3. 深入了解被审计单位的基本情况和财务状况**

实践证明，在很多审计诉讼案中，审计人员在审计时未能识别重大错弊的重要原因之一，就是没有了解被审计单位所在行业的特征和被审计单位的业务情况，而是仅限于对会计资料的复核，从而遗漏了重要审计线索。还有很多审计诉讼案都涉及宣告破产或偿债出现问题的被审计单位，因为与这些被审计单位有关的权益遭受损失的投资者和债权人，为了尽量挽回他们的经济损失，经常寻找有支付能力的一方来承担责任，而审计一方常常被认为是有能力赔偿损失的替罪羊。因此，当被审计单位已陷入财务困境时，审计人员应当格外谨慎。

▶ 4. 签订业务约定书，取得管理当局说明书

在国家审计中，这点是指要求被审计单位做出承诺。签订业务约定书，取得管理当局说明书可以明确划分审计责任和被审计单位的责任，明确审计范围，预防审计风险，一旦审计风险成为现实，也可减少审计赔偿损失。

▶ 5. 保持审计的独立性

在实际工作中，很多诉讼案件都是审计人员屈从于某种压力，失去了审计的独立性，出具不真实的审计报告，使审计风险转化为现实的审计损失。失去审计的独立性，就很难做到客观、公正，难免遭受审计损失。

▶ 6. 加强审计质量控制

审计风险防范的重要措施之一就是加强审计质量控制，严格执行审计准则和相关职业规范，搜集具有充分有效的审计证据，认真严格地编制和复核审计工作底稿，对重大问题实行报告制度，尽可能消除主观因素引起的审计风险。

（二）风险回避法

审计人员应尽量回避风险大而自身又无法加以控制的审计项目，如会计账目混乱、内部控制系统薄弱、管理人员缺乏正直的品格等。因为在这些情况下，出现差错和舞弊的可能性很大，固有风险很高，即使扩大审计测试范围，也难以降低审计风险水平，出现法律纠纷的可能性也就很大。因此，审计机构在接受委托或安排计划时，应对被审计单位进行调查评价，了解被审计单位是否具备审计的基本条件，否则不可轻易进行审计。

（三）风险转移法

审计人员尽量分解引发风险的责任，将审计机构、被审计单位、其他相关单位应负的责任划分清楚。例如，在审计时应分清审计人员与被审计单位管理部门的责任，如果日后发生了复议和诉讼，便于区分责任，转移风险。

（四）风险承受法

对于不可控的审计风险，审计人员应提高风险承受能力，比如建立风险基金制度，办理职业保险。虽然这些措施不能防范审计风险，但可减少诉讼失败时的经济损失。审计组织还可聘请法律顾问，对可能发生的法律责任问题及时同法律顾问商洽，以便采取合理的对策。

引发审计风险的因素很复杂，因而，审计风险控制的措施既涉及审计机构和审计人员，也涉及社会各方面。随着审计事业的发展，审计人员法律责任越突出，审计风险管理就越重要。

引例解析

不同的审计风险,应采用不同的控制方法。对可控风险,审计人员可以针对引发风险的原因,采用相应的防范措施。对于不可控风险,审计人员也应充分评估,认真分析评价,以便确定其对审计工作的影响。常见的控制审计风险的方法有:①自我保护法;②风险回避法;③风险转移法;④风险承受法。

线上测试

扫描封底二维码 获取答题权限

在线自测5.2.4

子任务5.2.5 认识审计档案管理

任务引例

2012年11月28日,审计署、国家档案局颁发了第10号令《审计机关审计档案管理规定》,自2013年1月1日起施行。为了规范审计档案管理,维护审计档案的完整与安全,保证审计档案的质量,应进一步明确管理职责,充分发挥审计档案在审计工作中的服务作用。

引例思考:审计档案管理的内容有哪些?

任务分析

为了对审计档案管理有一个初步的了解和认识,首先需要:①理解审计档案及审计档案管理的含义;②熟悉审计文件资料的归档要求;③熟悉审计档案的保管规定;④了解审计档案的利用制度。

知识准备

一、审计机关的审计档案及其审计档案工作

审计档案是指审计机关在项目审计(含专项审计调查)活动中直接形成的对国家和社会具有保存价值的各种文字、图表等不同形式的历史记录。审计档案是国家档案的组成部分之一。

审计机关的审计档案管理工作接受同级档案行政管理部门的监督和指导。审计机关审

计档案应当实行集中统一管理。审计机关应当设立档案机构或者配备专职（兼职）档案人员，负责本单位的审计档案工作。

二、审计文件材料的归档

审计文件材料归档工作实行审计组组长负责制，审计组组长应当确定立卷人。立卷人应当及时搜集审计项目的文件材料，并在审计项目终结后立卷归档。审计复议案件的文件材料由复议机构逐案单独立卷归档。档案机构或人员应当将审计复议案件归档情况在被复议的审计项目案卷备考表中加以说明，以便查找和利用。

审计文件材料按审计项目立卷，不同审计项目不得合并立卷。审计档案案卷质量的基本要求是：审计项目文件材料应当真实、完整、有效、规范，并做到遵循文件材料的形成规律和特点，保持文件材料之间的有机联系，区别不同价值，便于保管和利用。审计项目案卷内，审计文件材料按照结论类、证明类、立项类、备查类4个单元进行排列。4类文件材料的归档范围和排列顺序依次如下。

（一）结论类文件材料

结论类审计文件材料包括审计报告、审计决定书、审计移送处理书等结论类报告，及相关的审理意见书、审计业务会议记录、纪要、被审计对象对审计报告的书面意见、审计组的书面说明等。该类文件材料采用逆审计程序并结合文件材料的重要程度排列。

（二）证明类文件材料

证明类审计文件材料包括被审计单位承诺书、审计工作底稿汇总表、审计工作底稿及相应的审计取证单、审计证据等。该类文件材料按与审计实施方案所列审计事项对应的顺序排列。

（三）立项类文件材料

立项类审计文件材料包括上级审计机关或者本级政府的指令性文件、与审计事项有关的举报材料，以及领导批示、调查了解记录、审计实施方案及相关材料、审计通知书和授权审计通知书等。该类文件材料按形成材料时间结合材料重要程度排列。

（四）备查类文件材料

备查类审计文件材料包括被审计单位整改情况、审计项目审计过程中产生的信息等不属于前3类的其他文件材料。该类文件材料按形成材料时间的顺序排列。审计文件材料的归档时间应当在该审计项目终结后的5个月内，不得迟于次年4月底。跟踪审计项目，按年度分别立卷归档。

三、审计档案的保管

审计档案的保管期限由审计机关业务部门负责划定。审计档案的保管期限应当根据审计项目涉及的金额、性质、社会影响等因素划定为永久和定期两种，定期又分为30年、10年。其中：永久保管的档案，是指特别重大的审计事项、列入审计工作报告、审计结果报告或第一次涉及的审计领域等具有突出代表意义的审计事项档案；保管30年的档案，是指重要审计事项、查考价值较大的档案；保管10年的档案，是指一般性审计事项的档案。审计档案的保管期限自归档年度开始计算。

审计档案的密级及保密期限，按卷内文件的最高密级及其保密期限确定，由审计业务部门按有关规定做出标识。凡未标明保密期限的，按照绝密级30年、机密级20年、秘密级10年认定。

审计机关应按国家有关规定配置专用、坚固的审计档案库房，配备必要的设施和设备，以确保审计档案的安全。审计档案按"年度—组织机构—保管期限"的方法排列、编目和存放。审计案卷排列方法应当统一，前后保持一致，不可任意变动。省级以上（含省级）审计机关应当将永久保管的、省级以下审计机关应当将永久和30年保管的审计档案在本机关保管20年后，定期向同级国家综合档案馆移交。

对已超过保管期限的审计档案，审计机关应按有关规定成立鉴定小组定期进行鉴定，准确地判定档案的存毁。确无保存价值的，应对相关审计档案进行登记造册，经审计机关分管负责人批准后销毁，销毁审计档案，应当指定两人负责监销。

对审计机关工作人员损毁、丢失、涂改、伪造、出卖、转卖、擅自提供审计档案的，由任免机关或者监察机关依法对直接责任人员和负有责任的领导人员给予行政处分；涉嫌犯罪的，移送司法机关依法追究刑事责任。档案行政管理部门可以对相关责任单位依法给予行政处罚。

四、审计档案的利用

审计机关应加强审计档案的信息化管理，采用计算机等现代化管理技术编制适用的检索工具和参考材料，积极开展审计档案的利用工作。审计机关应建立健全审计档案利用制度。借阅审计档案，一般仅限定在审计机关内部。审计机关以外的单位如有特殊情况需要查阅、复制审计档案或者要求出具审计档案证明的，须经审计档案所属审计机关分管负责人审批，重大审计事项的档案须经审计机关主要负责人审批。

引例解析

审计档案管理的内容通常有：①审计文件材料的归档；②审计档案的保管；③审计档案的利用。

线上测试

在线自测5.2.5	期末试卷A	期末试卷B

参 考 文 献

[1] 中国注册会计师协会. 中国注册会计师执业准则应用指南(2010). 北京：中国财政经济出版社，2010.
[2] 中国注册会计师协会拟定，中华人民共和国财政部发布. 中国注册会计师执业准则2010. 北京：经济科学出版社，2010.
[3] 中国注册会计师协会. 审计. 北京：经济科学出版社，2021.
[4] 张军平. 审计. 北京：中国农业出版社，2016.
[5] 张军平. 审计基础与实务. 北京：高等教育出版社，2013.
[6] 王生根. 审计学原理与实务. 北京：高等教育出版社，2014.
[7] 俞校明. 审计实务(第三版). 北京：清华大学出版社，2015.
[8] 马春静，审计：原理与实务. 北京：中国人民大学出版社，2019.
[9] 中国注册会计师协会. 财务报表审计工作底稿编制指南. 北京：经济科学出版社，2007.
[10] 审计署，人力资源和社会保障部，审计专业技术资格考试办公室. 2019审计专业技术资格考试辅导教材(下册)审计理论与实务. 北京：中国时代经济出版社，2019.
[11] 本书编写组. 审计专业技术资格考试复习指南. 北京：中国时代经济出版社，2019.

教学支持说明

▶▶ 课件申请

尊敬的老师：

您好！感谢您选用清华大学出版社的教材！为更好地服务教学，我们为采用本书作为教材的老师提供教学辅助资源。该部分资源仅提供给授课教师使用，请您直接用手机扫描下方二维码完成认证及申请。

任课教师扫描二维码
可获取教学辅助资源

▶▶ 样书申请

为方便教师选用教材，我们为您提供免费赠送样书服务。任课教师扫描下方二维码即可获取清华大学出版社教材电子书目。在线填写个人信息，经审核认证后即可获取所选教材。我们会第一时间为您寄送样书。

任课教师扫描二维码
可获取教材电子书目

清华大学出版社

E-mail: tupfuwu@163.com
电话：010-83470332 / 83470142
地址：北京市海淀区双清路学研大厦B座509室

网址：http://www.tup.com.cn/
传真：8610-83470107
邮编：100084

财务会计（英文版·第11版）

本书特色
经典的财务会计教材，配有中文翻译版，课件齐全。

教辅材料
课件、习题库

书号：9787302561934
作者：[美]沃尔特·小哈里森 查尔斯·亨格瑞 威廉·托马斯 温迪·蒂兹
定价：115.00元
出版日期：2020.9

财务会计（第11版）

本书特色
经典的财务会计教材，配有英文影印版，教辅资源丰富，有中文课件。

教辅材料
课件、习题库、习题答案

书号：9787302508038
作者：[美]沃尔特·小哈里森 等 著，赵小鹿 译
定价：109.00元
出版日期：2018.9

数字财务

本书特色
内容前沿，案例丰富，四色印刷，实操性强。

教辅材料
教学大纲、课件

书号：9787302562931
作者：彭娟 陈虎 王泽霞 胡仁昱
定价：98.00元
出版日期：2020.10

财务会计学（第二版）

本书特色
体现最新会计准则和会计法规，实用性强，习题丰富，内容全面，课件完备。

教辅材料
教学大纲、课件

书号：9787302520979
作者：王秀芬 李现宗
定价：55.00元
出版日期：2019.3

中级财务会计（第二版）

本书特色
教材内容丰富，语言通俗易懂。编者均为教学第一线且教学经验丰富的教师，善于用通俗的语言阐述复杂的问题。教材的基本概念源于企业会计准则，比较权威，并根据作者的知识和见解加以诠释。

教辅材料
课件、习题

书号：9787302566793
作者：潘爱玲主编，张健梅 副主编
定价：69.00元
出版日期：2021.11

中级财务会计

本书特色
"互联网+"教材，按照新准则编写，结构合理，形式丰富，课件齐全，便于教学。

教辅材料
教学大纲、课件

书号：9787302532378
作者：仲伟冰 赵洪进 张云
定价：59.00元
出版日期：2019.8

◦ 会计学 ◦

中级财务会计

本书特色

根据最新会计准则编写，应用型高校和高职适用教材，案例丰富，结构合理，课件齐全。

教辅材料

课件、教学大纲、习题答案

书号：9787302505099
作者：曹湘平 陈益云
定价：52.50 元
出版日期：2018.7

中级财务会计实训教程

本书特色

"互联网+"教材，课件齐全，便于教学。

书号：9787302564089
作者：郑卫茂 郭志英 章雁
定价：55.00 元
出版日期：2020.9

中级财务会计（全两册）

本书特色

国家和北京市一流专业建设点所在团队编写，基于最新会计准则和税收法规，全书包含教材和习题共两册，内容全面，提供丰富的教辅资源，便于教学。

教辅材料

教学大纲、课件

获奖信息

国家级一流专业、国家级一流课程建设成果，北京高等学校优质本科教材课件

书号：9787302543015
作者：毛新述
定价：88.00 元
出版日期：2020.2

高级财务会计

本书特色

应用型本科教材，篇幅适中，课件齐全，销量良好。

教辅材料

教学大纲、课件

书号：9787302525042
作者：田翠香、李宜
定价：49.00 元
出版日期：2019.6

高级财务会计理论与实务（第2版）

本书特色

"互联网+"教材，配套课件及案例完备，结构合理，应用性强，多次重印。

教辅材料

课件

书号：9787302518617
作者：刘颖斐 余国杰 许新霞
定价：45.00 元
出版日期：2019.3

高级财务会计

本书特色

"互联网+"教材，应用性强，篇幅适中，结构合理，课件完备，便于教学。

教辅材料

课件

书号：9787302525721
作者：游春晖 王菁
定价：45.00 元
出版日期：2019.4

○ 会计学 ○

高级财务会计

本书特色
国家级一流专业、国家级一流课程建设成果、北京市优质教材、应用型本科教材、"互联网+"新形态教材，内容丰富，案例新颖，篇幅适中，结构合理，课件完备，便于教学。

教辅材料
课件

获奖信息
国家级一流专业、国家级特色专业建设成果

书号：9787302564621
作者：张宏亮
定价：59.00元
出版日期：2021.11

任课教师免费申请

会计综合技能实训（第二版）

本书特色
应用性强、篇幅适中、结构合理、课件完备，便于教学。

教辅材料
教学大纲、课件

书号：9787302537885
作者：马智祥 郑鑫 等
定价：28.00元
出版日期：2019.11

任课教师免费申请

企业会计综合实训（第二版）

本书特色
定位高职，实用性强，案例丰富，课件齐全。

教辅材料
教学大纲、课件

书号：9787302571155
作者：刘燕 等
定价：20.00元
出版日期：2021.1

任课教师免费申请

成本会计实训教程

本书特色
应用型创新实践实训教材，注重实际操作，有效提升会计操作技能，提供教学课件、数据和参考答案，方便教学和自学。

教辅材料
教学大纲、课件

书号：9787302571490
作者：徐梅鑫 余良宇
定价：45.00元
出版日期：2021.1

任课教师免费申请

管理会计导论（第16版）

本书特色
全球最畅销管理会计教材，原汁原味地反映了最新的会计教育理念，无任何删减，教辅资料配套齐全，便于教学使用。

教辅材料
教学大纲、课件

书号：9787302487111
作者：亨格瑞 著，刘俊勇 译
定价：88.00元
出版日期：2019.1

任课教师免费申请

管理会计实践教程

本书特色
"互联网+"教材，课件齐全，便于教学。

书号：9787302570394
作者：肖康元
定价：50.00元
出版日期：2021.1

任课教师免费申请

◦ 会计学 ◦

管理会计

本书特色
"互联网+"教材，配套资源丰富，课程思政特色鲜明，增设在线测试题。

教辅材料
教学大纲、课件

书号：9787302574897
作者：高樱 徐琪霞
定价：49.00 元
出版日期：2021.3

会计信息系统（第二版）

本书特色
应用型本科教材，"互联网+"教材，郭道扬推荐，内容丰富，案例新颖，篇幅适中，结构合理，习题丰富，课件完备，便于教学。

教辅材料
教学大纲、课件、习题答案、试题库、模拟试卷、案例解析

书号：9787302553069
作者：杨定泉
定价：49.80 元
出版日期：2020.6

会计学教程（第二版）

本书特色
浙江大学名师之作，"互联网+"教材，畅销教材，习题丰富，课件完备。

教辅材料
教学大纲、课件、习题答案、试题库、模拟试卷

书号：9787302548881
作者：徐晓燕 车幼梅
定价：49.80 元
出版日期：2020.6

会计学（第三版）

本书特色
畅销教材，按新准则升级，新形态教材，南开大学倾力打造，教辅齐全，形式新颖。

教辅材料
教学大纲、课件、习题答案

获奖信息
国家级精品课配套教材

书号：9787302536574
作者：王志红 周晓苏
定价：59.00 元
出版日期：2019.9

资产评估模拟实训

本书特色
"互联网+"教材，案例丰富新颖，教辅材料齐全，便于教学。

教辅材料
教学大纲、课件、习题答案、试题库、模拟试卷、案例解析、其他素材

书号：9787302558811
作者：闫晓慧 王琳 范雪梅 张莹
定价：52.00 元
出版日期：2020.9

会计学原理

本书特色
"互联网+"教材，应用型本科教材，内容丰富，案例新颖，篇幅适中，结构合理，习题丰富，课件完备，便于教学。

教辅材料
课件

书号：9787302527169
作者：何玉润
定价：59.00 元
出版日期：2019.5

○会计学○

基础会计学（第二版）

本书特色
应用型本科教材，内容丰富，案例新颖，篇幅适中，结构合理，课件完备，便于教学。

教辅材料
教学大纲、课件

书号：9787302545545
作者：李迪 等
定价：48.00 元
出版日期：2019.12

任课教师免费申请

基础会计（第二版）

本书特色
刘永泽总主编，畅销教材，云南省精品教材，内容丰富，案例新颖，篇幅适中，结构合理，习题丰富，课件完备，便于教学。

教辅材料
教学大纲、课件、习题答案、试题库、模拟试卷

获奖信息
云南省精品课程配套教材

书号：9787302550846
作者：姚荣辉
定价：49.80 元
出版日期：2020.4

任课教师免费申请

基础会计实训教程

本书特色
应用型本科教材，内容丰富，案例新颖，篇幅适中，结构合理，课件完备，便于教学。

教辅材料
教学大纲、课件

书号：9787302520047
作者：李红萍
定价：45.00 元
出版日期：2019.1

任课教师免费申请

基础会计

本书特色
应用型本科教材，内容丰富，案例新颖，篇幅适中，结构合理，课件完备，便于教学。

教辅材料
教学大纲、课件

书号：9787302520030
作者：李红萍
定价：48.00 元
出版日期：2019.1

任课教师免费申请

审计学原理

本书特色
定位高职，实用性强，案例丰富，课件齐全。

教辅材料
教学大纲、课件

书号：9787302556978
作者：祁红涛 等
定价：49.80 元
出版日期：2020.7

任课教师免费申请

审计学

本书特色
国家级一流专业、国家级一流课程建设成果，应用型本科教材，"互联网+"教材，内容丰富，案例新颖，篇幅适中，结构合理，课件完备，便于教学。

教辅材料
课件

获奖信息
国家级一流专业、国家级特色专业建设成果。

书号：9787302563396
作者：赵保卿 主编，杨克智 副主编
定价：69.00 元
出版日期：2021.1

任课教师免费申请

○会计学○

审计学（第二版）

本书特色

应用型本科教材，"互联网+"教材，郭道扬推荐，内容丰富，案例新颖，篇幅适中，结构合理，习题丰富，课件完备，便于教学。

教辅材料

教学大纲、课件、习题答案、试题库、模拟试卷

书号：9787302553076
作者：叶忠明
定价：49.80 元
出版日期：2020.6

税务会计（第三版）

本书特色

新形态教材，依据最新税收法规制度编写，配有丰富的教学资源。案例丰富，习题丰富，课件齐全。

教辅材料

课件、教学大纲、习题及答案、试题库、模拟试卷、案例解析、其他素材

书号：9787302556671
作者：王迪 臧建玲 马云平 华建新
定价：49.00 元
出版日期：2020.8

银行会计

本书特色

根据最新会计准则编写，应用型高校和高职适用教材，案例丰富，结构合理，课件齐全。

教辅材料

课件

书号：9787302501008
作者：汪运栋
定价：57.00 元
出版日期：2018.6

预算会计

本书特色

应用型本科教材，篇幅适中，课件齐全，销量良好。

教辅材料

教学大纲、课件

书号：9787302529064
作者：王悦 张南 焦争昌 赵士娇 刘亚芬 隋志纯 赵玉荣
定价：49.00 元
出版日期：2019.6

新编政府与非营利组织会计

本书特色

"互联网+"教材，配套资源丰富，增设在线测试题。

教辅材料

教学大纲、课件

书号：9787302558729
作者：董普 王晶
定价：49.00 元
出版日期：2020.7

商业伦理与会计职业道德

本书特色

时效性强，名师佳作，配套资源丰富，课程思政特色突出。

教辅材料

教学大纲、课件

书号：9787302557807
作者：叶陈刚 叶康涛 干胜道 王爱国 李志强
定价：49.00 元
出版日期：2020.7

○ 会计学○

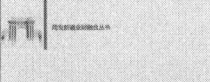

高新技术企业账务实操

本书特色
搭配用友新道软件，定位高职，实用性强，案例丰富，课件齐全。

教辅材料
教学大纲、课件

书号：9787302562771
作者：杨彩华 吴凤霞
定价：49.00元
出版日期：2020.10

现代商贸企业账务实操

本书特色
搭配用友新道软件，定位高职，实用性强，案例丰富，课件齐全。

教辅材料
教学大纲、课件

书号：9787302553618
作者：石其彪
定价：49.00元
出版日期：2020.8

会计学（第二版）

本书特色
新形态教材，实操性强，案例丰富，配有大量教学资源。

教辅材料
教学大纲、课件、习题答案、试题库、模拟试卷、案例解析、其他素材

书号：9787302588375
作者：闫晓慧、王琳、范雪梅、张莹
定价：59.80元
出版日期：2021.8

成本管理会计（第2版）

本书特色
最新改版，应用型本科教材，互联网+教材，习题丰富，课件齐全。

教辅材料
教学大纲、课件、习题答案、试题库、模拟试卷、案例解析

书号：9787302548379
作者：肖康元
定价：59.80元
出版日期：2020.6

会计学

本书特色
厦门大学名师大作，"互联网+"教材，权威、畅销教材，内容结构合理，习题配套丰富，课件齐全，非常便于教学。

教辅材料
教学大纲、课件、习题答案、试题库、模拟试卷

书号：9787302487470
作者：刘峰
定价：39.00元
出版日期：2019.6

财务会计学（第二版）

本书特色
体现最新会计准则和会计法规，实用性强，习题丰富，内容全面，课件完备。

教辅材料
教学大纲、课件、习题答案、试题库

书号：9787302520979
作者：王秀芬 李现宗
定价：55.00元
出版日期：2019.3

会计学

会计综合实验教程（第二版）

本书特色

应用型本科教材，内容丰富，案例新颖，篇幅适中，结构合理，习题丰富，课件完备，便于教学。

教辅材料

教学大纲、课件

书号：9787302524335
作者：王秀芬
定价：45.00元
出版日期：2019.4

任课教师免费申请